토테미즘의 흔적을 찾아서

—동물에 관한 야생적 담론의 고고학

서강학술총서
008

토테미즘의 흔적을 찾아서

동물에 관한 야생적 담론의 고고학

김현주 지음

서강대학교출판부

서강학술총서 008
토테미즘의 흔적을 찾아서
— 동물에 관한 야생적 담론의 고고학

초판발행 | 2009년 6월 26일
지 은 이 | 김현주
발 행 인 | 손병두
편 집 인 | 우찬제
발 행 처 | 서강대학교 출판부
등록번호 | 1978년 9월 28일 제10-50호

주 소 | 서울특별시 마포구 신수동 1번지
전 화 | (02) 705-8212
팩 스 | (02) 705-8612

ISBN 978-89-7273-151-1 94000
ISBN 978-89-7273-139-9(세트)

값 18,000원

* 잘못된 책은 구입하신 곳에서 바꿔드립니다.

* '서강학술총서'는 SK SUPEX 기금의 후원으로 제작됩니다.

머리말

원시시대 사람들은 동물을 대함에 있어서 매우 이율배반적인 태도를 지니고 있었다. 그들은 동물을 잡아먹기도 하고, 동물에게 의지하기도 했기 때문이다. 그러나 그 둘 다 어쩔 수 없는 선택이었다. 육체적인 생존을 위해서는 동물을 잡아먹어야만 했고, 정신적인 안정을 위해서는 동물을 믿고 동물에게 의지하는 것이 필요했다. 초창기 고대인들에게 세상의 모든 것은 공포 아닌 것이 없었다. 우주의 모든 자연현상들이 공포감을 주는 가운데 동물만이 유일하게 무섭지 않은 존재였다. 숨을 할딱거리고 분홍 혀를 날름거리며 애처로운 눈망울을 가진 동물들은 자신과 비슷한 존재로 비쳐졌고, 거기 의지하고픈 마음이 생겨났다. 그래서 동물은 인간과 들판을 공유하는 동반자로서, 분신적 존재로서, 자신을 비추는 거울로서 인간과의 의존적 관계가 설정되곤 했다. 토테미즘은 동물에 대한 이러한 믿음을 기초로 한 관념이면서 또한 동물에 대한 태도와 행동을 규정하는 생활 실천윤리이기도 했다.

필자는 이 책에서 토테미즘을 전문학술적인 테마로만 다루지 않으려고 애를 썼다. 관념적인 국면에만 치중하지 않고 좀 더 가볍게 우리의 생활과 관계되는 국면을 많이 얘기하고자 했다. 그래도 토테미즘이라는 술어가 지닌 관념적인 아우라 때문에 약간의 전문적인 논의는 어쩔 수 없는 부분이었다. 토테미즘은 동물과의 물리적 관계와 심리적 토대를 바탕으로 한 인류 최초의 야생적 사고였다. 그것은 초창기의 사유체계인 만큼 인류의 정신 속에 심각하게 각인되어 있다. 이 책은 그러한 사유가 남긴 흔적을 여러 담론 현상에서 찾아보고자 했다. 신화 · 민담 · 고대소설 등과 같은 문학 담론에서부터, 동양의 원시종교인 불교와 도교와 같은 종교 담론, 그리고 현대의 문화양식들에 이르기까지 통시적으로 탐색하면서 그 흔적들을 캐내 정리하고자 했다. 그리고 그런 야생적 사고가 현대의 생태적 사유와 만나는 지점에 대해서도 한번 생각해보고자 했다.

토테미즘은 현대인의 윤리적 자세와도 무관하지 않다. 동물을 매개로 해서 생겨난 토테미즘이 워낙 인류의 초창기 관념이라서 많은 측면이 망각되었기 때문에 현대인의 생태적 삶의 자세와 상관없는 듯이 보일 뿐이다. 동물이 인간의 생활로부터 멀어짐과 비례해서 동물에 관한 야생적 사고 또한 기억에서 차차 지워졌을 뿐이다. 그러나 인간이 동물과 가까이 지냈던 시절은 과거 수만 년 내지는 수십만 년으로서 그것은 인간이 도구를 다룰 줄 알고 이성을 지닌 동물이라고 우쭐해져서 동물과의 관계를 소홀히 했던 얼마 되지 않는 기간에 비하면 엄청나게 긴 시간이었다. 그 긴 시간에 걸쳐 축적된 의식이 완전히 사라질 수는 없을 터, 그것은 인간의 무의식 저 밑바닥에 웅크리고 있다가 언제든지 우리에게 되돌아오곤 하는 것이다.

이 작업은 구술성과 관련하여 인간의 고태적 사유방식에 대해 필자가 평소 갖고 있던 관심이 토테미즘으로 연장된 형태라고 할 수 있다. 그런데 본격적으로 이 작업에 나서게 된 계기가 있었다. 하나는 에밀 뒤르케임의 『종교생활의 원초적 형태』를 정밀하게 읽으면서 거기 담긴 토테미즘적인 사유체계에 대해 진지하게 다시 생각하고 정리하는 기회를 가진 것이었고, 또 하나는 어느 인류학자가 원시 종족의 삶을 배경으로 쓴 『세상의 모든 딸들』이라는 장편소설에 담긴, 자연과 동물, 그리고 성(性)에 대한 야생적 사고가 신선한 충격을 준 일이었다. 그리하여 토테미즘이라는 그릇에 동물을 소재로 한 오래된 문학 형태들을 담고, 믿음의 방식들,

특히 동양 종교들에서의 동물 관련 사유체계도 담고, 현대의 문화양식들 속에 내재해 있는 동물적 사유방식도 담아서 이들을 모두 일이관지(一以貫之)하는 작업을 시작하게 되었다. 말하는 방식이 다르고 담는 용기 형식이 다를 뿐, 동물 관련 문학이나 종교, 문화, 그리고 예술은 서로가 서로를 함축하는 관계로 연결되어 있음을 이 작업을 하면서 더 분명히 알 수 있었다.

토테미즘을 말로만 설명하기보다는 사진 자료를 같이 하면 좀 더 이해를 도울 것 같아서 각종 사진 자료를 덧붙였다. 그리고 복잡하게 각주를 달아 독자의 시선을 혼란스럽게 할까봐 그 부분에 대해 참고한 문헌 목록을 책 뒤에 제시하는 것으로 주석을 대신하였다. 또한 본문 속에 수많은 세부 타이틀을 붙여보았는데, 이것이 읽을 때 거치적거리지 않기를 바랄 뿐이다.

이 책을 내는 데 많은 사람들의 도움이 있었다. 먼저 연구년을 제공한 서강대학교에 감사한다. 호흡을 길게 가져가면서 한 권의 책을 통째로 집필하기 위해서는 필자 같은 사람에게는 긴 시간이 절대적으로 필요했는데, 그런 시간을 제공해주었다. 그리고 이 책을 서강학술총서로 선정해준 학술총서 기획위원회에도 감사한다. 발등에 불이 떨어져야 움직이는 사람에게 움직이도록 동력을 부여해주었다. 마지막으로 어렸을 적부터 지금까지 우리 집에서 길렀던 개들에게도 고마움을 전해야겠다. 필자가 이 책에서 동물과의 교감을 얘기할 때 약간이라도 공감이 가는 부분이 있다면 그것은 그들과의 추억이 바탕이 되었던 까닭이다.

기축년 영산홍 붉은 서강 언덕에서

김현주 씀.

차례

제3장 동물에 대한 토테미즘적 해석으로서의 신화

제4장 불교와 도교에서의 토테미즘적 사유

제1장

서론: 동물은 인간에게 무엇인가?

애완동물 기르기, 희망의 전주곡

인간의 탐욕이 지구상의 온갖 동물들을 향해 야수의 발톱을 들이대고 있다. 인간이 동물에게 그런다는 것은 역설이지만 그것이 현실이다. 순전히 생존하기 위해 동물을 잡아먹는 경우는 그렇게 표현하는 것이 과도할 수 있다. 그러나 값나가는 가죽이나 상아, 내부 장기 등을 얻기 위해 도륙하거나, 별종의 신기한 맛을 찾는 인간의 간사한 미각을 위해 희생되거나, 자신의 용맹과 잔혹함을 과시하고자 하거나, 그리고 아무런 이유도 없이 학대하는 경우는 그 말이 전혀 틀리지 않다. 이런 행위들은 탐욕과 더불어 인간성의 상실과도 밀접하게 관련되어 있다.

하지만 동물들을 진정으로 사랑하는 사람들이 존재하고 있다는 또 하나의 현실을 통해 우리는 인류의 희망을 본다. 애완동물을 기르는 것도 그런 긍정적인 현상의 하나라고 할 수 있다. 애완동물 사육이나 고기를 위한 축산이 뭐가 다르냐고 할 수 있겠지만 저 옛날 사람들이 동물들과 어떤 관계로 맺어져 있었는지를 한번 생각해본다면 그냥 지나칠 수만은 없는 얘기임을 알게 된다. 옛 사람들에게 동물은 자신을 비추는 거울이요, 자신의 정신적 지주, 나아가 세계를 바라보는 하나의 구조였던 적이 있었다. 오늘날 애완동물을 기르는 사람들에게 이러한 차원은 물론 기대할 수 없다. 그러나 적어도 그러한 옛 기억의 잔상이 남아 있을 수 있다는 기대마저 부정할 것은 아니다. 최소한 집단무의식의 작동조차 부인하는 게 아니라면 말이다. 애완동물을 하나의 사물로서 소유하고 장악하기를 원하는 사람들에게 그런 기대를 하는 것이 아니다. 어떤 감상적인 집착과 병적인 취향을 가지고 애완동물을 비뚤게 대하는 사람들에게 그런 기대를 하는 건 더더욱 아니다. 그러한 강고한 소유욕과 병적 집착의 차원이 아니라 애완동물을 기르는 사람들이 보여주는, 동물과의 영혼의 교류와 같은 정신적인 관계맺음의 방식에서 우리는 미래에 희망을 가져보는 것이다.

자신도 동물로 생각한 고대인들

옛날 옛적 원시시대로 올라가서 그 당시 인간에게 동물은 어떤 존재였었는지를 잠시만 상상해보자. 그렇다고 인간이 유인원이었을 시절로까지 과도하게 올라갈 필요는 없다. 동물을 사냥하고, 열매를 채집하고, 곡식을 심기도 하면서 여러 가지 삶의 방편을 통해 살아가던 그 시절에는 동물은 그저 인간의 친구이자 동료였을 뿐이었다. '네발 달린 친구'라는 말이 당시의 동물관을 가장 잘 대변하는 말이다. 그런데 동물을 사냥하고 잡아먹으면서 어떻게 친구라고 부를 수 있느냐는 반론에 우리는 언제나 멈칫하지 않을 수 없게 된다. 하지만 그 당시 사람들은 아마도 이런 반론에 대해 동물 사냥이 생존을 위한 불가피한 행동이며, 진정성이 없는 가식적인 삶의 행위라는 점을 변호하고자 했을 것이다. 그것은 사고와 행위의 다름, 또는 일종의 언행 불일치이지만 그 이면을 들여다보면 그들을 십분 이해할 수가 있다. 그들이 사냥하기 전에 치르는 의례라든지, 사냥할 때의 금기 사항, 그리고 고기를 먹기 전과 먹을 때, 그리고 먹고 난 다음에 치르는 의례와 금기들을 보면 그들을 겉 다르고 속 다른 인간들이라고 할 수는 없을 것이다. 더 중요한 것은 그들의 마음이다. 그들은 언제나 동물들에게 예의를 지켰고, 존경하는 마음을 지녔다. 그들은 갖가지 도구를 좀 활용할 줄 안다고 결코 우쭐대지 않았다. 유아독존의 자만과 아집에 빠진 적이 없었다. 동물을 인간 이하로 대한 적도 결코 없었다. 하기야 그들 자신을 같은 계열의 동물로 생각했기에 동물에 대한 차별적인 의식

[이그드라실1] 고대 암석화에는 사람인지 동물인지 분간할 수 없는 도상들이 흔히 보인다. 머리와 어깨까지는 영양의 모습이고, 하체는 사람의 몸인 남아프리카 드라켄스버그 산의 암석

자체가 애당초 존립할 수가 없었다.

인간의 심성이 본래부터 착하고 고와서 동물들과 사이좋게 지내며 살았던 것일까? 이러한 낭만주의적이고 감상적인 생각으로는 사태의 해결에 별로 도움이 되지 않는다. 그 배경을 막연히 추상화하여 이해하는 것보다, 우리는 보다 근본적이고, 보다 직접적이고, 보다 구체적인 이유를 생각해볼 필요가 있다. 그러한 점에서 보면 고대인들의 믿음의 성격이라든지, 사회제도와 같은 시스템과 관련시키는 각도에서 문제에 접근해보는 것이 훨씬 더 유익할 것 같다는 생각이 든다.

고대인들의 소박한 믿음의 체계

고대인에게도 오늘날의 종교에서와 같은 신격이나 신적 존재가 있었을 것이라고 생각하는 것은 섣부른 가정이다. 신격이나 신적 존재란 관념이 형성되지 않았을뿐더러 거대한 자연물에 대한 숭배 관념도 처음에는 형성되지 않았을 걸로 판단된다. 고대인들의 신앙 체계는 그렇게 거창하게 시작되지 않았으며, 처음에는 오히려 지극히 소박했을 걸로 생각된다. 그들에게 조금이라도 믿는 구석이 있는 것이라면, 사슴이건 개미건 풍뎅이건 간에 그건 상관이 없었다. 그 동물들이 행사하는 힘이 강력해서가 아니라 그것들이 인간의 집단적인 삶이나 개인적인 행동에 어떤 의미를 준다는 것, 그 자체가 그들에겐 중요한 것이었다. 그래서 그 동물들뿐 아니라 그것들이 그려진 문양이나 그것과 닮은 사물들, 그리고 그것과 유사한 성질을 갖거나, 그것들 옆에 놓여 있는 사물들까지도 같이 묶여서 중요한 의미로 다가오는 것이었다. 말하자면 어떤 상징이 주는 의미가 중요한 것이지, 카리스마로 압도하는 어떤 힘의 존재 여부가 중요한 게 아니었다.

그러한 상징적인 의미에 대한 믿음은 오늘날의 종교 관념과는 사뭇 다른 것이다. 자신들의 조상 중의 누군가가 사슴의 안내를 받아 진기한 것을 발견했다거나, 개미 집단의 움직임을 보고 비를 피한 적이 있었다거나, 풍뎅이의 모양과 하는 짓이 자신들과 비슷한 구석이 있다거나 하는 소박한 믿음 내지는 공감의 차원이었기 때문에 전지전능한 절대자를 향한 전폭적인 신뢰와 같은 종교성과는 거리가 먼 것이었다. 하지만 하찮은 것일지라도 믿음이 가고 의지가 된다는 점에서 보면 나중에 종교로 발전할 맹아가 약간 드러났다고 말할 수 있을는지는 모르겠다.

주위의 동물에서 신앙을 찾다

고대인들은 주위의 동물들과 공생공존한다는 생각에 투철했다고 보인다. 어떤 하찮은 동물이라도 그들에게는 유의미한 존재였다. 죽어 있는 무생물들 속에도 어떤 혼이 들어 있다고 생각하는 마당에 살아 움직이는 동물들은 그 이상의 존재로 보였음에 틀림없다. 무시무시한 세상을 살아가기 위해서는 조금이라도 믿을 구석이 있는 존재들을 많이 만들어두어야 하는 그 절박한 심정, 그런 상황에서도 다른 한편으로는 동물을 잡아먹어야만 하는 그 통절한 역설, 그리하여 그들은 외로운 사냥꾼이 되지 않을 수 없었다. 이러한 상황에서 자신들과 특별한 관계에 있는 동물들과 영혼의 교감을 나누고자 하는 욕망이 커지는 것은 자연스런 현상이 아니었을까. 말하자면 심리적인 방어기제가 여기에서 작동된 것이다.

극도의 외로움 속에서 믿을 만한 대상에 의지하고픈 욕망, 그런 것이 고대인들의 믿음의 방식이었다. 그렇다고 대상 존재를 체계적으로 추상화시킬 수 있는 인지능력을 아직 갖추지 못한 상태에서 그들은 아주 가까운 곳에서, 주변에 널려 있는 동물에서 그것을 찾았던 것이다. 그들의 믿음의 방식은 특이해서 대상과의 끈끈한 연결을 도모하는 방향으로 나아갔다. 동물들과 자신들 사이에는 서로의 영혼을 이어주는 회로가 있고, 그 회로를 타고 어떤 공명 같은 것이 일어난다고 생각했던 것이다. 그래서 동물을 단순히 무언가를 암시해주는 존재, 또는 자신을 보호해줄 것만 같은 수호천사처럼 생각하기보다는, 자신과 관계된 일부, 혹은 자신의 분신으로 생각하는 데까지 나아갔다. 그런 점에서 그들은 동물과 함께 전율을 나누며 살았다고나 할까.

고대인들이 동물을 정신을 함께 하는 영혼의 벗으로 생각한 것은 이처럼 고대인 나름의 믿음의 방식에서 비롯된 것이지 고대인들의 심성이 착해서거나 과학적이지 못해서거나 한 것이 아니다. 그들이 자신과의 상징적 관계에 따라 동물을 분류하는 경향이 있었다는 점과 아울러, 그들이 그것을 사회제도와 같은 시스템과 결부시킬 수 있었다는 점에 이르면 고대인들을 과학적이지 못하다고 생각하는 그런 편견은 접어야만 하리라.

동물 상징을 사회제도에 적용한 고대인의 지혜

앞서 고대인에게 동물과의 관계는 하나의 상징이란 점을 말했다. 그런데 이러한 상징을 이용하여 집단의 통제가 이루어졌다는 것은 인류사의 커다란 족적이 아닐 수 없었다. 상징은 개인적으로도 설정될 수 있지만 그것이 집단에 부과되었을 때, 그 집단은 상징에 의해 안으로 결속을 다지면서 공동생활을 영위할 수 있는 동력을 얻게 된다. 상징은 집단을 단결시켜 수렵이나 전쟁 · 농경 · 장례 등의 큰 일들을 해나가는 힘의 원천이 된 것이다. 그리고 대외적으로는 그들이 곰의 종족, 부엉이의 종족, 딱

정벌레의 종족 등으로 불리면서 하나의 지정학적인 위상을 갖게 함으로써 그들로 하여금 물물교환이나 교역을 수행할 수 있게끔 했다. 상징을 갖는다는 것은 달리 말하면 이름을 갖는다는 것인데, 하나의 이름을 가짐으로써 인류는 걷기에서 뛰기로 발걸음을 바꿨다.

이러한 상징을 고대인들이 혈연과 결혼이라는 제도에 적용할 생각을 했을 때, 인류는 마침내 비상하기 시작했다. 잉태에 대한 지식이나 윤리의식이 체계화되지 못했을 당시에는 알다가도 모를 것이 핏줄이었을 것이다. 그래서 복잡하기가 함수 공식 같은 혈연관계를 따지는 것보다는 동일한 상징 아래 무리를 갈래짓는 것이 모호함을 피하는 길이요, 사회의 질서를 잡는 방법으로 인식했음이 분명하다. 나아가 동일한 상징을 가진 사람끼리는 혼인할 수 없다는 규약의 제정은 고대인들의 가장 큰 골칫거리를 제거하는 동시에 부족들간의 공존 번영을 도모하는 일거양득의 진보행위라고 할 만했다.

이러한 규약 아래서는 같은 상징을 가진 사람은 모두가 형제자매가 되기 때문에 그들끼리 관계를 맺으면 근친상간이 되는 것이었다. 근친상간 문제는 모르긴 해도 고대인이 맞부닥친 가장 어려운 숙제 중의 하나였을 것이다. 그것이 주는 강박관념, 그것에 대한 두려움이 인간의 뇌리에 얼마나 깊숙이 각인되어 있는지에 대해서는 프로이트(Sigmund Freud)가 '오이디푸스 신화'를 비롯한 증거들을 동원하여 우리에게 소상하게 밝혀놓은 바가 있다. 오늘날 우리가 형제자매끼리 성적으로 무심하게 느끼는 것은 저 옛날 사람들이 지녔던 그러한 공포심이 남겨놓은 일종의 상흔이라고 할 수 있다. 그런데 이러한 난제를 완벽하게는 아니지만 '동일 상징 혼인 불가'라는 규약으로 해결할 수 있었던 것이다.

족외혼(族外婚)이라고 불리는 이 제도는 종족들 간의 인적 교류와 함께 물적 교역을 활성화시켰으며, 정치적인 동맹이니 혈맹이니 하는 연합체를 가능하게 만듦으로써 좀 더 넓은 세계에 대한 전망과 조망을 가능하게 했다. 만약 족장의 딸이 멀리 떨어진 종족에게 시집가게 되면, 두 종족 사이에는 소통의 네트워크가 성립되어 그것을 따라 풍습 · 음식 · 의례 · 의약 · 예능 · 제도 등 정치 · 사회 · 경제 · 문화의 온갖 요소들이 그 '소통의 로드'를 따라 왕래하게 마련이었다. 이럼으로써 부족들 간의 긴장이 완화되고 생활이 풍족해지는 등 많은 순기능이 이루어졌던 것이다.

토테미즘의 기억을 담고 있는 각 시대의 담론들

이러한 상황은 전적으로 고대 부족집단들이 동물 상징이건 식물 상징이건 간에 하나의 이름을 가지면서 비롯되었다. 상징을 또 다른 말로 하면 그것이 바로 토템인데, 그러니까 위에 기술한 내용은 대체로 우리가 토테미즘으로 이해하고 있는 믿음의 체계가 작동되는 방식에 대한 것이었다. 결국 인간과 동물 사이의 영적인 교류와 같은 현상의 배후에는 토테미즘이 자리 잡고 있지 않나 하는 것에 대한 진술이었던 셈이다. 물론 현대의 일부 현상을 저 먼 희미한 과거의 믿음의 형식과 바로 연결시킴에 있어 큰 간극이 존재하여 비약이 심한 것이 사실이다. 그러한 간극을 메우고 논리적인 비약을 줄이면서 촘촘한 그물망으로 그 둘 사이를 종횡으로 연결시키고자 하는 것이 이 책의 의도이다. 다만 두 현상 사이를 해명하고 증명하는 데 온통 집중하기보다는 토테미즘이라는 야생적 사고가 후대의 수많은 담론들과 현대의 문화양식들과 사유체계에 어떤 흔적을 남기고 있는지를 통시적으로 고찰하는 가운데 자연스럽게 두 현상 사이의 간극도 메워지도록 할 생각이다.

토테미즘은 인간이 거의 최초로 형성시킨 야생적 사고이며, 본원적 사유였기 때문에 인류의 역사에 있어 강력하게 작용했다. 그것은 관념으로만 구성된 것도 아니고, 생활과 밀접하게 결부되어 있어서 그리 쉽게 파괴되는 사유체계가 아니었다. 삶의 환경이 바뀌고 사회구조가 변동되더라도, 내적인 영혼의 힘을 믿는 정신적 전통이 바뀌지 않는 한, 그리고 혼인에 대한 정통성이 변하지 않는 한, 쉽게 변질되거나 연기처럼 사라지고 마는 그런 성질의 사유체계가 아니었다. 그리하여 이 야생적 사고는 인간의 역사 전체에 걸쳐 다양하게 변주되면서 각 시대의 담론에 그 흔적을 남기고 있고, 각 시대의 문화양식들에 그 잔영이 비춰져 있다. 아마도 인간성이 바뀌지 않는 한, 그것을 담는 용기는 비록 시대적 요청에 따라 달라질지언정, 이 야생적 사고의 본질적 실체는 언제까지라도 지속될 것으로 보인다.

토테미즘이 역사적으로 전개되어온 담론적 양상을 하나하나 점검하고 거기에 담긴 의미를 캐는 작업은 다음 장에서부터 할 작정이다. 본격적으로 탐색하기에 앞서 여기서는 그러한 여정의 구도를 대충 그려보고, 거시적인 조망을 위한 틀을 안내하는 차원에서 역시간으로 거슬러 올라가면서 토테미즘이 남겨 놓은 담론적 잔상들을 조감하고자 한다. 밀착 지질조사에 앞서 높은 망루에서 땅 전체를 조망하는 식이랄까. 그리고 역시간 방향의 사전 스케치가 순시간 방향의 본격 탐사를 좀 더 이해하기 쉽게 하고, 글의 전후맥락을 좀 더 유기적으로 강화하는 역할을 해줄 수 있다고 본다.

동물적인 감각, 그 끈질긴 생명력

앞서 애완동물을 기르면서 어떤 영적인 교감을 나누는 것이야말로 옛날의 그 야생적 사고의 잔존물이 아닐까 하는 점을 얘기했다. 야생적 사고는 토테미즘 시대에 형성된 원시적인 형태의 사유체계지만 인간성과 관련된 본원적 사유이기 때문에 사유가 흐르는 회로 근처만 건드리면 바로 심금이 울리는 반응을 보여준다. 그래서 그것은 시대에 따라 모습을 달리하면서 줄기차게 이어져온 것이다. 오늘날에도 야생적 사고의 단편들, 편린들이 쪼개지고, 변형되고, 흐릿해진 상태로 여기저기 널려 있다. 그것들을 여기서 하나하나 자세히 뜯어볼 수는 없지만 몇 조각을 살펴 논의의 발판을 삼고자 한다.

인간이 동물과 비슷하다는 생각, 동물적인 속성이 인간의 내부에 잠재되어 있다는 생각은 비록 그것이 전면적이지는 않더라도 인간의 뇌리 속에 남아 있어 가끔 불쑥불쑥 단발적으로 스파크를 일으켜왔다. 그것은 인간이 하는 행동과 말, 그리고 생각이 동물들의 그것들과 비슷한 점이 없지 않다고 생각하는 한, 반대로 동물들의 움직임과 소리 지름, 그리고 생각하는 품이 인간의 그것들과 흡사하다고 생각하는 한, 인간과 동물의 유사 인식은 영원히 지속되는 형상기억적 사유일 것이다. 동물과 인간이란 애당초 자기 동일성을 의심케 만드는 유발인자를 서로 태생적으로 갖고 있다. 따라서 동체적 사고는 어쩔 수 없이 자가 발전되게 마련인 것이다. 그러나 인간이 산업화와 정보화 시대를 거치면서 동물과 결별하고 인간만의 길을 한참 동안 걸어온 과정을 생각해보면, 인간이 동물적 감각을 잃어버리지 않고 미약하나마 지금도 간직하고 있다는 것은 인간의 동물성이 참으로 뿌리 깊은 것임을 여지없이 보여주는 증거가 아닌가 한다.

오늘날의 인간도 환경만 바꿔주면 잃어버린 동물적인 감각을 되찾는 것이 그리 어렵지만은 않은 일이라는 증거들이 있기도 하다. 극단적인 예지만 늑대들과 함께 생활하면서 인간의 속성을 전혀 갖지 못하고 늑대의 언어와 행동이 몸에 배게 된 늑대소녀의 이야기가 바로 그러하다. 또 비

[그림 2] 동물과 인간이 비슷하다고 보는 인식은 고대에는 보편적이었다. 세계 곳곳의 동굴벽화에는 인간과 동물의 결합상이 흔히 보인다. [상, 하우] Les Trois-Freres 동굴벽화, [하좌] Gabillou 동굴벽화.

록 영화 속 이야기지만 정글 속의 타잔이 동물들과 의사소통을 그렇게 능란하게 수행할 수 있었던 것도 숲과 동물들과의 공생이라는 환경이 만들어준 야생적인 감각의 부활 때문이라고 할 수 있다. 인간들은 오랫동안 인간만의 삶이라는 테두리를 치고 살아서 동물적인 감각 자체를 낯설어 할 뿐이다.

인간의 체내에 침투해 있는 동물성

인간이 동물을 봐도 무덤덤하게 대하고, 동물을 인간과는 완전 별개의 종족으로 생각하는 풍조가 만연되어 있는 오늘날, 인간이 지녔던 동물성이 점차 퇴색되고 있다는 것은 부인할 수 없는 사실이다. 그럼에도 불구하고 적절한 수단으로 동물성의 회로를 건드려주면 우리 인간들은 동물적인 감각을 금세 회복하곤 하는 것도 부정할 수 없다. 오늘날의 현대 공연 매체 속에서 동물로 연기하는 공연자들의 말과 행위에서 우리가 지닌 동물성이 언뜻언뜻 환기되는 경향이 있다. 예컨대 뮤지컬 「캐츠」(Cats)에서 고양이로 분한 연기자들의 노래와 율동이 우리가 망각하고 있던 동물적인 감각의 회로를 아주 은밀하게 건드려주는 것을 느낀다. 이런 경우는 남을 통한 각성이라면, 자신이 직접 경험을 통해 체득하는 경우도 있을 것이다. 자신이 동물로 변장하고 마치 동물이 된 듯 연기를 하는 입장이라면, 아마 모르긴 해도 동물성을 온몸으로 체감하지 않을까. 그렇기에 원시인들이 동물 가면을 쓰고 동물 가죽을 두르고 집단 가무를 할 때, 그들이 느꼈을 동물성의 강도는 족히 짐작하고도 남는다.

인간의 동물성을 사회적 관습이 어느 정도 조장하는 측면이 있었다는 점은 흥미롭다. 특히 동양인들은 자신의 띠동물을 누구나 갖고 있는데, 그 동물의 속성은 무의식적으로 그 사람을 옭아매는 경향이 없지 않다. 그 동물의 속성은 우리 몸속에 자연스럽게 투사되어 우리들의 성격의 일부와 결부되기도 하고, 우리에게 일어나는 사건들을 해석하고 짐작하는 데에 여러모로 동원되기도 한다. 그리하여 우리는 그 동물과 가까이 접한 적이 한 번도 없으면서도 그 동물과 동일시를 하면서 살아가는 존재가 된다. 물론 그것은 자기 암시 내지는 자기 최면에 의한 효과겠지만 사회가 그것을 용인하고 나아가 조장하기까지 했다는 것은 최소한 인간의 내부

[그림 3] 사자 가면을 쓴 카메룬의 주술사는 사자로 가장하는 것이 아니라 자신을 사자와 완전히 동일시한다. 사자 그 자체이다. 칼 융, 『인간과 상징』에서 인용.

에 존재하는 동물성을 부정하지 않는다는 사회관습적인 선언이라고 할 수 있다. 물론 띠동물은 동양 전래의 햇수 계산법에 의한 임의적인 동물 설정이라는 점은 유념해두어야 한다. 그래서 띠동물의 속성과 그 사람의 상황이 인과적으로 연맥된다든가, 그 해의 상황들과 그 해의 동물이 성질

[그림 4] 십이지신상은 동물적 속성이 투사된 인간의 형상이기도 하고, 인간적 속성이 투사된 동물의 형상이라고도 볼 수 있을 정도로 인간과 동물을 매개시키는 관념의 산물이다. 그림은 '김유신 묘' 십이지신상 호석(護石)의 탁본이다.

을 같이한다든가 하는 것은 전혀 아닌 것이다. 그렇지만 띠동물이 주는 심리적인 압박감은 만만치 않아서 우리로 하여금 은연중에 저 깊은 곳에 웅크린 동물성을 확인하게 만들곤 한다.

동물적인 감각을 소환하는 현대의 문화양식들

인간이 자신의 내부에 감춰져 있던 동물적인 감각을 호출하여 환기하는 경우는 오늘날 매우 특수한 국면에 해당된다. 보통은 동물과의 친근성 정도로 발현되는 것이 오늘날의 상황이다. 공포의 상황이 아니라면, 동물은 보면 볼수록 정답고 친한 감정이 솟아나는 존재이다. 그것이 오늘날 동물 이야기가 그토록 많은 방면에서 행해지고 있는 이유이다. 동물 다큐멘터리, 동물영화, 동물 드라마, 애니메이션 등등 많은 매체에서 동물 이야기는 단골손님이다. 그것은 그만큼 인간과 동물이 절친한 관계라는 것을 역설한다. 인간이 쉽게 자신의 감정을 의탁할 수 있는 대상으로서, 배반당하고 소외당한 지친 마음을 위로받을 수 있는 존재로서 동물보다 더 적합한 것이 있을까. 그러한 동물 제재 다큐멘터리나 애니메이션에서 인간의 목소리로 더빙된 동물들의 육성은 인간들로 하여금 연민과 동정, 그리고 유머의 따뜻한 세계에 들어서게 한다.

인간이 인간사를 인간들의 말로써 얘기하면 답답하고 딱딱하고 숨이 막힐 듯하지만, 인간사를 동물들의 말로써 얘기하면 푸근하고 여유롭고 유머러스해진다. 그래서 각종 유머들에는 동물 이야기가 난무한다. 동물들이 그러할 리가 없는데도, 우리는 우리와 너무도 가까운 동물들이니까 그것을 전폭적으로 믿어버린다. 동물들 이야기는 우리를 사건의 정황 속에 위치 짓게 하여 긴장 속에 빠뜨리는 것이 아니라, 옆으로 비켜서서 웃음을 머금고 관조하는 상태로 만들어버리는 경향이 있다. 동물은 인간의 마음을 끌어당기는 힘이 있어서 각종 캐릭터 상품이나 스포츠 구단의 마스코트로도 많이 활용되고 있는데, 특히 어른보다는 아이들을 위한 상품이나 기획 행사에 동물의 이미지가 동원되는 경향이 있다.

인간의 내부에 잠재되어 있던 동물성을 환기하고, 동물과의 친근성을 호출하는 능력은 아무래도 아이들에게 더 많이 잔존해 있는 것으로 보인다. 아이들의 읽을거리인 우화나 동물동화는 말할 것도 없이 아이들이 빠져드는 품목이고, 캐릭터나 마스코트로 상징화하여 판매 전술을 쓰는 곳에서는 주로 아이들이 타깃이 되며, 애니메이션이나 동물영화들은 아이들을 열광하게 한다. 이에 비해 어른들은 이러한 것들에 대해 무덤덤하니 재미없게 여긴다. 이는 과거의 동물적 유전인자가 많이 남아 있는 아이가 어른으로 성장하면서 그런 것이 점차 잊어져가기 때문인 것으로 보인다.

그런 점에서 볼 때 아이의 심성은 원시인과 좀 더 가까운 상태가 아닌가 생각된다. 노스럽 프라이(Northrop Frye)는 여기에 시인도 포함시킨다. 그에 따르면, 사물과 동일시하는 능력은 모든 은유의 원천이고, 모든 문학적 상상력의 근본인데, 아이들과 원시인, 그리고 시인은 동물과 동일시하는 심리적인 성향의 측면에서 서로 통하는 점이 많다고 한다. 아마 혹자는 광인(狂人)과 연인(戀人)도 여기에 덧붙이려고 할는지도 모르겠다. 아무튼 동물과의 친연성과 같은 원시적이고 원형적인 사고는 아이들에게 보다 익숙한 사고 패턴이란 점은 분명하다.

우화소설과 동물적 상상력

오늘날의 시인 · 작가들이 동물적 상상력을 아직까지도 발휘하는 좀 독특한 존재들이었다면, 과거의 시인 · 작가들은 어땠을까? 그러한 원시적이고 야생적인 상상력이 시대를 내려올수록 약화되었다고 볼 때, 시대를 거슬러 올라간다면 당연히 그러한 사유 패턴이 강화되어 나타나리란 점은 불문가지일 것이다. 그러나 사유 패턴이란 색의 탈색처럼 시간의 흐름에 따라 일정하고 균질하게 약화되거나 강화되는 것이 아니라, 주어진 시간, 주어진 상황에 따라 강약과 농담, 그리고 변형의 크기와 정도 등이 달라지는 것이라고 보아야 한다.

지금으로부터 2~3세기 전인 조선 후기에 일군의 동물 우화소설들이 만발한 적이 있었는데, 이 소설들의 등장을 오늘날과 같은 시각에서 아이들의 독서 품목으로 보는 것은 곤란하다. 글을 읽을 줄 아는 아이들이 우화소설을 못 읽을 것도 없었겠지만, 당시의 아이들은 『소학』(小學)과 같은 교육 지침서를 읽는 것이 고작이었다. 동물 이야기에 대한 호기심은 민담과 같은 전래 이야기를 남의 구연을 통해 들어서 해소하는 그런 차원에 있었을 것이다. 조선 후기의 우화소설은 전적으로 어른 독자를 위한 것이었다고 할 수 있다.

그렇다면 그 시대엔 왜 어른들이 동물 우화소설들을 읽었을까? 어떤 점에서는 이는 그만큼 그 시대에는 어른들까지도 야생적인 사고에 익숙하고 동물적 상상력이 활발하게 작동되는 상태에 있었다는 반증이기도 하다. 당시의 우화소설들이 오늘날 아이들이 읽는 우화나 동물동화에서 별반 큰 차이를 보이지 않는다는 점에서 볼 때, 그러한 측면은 부정할 수 없다. 남녀노소를 불문하고 당시 사람들은 동물과의 유대감이랄지 동물과의 친연의식이 좀 더 강했을 걸로 판단된다.

옛날로 갈수록 더 발현된 동물과의 친연의식

우화소설은 아니지만 고전소설의 하나인 「숙향전」(淑香傳)을 보면 동물들이 많이 등장하는데, 하나같이 인간과 끈끈한 인연을 맺고 있는 것으로 그려진다. 「숙향전」은 숙향의 아버지가, 어부에게 잡혀가면서 눈물을 흘리는 거북이를 보고 불쌍해서 구해준 덕에, 물에 빠져죽을 위기에서 그 거북이로부터 구원을 받는 내용으로 시작하고 있다. 그런데 그 거북이는 숙향의 아버지만 도와주는 게 아니라 숙향이 나중에 물에 빠져 위험을 당할 때에도 그 구호의 손을 내밀고 있다. 한 번 은혜 베풂에 평생 동안 대를 이어서 보은하는 동물의 그 깊은 충성심과 드넓은 포용력은 여기서의 동물과의 유대감이 상상 이상이라는 점을 잘 말해준다. 이밖에도 「숙향전」에는 잔나비가 숙향에게 먹을 것을 갖다주고, 황새가 날개를 덮어 추위를 막아주며, 까치가 길을 인도하고, 사슴이 숙향을 등에 업고 먼 길을 동행하며, 삽살개가 미래사를 예언해주기도 하는 등 동물들은 위기의 순간마다 등장하여 숙향을 돕고 있다. 물론 천상계에서 파견된 존재로서의 이들 동물이 같은 천상계의 일원인 숙향을 돕는 것은 서사 세계 내의 구조적 질서상 당위성이 있는 것이지만, 아무리 그렇다 해도 동물과의 친연의식이나 전생의 인연의식이 없다면 실현되기 어려운 서사적 설정이 아닌가 한다.

「숙향전」이 동물들을 등장시켜 인간 세계를 보조하는 형식이라면, 우화소설은 아예 동물의 세계가 인간 세계를 대체하고 있다. 우화소설은 동물들을 영혼을 가지고 살아가는 존재들로 그린다. 동물들도 생각과 감정 등의 정서적 자질을 지니고 있으며, 정신적인 삶을 영위하고 자기들의 집단 속에서 사회생활을 하는 존재라고 본다. 물론 동물들 간에도 의사소통은 인간들과 마찬가지로 이루어진다고 생각한다. 인간은 관찰을 통해 동물들의 행위 하나하나에 의미를 부여하고, 거기서 교훈을 얻으려고 하는 것이다.

우화소설이 왜 유독 조선 후기에 두드러지게 나타나고 있는가? 그것은 아마도 정치 현실과의 관계 때문으로 보인다. 이들 우화소설의 내용적 구조가 조선 후기 당시의 정치 현실을 비판하기 위해 알레고리의 풍자적인 측면을 적극 활용한 것들이다. 관원이나 부자들의 횡포와 착취, 송사 사건에 연루되어 벌어지는 부정과 비리, 그리고 판관의 무능력 등등의 정치사회적 부조리가 이들 동물을 빗댄 우화소설의 주된 축을 이루고 있는 것이다. 그러나 이는 시대 상황으로부터 온 하나의 자극 내지는 충격에 불과하고, 더 근본적으로는 동물들에게 인간과 동등한 영혼성을 부여하고자 하는, 고래로부터의 야생적 사고가 그 밑에 깔려 있다.

동물적 상상력의 보고로서의 민담

우화소설의 근원이 동물적 상상력에 있음을 예증하는 것은 그리 어렵지 않다. 왜냐하면 우화소설의 원동력이자, 우화소설에 동물과의 연대의식이라는 핵심 축을 제공해준 것은 우화소설의 주변에 널리 퍼져 있던 민담이었기 때문이다. 민담은 우화소설에 동물적 상상력 그 자체를 제공해준 원인자였고, 우화소설은 정치적인 역학관계라는 외피를 그 위에 덧쓰고 있을 따름이다.

민담은 우화소설이 태어나기 훨씬 전에, 그러니까 인류가 이야기에서 흥미와 교훈을 깨닫기 시작했을 때부터 오랜 시간에 걸쳐 회자되었던 구전 이야기 양식이다. 오래된 장르인 만큼 거기에는 야생적 사고에 바탕을 둔 동물 이야기들이 널려 있다. 특히 민담만큼 동물들을 따뜻한 시선으로

[그림 5] 현대 이누이트의 화가 다운디아르크 알래스아크가 그린, 이누이트의 옷을 입고 사냥꾼에게 인사하는 북극곰. 곰이 사람과 함께 말하고, 인사하고, 생활하고, 서로 변신할 수 있었던 이누이트 이야기 내용을 그리고 있다.

바라보고 포용력 있게 감싸 안는 장르는 찾아보기 힘들다. 민담 속의 호랑이 · 곰 · 여우 · 토끼 · 거북이 등의 동물들은 우리 주변에서 흔히 볼 수 있는 이웃집 아저씨나 아줌마, 뒷집 꾀쟁이, 앞집 먹보 등과 하등 다를 게 없다. 동물 세계와 인간 세계가 구분이 되지 않을 만큼 당시의 이야기 문학 양식들이 동물 이야기를 취급하고 있다는 사실은 동물적 상상력이 얼마나 편만해 있었는지를 증거해주고 있다고 하겠다.

당시 민담이나 조선 후기 우화소설들에만 동물적 상상력이 나타나는 것은 아니다. 당대의 다른 문학 양식인 야담에도 그것은 강도 높게 표현되어 있으며, 설문학이나 가전체문학, 신선전을 포함한 각종 문학에도 그것은 폭넓게 나타나 있다. 연암 박지원의 「호질」(虎叱)에는 인간의 태도를 경계하는 훈장 선생님으로서의 호랑이가 특이한 모습으로 표현되어 있기도 하다. 이전 시대로 거슬러 올라가더라도 각종 문학 양식 속의 동물적인 상상력은 다양하고 폭넓게 퍼져 있다. 거기에는 다양한 높낮이의 야생적 사고들이 현실 세계와 혼연융합된 상태로 녹아 있으며, 그만큼 야생적 사고의 깊이는 더욱 심화된 면모를 보여준다.

원시종교 담론의 토대가 된 야생적 사고

야생적 사고에 대한 관심은 문학적 담론에만 해당되는 게 아니라 종교적 · 철학적 담론에서도 마찬가지로 표명되었다. 그저 막연한 관심이 아니라 동물적 상상력 또는 야생적 사고를 빌려 원시종교의 근간인 정신적 사유체계의 틀을 세우고자 한 흔적들이 여기저기서 발견된다. 인간이 믿고 의지해야 할 대상을 추상적으로 체계화하기까지에는 이르지 못했던 당시의 인식론의 수준상 그것은 어쩌면 필연이기도 했으리라. 포이어바

흐(L. Feuerbach)의 말처럼 인간의 실존을 근거지우고 유지해주는, 그래서 인간에게 필수적인 존재에 종속되고자 하는 것이 종교의 시작이라면, 동물은 인간 실존의 근본 원리로서 종교의 대상이 되지 않을 수 없었던 것이다.

동물과의 동일성을 굳게 믿는 당시의 사람들에게는 동물이 자신을 보호해줄 수 있다는 믿음, 인도해줄 수 있다는 믿음, 계시해줄 수도 있다는 믿음이 있었는데, 이러한 믿음의 체계들이 종교의 태동에 밑거름이 되었다고 보인다. 고대 사회에서의 동물에 대한 관념도 종교의 성립에 필요한 우주론적 체계를 소박하게나마 갖추고 있었던 것으로 추정된다. 많은 신화적 이야기에서 동물이 우주의 창조 주체로서, 또는 우주 창조의 조력자로서 얘기되면서 동물에 대한 이러한 상상력이 원시종교적 심상과 관련을 맺었을 가능성이 농후한 것이다. 동물에 대한 관념 체계는 특히 원시 불교와 도교의 성립에 모종의 역할을 하고 있다.

불교 원리의 바탕이 된 동물 관념

불교의 초기 문헌은 생명의 분류 체계에서 동물들에게 중요한 위상을 부여하고 있다. 어떤 생에서 동물이었던 존재는 다음 생에서 다른 동물로 태어날 수도 있고, 혹은 인간이나 범천(梵天)의 지위로 올라갈 수도 있으며, 또는 지옥이나 아귀의 영역으로 떨어질 수도 있다. 불교의 '자타카', 즉 본생담은 붓다의 전생이 동물이었음을 증언하는 종교담론인데, 이 이야기들은 동물을 성불한 자의 위상으로까지 격상시키고 있다. 딱따구리가 사자의 목에 걸린 뼈를 빼주는 이야기에서 딱따구리는 붓다 자신이었다는 것이다. 동물의 본성이 거의 해탈한 사람의 그것에 가깝다는 것을 우회적으로 보여주는 이 이야기들에서 우리는 원시불교의 사유체계에서 동물에 대한 관점이 얼마나 고상했는지를 알 수 있다.

동물에서 성불로의 전환이 지니는 심층적인 의미는 불교의 윤회설과 통한다. 윤회설은 모든 사람이 업의 전환을 통해 자기 개조가 가능하다는 교훈적인 메시지를 전달하고자 하는 의도를 지니고 있는 것이다. 현세의 삶을 살기에 따라 차생의 삶이 결정된다는 이 인과의 논리는 자신의 삶을 성찰하는 계기가 됨과 동시에 미세 생명체에 대한 자비의 논리를 가르치는 방법론이 되었다. 인간으로서는 앞으로 성불자가 될지도 모르는 미물, 자기 자신이 돌아가야 할 귀향처로서의 미물을 함부로 대할 수는 도저히 없었던 것이다. 생명체에 대한 이러한 불교적 자비의 논리는 당시의 우주적 보편 논리로서의 야생적 사고가 그 근저에 깔려 있음을 논증하고 있다.

불교에서의 불살생과 방생의 논리 또한 이러한 생명 존중 사상의 연장선상에 있음은 물론이다. 보살이 철컹철컹하는 소리를 내는 육환장(六環杖)을 두드리며 길을 걸음으로써 땅 위의 하찮은 미물들까지도 피하게 하려는 자비심은, 보다 높은 지위에 있는 사람이 시혜를 베푸는 그러한 차원이 아니다. 날벌레와 길벌레의 무리에 이르기까지도 어여삐 생각하여 그들이 일체의 괴로움에서 벗어날 수 있도록 돕고자 하는 동체대비(同體大悲)의 발원이다. 이러한 통찰은 온 자연이 나와 한 뿌리라는 물아동근(物我同根)의 인식 위에서 가능하다. 불교는 이렇게 토테미즘적 우주론을 자아 각성의 유심론으로 전환시킴으로써 종교적 갈구의 영역에 들어서고 있다.

동근이나 동체 관념을 뒤집으면 불이(不二)가 되는데, 이것은 동일한 관념의 다른 표현에 불과한 것이 아니라, 사물들 사이의 네트워크, 즉 연결망을 강조한 것으로서 거기에는 심오한 의미가 내재되어 있다. 색심불이

(色心不二), 자타불이(自他不二), 신토불이(身土不二) 등으로 표현되는 불이 사상은 불교의 연기설(緣起說)과 긴밀하게 관련된다. 불교에서는 모든 것들이 시간과 공간의 연기의 그물 속에서 서로 의지하고 서로 관계 맺으며 존재한다고 사유한다. 자연과 인간, 인간과 인간, 땅과 신체, 자기와 타자 등은 모두 연기적으로만 존재할 뿐이다. 삶은 이처럼 서로 관계 맺어서 생겨나고 서로 의지하다가 관계가 끊어지면 사라지는 것이다.

"저것이 있을 때 이것이 있게 되고, 저것이 일어남으로 해서 이것이 일어난다. 저것이 없을 때 이것이 없게 되고, 저것이 소멸함으로 해서 이것이 소멸한다." 이러한 연기의 사고에는 자생적인 것이란 아무것도 없다. 붓다는 자연의 몸과 인간의 몸은 둘이 아니라고 말한다. 즉, 신토불이인

[그림 6] 19세기의 이 미국 그림은 인디언과의 평화조약이 가져다줄 유토피아를 형상화하고 있다. 그 유토피아적 관념은 인류가 동물들과 같이 서로 어울려 사는 원형적인 낙원으로 회귀하는 것이다. 칼 융, 『인간과 상징』에서 인용.

것이다. 인간의 몸속에는 이미 자연의 몸이 삼투되어 있다. 나는 타자의 전제 안에서만 존재할 수 있다. 나는 실체가 아니기 때문이다. 그리하여 불교는 우리 몸이 실체가 아님을 자각하게 되면 모든 고통에서 자유로울 수 있다는 해탈(解脫)의 사유로 귀결되고 있다.

인간과 동물의 관계는 너무도 특별하다. 너무도 긴밀하여 동물이 없는 세계에서 인간은 외로운 사냥꾼이 아니라 아무것도 아닌 절멸 그 자체가 될 것이다. 들소를 마구 죽이는 약탈자에게 한, 다음과 같은 아메리카 원주민 추장의 항의는 야생적 우주관의 실체를 보여준다. "모든 동물이 사라진다면, 인간도 극도의 영적 외로움 때문에 죽게 될 것입니다. 동물에게 일어나는 것이 무엇이든, 그것은 곧 인간에게도 일어납니다. 만물은 서로 연결되어 있기 때문입니다."

동물의 시각으로의 전도와 도교적 상상력

불교는 인간과 자연의 동일성을 자각함으로써 인간이 자연을 내면화하는 방법을 궁구하는 데 골똘하고, 도교는 인간과 자연의 동일성을 자각함으로써 인간이 자연을 외향화하는 방법을 배우는 데 관심을 기울인다. 그래서 도교에서는 인간이 자연을 닮아 자연처럼 살아가고자 하는 방향으로 나아간다. 인위적인 것을 버리고 자연을 본받아 그렇게 살고자 하는 무위자연이 그러한 것이고, 곰의 나무타는 법과 새의 나는 법을 배우기를 바라는 자연친화적인 태도가 그러한 것이다.

불교가 동물의 처지를 자비심을 구하는 통로로 사용하는 데 비해, 도교는 동물과 같은 타자와의 시각의 전도를 통해 인간중심주의를 해체하고 상대주의적 관점을 얻고자 한다. 도교의 사유체계는 인간 중심의 고착된 시선이 지닌 허위성을 고발한다. 인간의 삶의 조건에 따라 새에게 온갖 산해진미와 술과 노래를 바친들 새는 죽게 마련이다. 땡볕에 말라가는 길가 물웅덩이 속의 피라미가 살기 위해서는 한 바가지의 물로 충분한데, 큰 바다로 데려다주겠다는 제안은 인간의 엉뚱하고 오만불손하고 편협한 사고일 뿐이다. 물고기와 사슴은 미인이거나 추녀거나 간에 상관없이 그들이 다가오면 도망가게 마련인데, 사람들은 미추를 가르는 어리석음을 범하고 있다. 그래서 장자는 자신이 나비 꿈을 꾼 것이 장주가 꿈에 나비가 된 것인지, 아니면 나비가 꿈에 장주가 된 것인지조차 알 수 없다고 하였다. 인간 중심의 사고가 가져다주는 폐해에서 벗어나 시각의 전도를 통해 상대적 관점에 서보는 것이 얼마나 중요한지를 설파하고 있는 것이다. 도교에서의 이러한 시각의 전도는 인간이 동물과 상호교감을 위해 항용 취했던, 주관을 상대에게 전입시키기를 좋아했던 사유 패턴과 흡사하다.

도교 또한 불교와 마찬가지로 우주 만물 사이에 차이가 없다는 물아일체적 세계관을 강력하게 표명한다. 그래서 장자에는 동물 우언들이 넘쳐난다. 여기에서도 동물들은 영적인 존재라서 서로 말을 주고받는다. 동물과 인간 사이의 직접 소통도 이루어진다. 직접 소통은 못하더라도 인간은 적어도 생물과 교감할 수 있다는 것을 확신한다. 물고기의 쾌락에 대해 장자와 혜자가 나누는 대화는 그것을 단적으로 보여준다. 장자는 호수 밑의 물고기와 일체가 되어 마음을 통해 물고기의 즐거움을 알고 있는 것이다.

인간과 동물의 계보로서의 신화

종교적 사유체계가 형성되고 진행되던 시기는 그래도 인간의 논리적 사고의 측면이 상당히 체계적으로 발전된 시점이었을 것이다. 논리적으로 체계화하기 위해서는 사유 대상의 성격을 규정하고 분류하고 위계질서화하고 추상화하는 과정이 뒤따라야만 한다. 그런 과정에 들어서기 전의 인류는 직관적으로 사유된 것들을 주변 사물들에 연결 짓는 구체화 작업에 의존하지 않을 수 없는 형편에 있었다. 그것은 전적으로 고태적인 상상력이라고 부를 수 있는 성질의 사유체계라고 할 수 있겠는데, 그건 달리 말해 신화적 상상력이었다. 그런 상상력의 모습들이 구현되어 있는 것이 바로 신화라는 점은 널리 알려진 바와 같다. 물론 신화적 상상력이 이 시기에만 존재했던 것은 아니다. 신화적 상상력이란 인류의 고태적인 사유 패턴들이 하나의 아키타이프가 되어 이후 시대에도 언제라도 필요하다면 출현하는 것이며, 오늘날에도 원형적 사고가 출몰하는, 그런 성질의 것이다.

신화는 제한적인 지식을 가진 고대인들이 미지의 대상 세계를 나름대로 과학적으로 인식하여 체계화한 담론이다. 해와 달과 별과 같은 천체들, 비와 가뭄과 홍수와 같은 자연현상들, 그리고 온갖 동물과 식물들을 이해하기 위한 이야기 형식이다. 오늘날의 과학과는 비록 다르지만 고심에 고심을 거듭한 구체적 사고의 결과물들이다. 인간과 동물과의 관계는 신화에서 가장 고태적으로 드러난다. 인간이 동물을 어떻게 생각하느냐가 가장 원시적 사유의 형태로 나타나는 것이 신화이기 때문이다. 인류는 인간과 동물이라는 두 가지 본질을 갖고 있는 이 모순적인 이원성을 설명하기 위해 신화를 만들어냈다고 해도 과언이 아니다. 인간과 동물 사이의 계보적인 관계를 수립하는 것이 인류가 맞닥뜨린 난제 중의 하나였음은 창조신화에서 동물이 수행하는 지대한 역할을 보건대 자명하다.

신화에서 동물은 세계 창조자가 되기도 하고, 인류의 조상이 되기도 하며, 인간의 배우자로 등장하기도 하고, 인간의 일을 돕는 조력자로 나타나기도 한다. 이러한 동물의 역할을 보건대, 인간들은 세상이 존재하게 된 근본 배경이라든지 인류가 탄생하게 된 동기, 그리고 인간의 일들을 뒤에서 도와주는 어떤 미지의 힘으로써 동물을 지목하고 있음을 알 수 있다. 그만큼 동물을 지구의 선주민(先住民)으로 인정하고 있고, 무언가 알 수 없는 힘으로써 우주를 지탱하고 천체를 순조롭게 움직이며, 인간의 삶을 원활하게 하는 존재로 믿었던 것이다.

[그림 7] 죽은 자의 심장의 무게를 재는 일을 감독하고 있는 자칼 머리 모양을 한 신 아비누스와 오른쪽에서 그 결과를 기록하고 있는 따오기 두상의 신 토트. 『사자의 서』에 나오는 한 장면. 런던대영박물관 소장.

세계 곳곳의 창조신화에는 동물들이 세상을 창조했음을 증언하고 있다. 물수리 · 오리 · 거북 · 비버 등이 세상을 물에서 건져 올렸다고도 하고, 엘크 사슴이 물속에서 땅을 들어 올렸다고도 하며, 비둘기와 닭이 바다와 육지를 분리하는 일을 맡았다고도 한다. 두꺼비가 땅을 돋우는 임무를 맡아 입에서 흙을 토하고 죽었다고도 하고, 사향쥐가 땅을 찾아왔다고도 한다. 아마도 인간이 발을 딛고 살 수 있는 땅을 가져다준 존재로서 흙을 손발로 헤치는 능력이 있는 동물들을 주목한 것으로 보인다.

인류의 조상으로서의 동물, 그 신화적 상상력

인류가 순전히 토템 동물의 후손이라고 전하는 이야기는 헤아릴 수 없이 많다. 예부터 인류에게는 그 지역에 분포하는 동물을 자신의 선조로 상정하는 경향이 있는데, 이를테면 수단의 실루크족은 나일강의 신성한 하얀 소의 후손이고, 동아프리카의 와나카족은 하이에나의 후손이라는 식이다. 그밖에도 인류의 선조로서 지목되는 동물들은 하마 · 여우원숭이 · 다람쥐원숭이 · 표범 · 고양이 · 염소 · 멧비둘기 · 돼지 · 낙지 · 상어 · 장어 · 뱀 · 이구아나 · 쥐 · 까마귀 · 앵무새 · 검은도마뱀 · 백조 · 오리 · 달팽이 · 잉어 · 가재 · 거북 등등 헤아릴 수 없이 많다. 아마도 그것은 전 인류의 토템 수만큼이나 많으리라고 생각된다. 왜냐하면 자기 종족의 토템이 되는 동물은 그것의 힘이나 크기, 능력의 다소에 관계없이 자기 종족과 피치 못할 관계로 맺어져 있어서 그것의 신령함을 드러내야 하는데, 가장 말썽 없이 해내는 방법이 그 동물을 자기네 조상으로 삼는 것이다. 자기네 토템 동물을 시시하고 하찮다고 스스로 자인할 멍청한 종족은 이 세상에 존재하지 않는다.

난생 모티브를 지닌 신화들은 주로 새를 자기네 조상으로 갖고 있는 것으로 추정할 수 있다. 그래서 알들은 대체로 천상 세계와 관련을 맺고 있고, 하늘로부터 내려오는 경향이 있다. 우리의 건국 신화들인 주몽 신화나 김수로왕 신화, 그리고 혁거세 신화 등이 다 그러하다. 난생 모티브를 지닌 신화들은 천상 세계의 천상적 존재의 강림이라는 점에서 매우 신비롭게 채색되는데, 그것은 한 국가의 우두머리로서 정통성을 부여받고자 하는 신화적 노력이라고 할 수 있다.

인간과 동물이 동거를 하고 관계를 가져 인류의 시초가 되는 인간, 또는 집단의 역사에 획을 긋는 영웅을 낳았다는 얘기는 신화에서 너무나 흔하다. 우리의 단군신화는 이런 유의 대표적인 것 중의 하나이다. 환웅과 곰의 교접을 통해 낳은 이가 바로 시조 단군인 것이다. 백제 무왕 전설에서 무왕의 어머니는 못 속의 용과 교구하여 무왕을 낳고 있으며, 견훤의 어머니는 지렁이와 교구하여 견훤을 낳는다. 외국의 신화들에도 인간과 동물의 교접에 대한 것들이 널려 있다. 그것은 동물이 암컷인 경우가 수컷인 경우에 비해 좀 더 많은 것으로 보여지는데, 아무튼 새 · 뱀 · 곰 · 사슴 · 코요테 · 개구리 · 물고기 등이 인간과 교접하여 인류의 시조를 낳거나, 특정 집단의 중요한 인물을 낳고 있다. 우리의 성씨 시조 전승에서도 동물과의 관계에 의해 출생한 인물이 상당수가 된다고 알려져 있다.

동물이 결정적인 순간에 인간을 돕거나 신비로운 힘을 제공해주는 이야기도 신화에는 많다. 그러나 이러한 화소는 민담에 더 많아 신화만의 화소라고 할 수는 없다. 하지만 인간의 특별한 활동 부분을 신화가 진술할 때, 인간이 동물의 기이한 힘을 빌리는 것으로 꾸미는 것은 전형적인 패턴의 하나임에 틀림없다. 하나의 가까운 예로서 주몽 신화에서 길에 버려진 알을 지키기 위해 소와 말이 피해가고 새가 날개로 덮어준다든가, 주몽이 남쪽으로 도망갈 때, 추격병이 뒤를 쫓고, 앞엔 강물이 가로막고 있는 상황에서 자기가 수신족의 외손이라고 외치자, 자라와 물고기들이 떠올라 다리를 만들어주어 무사히 강을 건너게 된다는 설정은, 인간과 동물 사이의 계보적인 관계를 수립하고자 하는 신화의 속성을 잘 보여주는 게 아닌가 한다.

신화는 토테미즘의 야생적 사고 또는 동물적 상상력이 가장 생생하게 표현된 담론 양식이다. 그것은 두 담론의 근원적 발생이 시기상으로도 가장 가깝기도 하거니와, 사유체계상으로도 동질성을 가장 많은 부분에서 확보하고 있기 때문이다. 그렇다면 본격적으로 토테미즘이 과연 무엇인지, 어떻게 형성되었는지, 무슨 의미를 담고 있는 담론인지, 후대의 담론 양식에 어떤 영향을 미치고 있는지, 현대를 살아가는 우리들에게 무엇을 시사하고 있는지 등등에 대해 탐사해봐야 하겠다.

지금까지는 역시간적으로 토템의 시대를 향해 거슬러 올라오면서 담론 양식들을 위에서 조감하면서 대충 훑어봤다. 그러나 이제부터는 시간의 흐름과 같이 동행하면서 토테미즘이 각 시대의 담론 양식의 지층 구조에 어떤 흔적을 남겨놓고 있는지를 탐사하는 긴 여정을 떠나기로 하자.

제2장

동물과의 연대의식의 뿌리, 토테미즘

동물이 토템이 되는 다양한 경로

사람들이 특정 동물이나 식물, 또는 어떤 자연물을 신성시할 때, 그 신성시하는 대상을 토템이라고 한다. 일반적으로는 동물이 토템이 되는 경향이 있는데, 그렇다고 식물은 안 된다는 법은 없다. 토템은 씨족집단과 모종의 관계로 맺어져 있다. 집단과 특수 관계로 맺어진 토템은 그 집단 구성원들의 숭배를 받을 정도로 상징성을 지니게 된다.

씨족집단이 사는 지역에 그 동물이 많이 살고 있다면, 그것은 그 씨족집단의 토템이 될 자격이 충분하다. 집단이 지향하는 바가 그 동물의 성질과 비슷하다면, 그것도 그 집단의 토템이 될 가능성이 있다. 그밖에도 씨족집단의 주요 식량원이 된다든가, 씨족집단이 생활할 때 나타나 도움을 주었다든가 하는 경우도 토템이 될 수 있는 것이며, 그 씨족의 조상들의 꿈에 그 동물이 나타나 신령함을 보여주었다든가, 조상들이 사냥할 때 사냥하는 방법을 계시적으로 가르쳐주었다든가 하는 과거의 추억과 관련되어 토템이 되는 경우도 있을 것이다.

이와 같이 토템은 씨족집단과 어떤 식으로든 관계를 맺고 있다. 아무런 관계도 없이 토템이 되는 법은 없다. 씨족집단은 기꺼이 그 동물을 존경하고 신성시하였고, 그 동물과의 관계를 지속하고 개선하기 위해 제의적 행동을 취하기도 했으며, 나아가 그 동물을 집단을 상징하는 표상으로 삼기도 했다.

토템은 집단 전체가 그 동물과 관계를 맺는 집단 토템의 경우가 본래적인 것으로 보인다. 특정 동물이 그 집단을 가리키는 상징적 의미를 갖는 것이므로 집단성을 배제한 토템은 존립의 여지가 없기 때문이다. 그러나 집단 토템이 완전히 정착되고 나서 그것이 심리적으로 각 개인의 상징물로도 기능하는 국면에서는 개인 토템의 필요성도 제기될 수 있었다고 보인다. 그래서 개인에 대한 의식이 좀 더 진행된 후대에는 개인 토템도 보편화되었으리라고 판단된다.

어떤 동물이 자신을 잘 따라다닌다든가, 어머니가 자신을 낳을 때 어떤 동물의 울음소리를 들었다든가, 꿈속에서 어떤 동물이 자신에게 우호적인 태도를 취하며 도움을 주었다든가 한다면, 그 동물은 그 사람의 개인 토템이 될 수 있는 자질이 있는 것이다. 자신과의 관계 속에서 개인 토템이 정해지는 것이라면, 토템이 하나로 국한될 필요도 없다. 그래서 한 사람이 여러 개의 개인 토템을 가질 수도 있다. 자신이 보다 더 잘 보호받기를 원한다면, 여러 개의 토템을 구하지 않을 이유는 없는 것이다. 개인 토템은 자신을 보호해준다고 믿는 오늘날의 행운의 마스코트, 또는 수호천사 개념과는 다소 다르지만, 보호 관념의 측면에서는 상통하는 점이 있으므로 비유적인 차원이라는 전제가 붙는다면 그렇게 생각해도 무방할 것이다.

집단 토템과 개인 토템의 차이

개인 토템은 집단 토템과는 여러 가지 점에서 차이가 난다. 하나는, 집단 토템은 그 동물과 친족관계를 형성하지만, 개인 토템에서는 친족관계로 맺어지지는 않는다는 점이다. 여기서 친족관계란 오늘날처럼 혈연이나 혈통에 의한 관계를 의미하지 않는다. 혈연의식이 희박했던 원시사회에서는 혈통 대신 토템이라는 상징 아래 집단의 동일성을 확보하고자 한 것이다. 그런 점에서 집단 토템이 집단 구성원들을 일종의 친척으로 묶어주는 역할을 했던 데 반해, 개인 토템은 그저 개인의 친구이자 협력자이고 수호자였을 뿐이다.

또 하나는, 집단 토템의 동물은 먹는 것이 간혹 허용되기도 하지만, 개인 토템에서는 그 동물을 먹는 것이 절대로 불가능하다는 점을 지적할 수 있다. 집단 토템은 집단이 살고 있는 지역에 같이 거주하면서 그 집단의 주요 식량 공급 통로가 될 수도 있는데, 먹는 것이 절대적으로 금지되어 있다고 한다면, 인간의 삶이 불가능해진다. 그래서 아마도 필요한 형식이 준수된다는 조건 하에서 토템 동물을 먹는 것이 허용되었으리라고 생각된다. 엄격한 집단적 금기를 일정 시간 동안 해제시키는 장치가 분명 있었으리라고 짐작되는 것이다. 그렇지만 개인 토템 동물의 경우는 동물이 자신을 보호해주는 대가로 자신도 그 동물을 보살펴주어야만 하는 의무를 지게 되는, 쌍방호혜적 계약이 묵시적으로 성립된 것이므로 그 동물을 먹는다는 것은 생각조차 할 수 없는 일이다.

그리고 또 하나, 집단 토템과 개인 토템의 다른 점은 집단 토템이 세습되는 데 비해 개인 토템은 그 개인에게서 끝난다는 것이다. 집단의 토템은 특별한 이유가 없는 한, 영구적으로 상속되고 세습된다. 그러므로 그 집단의 육체 속에 체화되고 정신 속에 각인되어 수 세대가 흘러가도 하나의 아키타이프처럼 원형 반응을 불러일으키게 된다. 그러한 집단 토템을 함부로 바꾼다는 것은 상상하기 어렵다. 그러므로 집단 토템은 사람들의 의지와는 무관하게 태어나면서부터 정해져 있게 마련이다. 그러나 개인 토템은 개인이 자신의 기호와 취향에 의해 임의로 선택한 것이기 때문에 그 임의적인 생각이 변하게 된다면 토템도 바뀌게 될 것이고, 개인의 죽음과 함께 토템도 소멸될 것이다. 물론 아버지의 토템이 아들로, 아저씨의 토템이 조카로 이어질 가능성이 없는 건 아니지만, 그것은 세습이라는 강제적으로 관습화된 통로가 아니다. 그것은 개인들 간의 기호와 선택에 의해 이루어진 승계일 뿐이다.

토테미즘은 인류보편적인 의식체계의 산물

토테미즘은 전세계적인 현상이 아니라 일부 종족에게만 있는 의식체계라는 주장이 있다. 그 주장에 따르면, 토테미즘은 현재 일부 종족들, 즉 북아메리카의 일부 인디언 부족들과 오스트레일리아 및 멜라네시아의 종족들에게서 발견된다고 한다. 그리고 남아메리카와 폴리네시아, 아프리카, 그리고 에스키모 일부 종족에게서도 그 흔적을 볼 수 있다고 한다. 그러나 그것은 토테미즘의 정의를 매우 엄격하게 적용했을 때이다.

토테미즘을 정의하는 데는 두 가지 방식이 있는데, 하나는 토테미즘의 개념을 엄격하게 적용하여 거기에 하나라도 맞지 않으면 토테미즘이 아니라고 하는 것이고, 또 다른 하나는 개념 정의를 탄력적으로 하여 비슷한 현상을 모두 토테미즘으로 포괄하는 것이다. 그러니까 전자는 좁은 의미의 엄격한 개념 정의이고, 후자는 넓은 의미의 포괄적인 개념 정의가 된다.

좁은 의미의 토테미즘은, 이를테면 토템을 지닌 집단은 그 토템 동물 이름으로 불려져야 하고, 토템적 관계를 뒷받침할 수 있는 신화나 전설이 존재해야 하며, 토템 동물을 먹는 것이 금기가 되어 있어야 하고, 동일한 토템 간에는 혼인이 금지되어야 하며, 토템에 대해 집단적으로 제사를 지내는 의식행위가 있어야 한다는 등등 이러한 여러 조건을 충족해야만 토테미즘이라고 할 수 있다고 주장한다.

이러한 좁은 의미의 토테미즘이 되기 위해서는 제의적인 행위와 언술의 존재 유무가 증명되어야 하고, 토템 지역 사람들의 심리적인 의식체계도 탐사되어야 하며, 혼인과 관련된 금기 체계가 작동되고 있는지에 대해서도 증명되어야만 한다. 지금 현재 토테미즘이 남아 있다고 하는 종족들의 경우, 지금까지 외부와 접촉이 거의 없었던, 문명이라는 이름의 영향을 한 번도 쐰 적이 없는, 대체로 그런 오지의 미개 원시족이었다는 사실을 우리는 상기할 필요가 있다. 토테미즘의 내용적 자질을 이루는 요소들은 대개 문명과 접촉하면 표백되거나 휘발되는 그런 성질을 갖고 있다. 그렇다면 토테미즘이 전세계적인 현상이 아니라 일부 지역과 종족에게만 한정되는 의식체계라고 주장하는 것은 현재 남아 있는 증거에만 너무 의존하는 것이 된다.

좁은 의미의 토테미즘이 내거는 조건에 따르자면, 앞서 말한 개인 토템이 배제되는 것은 물론이고, 샤먼이 흔히 자신의 신앙적 필요에 의해 갖게 마련인 동물신적 존재도 토템으로 인정되기 어려울 것이다. 그리고 위의 제약 조건들 중 한두 가지를 결한 경우들도 배제된다면, 순정한 토테미즘에 해당되는 경우가 과연 존재할 수 있을지조차 의문이다.

물론 토테미즘에 대해 엄정성과 정밀함으로 개념을 정의해야 하는 학술적인 속성상, 명료한 원칙은 지켜져야 할 것이다. 하지만 이 책에서 다루고자 하는 것이 토테미즘의 엄격한 개념 정의를 통해 인류학적 과제를 푼다든지, 또는 민족학적인 모색을 하는 것이 아니라면, 토테미즘의 개념을 협소하게 운용할 필요는 최소한 이 책에서는 없어 보인다. 우리가 관심을 갖는 것이 토테미즘에서 인류 보편적인 관점을 추출하여 그것이 오늘날에 주는 유의미한 무엇이 있는지를 보고자 하는 것일진대, 이 책에서는 토테미즘을 넓은 의미의 포괄적인 개념으로 볼 것이다. 그리하여 위에서 말한 엄격한 조건들에 모든 것이 합치되지 않을지라도, 동물들을 신성시하거나 동물들과의 친연성 내지는 연대감을 보이는 의식체계라면 토테미즘이라는 우산 밑에 일단 놓고 조망하고자 한다.

그러므로 기존의 토테미즘 연구에서 토테미즘이 있는, 또는 있었던 지역에 아시아, 혹은 한국이 끼어 있지 않은 것에 대해 걱정할 필요는 없다고 본다. 우리나라에 좁은 의미의 토테미즘이 존재하지 않았는지에 대해서는 현재로서는 확실히 알 수 없다. 그러나 우리나라 사람들만큼 동물과 가까이 지내는 민족이 어디 있고, 동물 이야기를 그렇게 많이 남긴 민족이 또 어디 있을까 생각해본다면, 학술적인 목적의 토테미즘 지역 목록에 우리가 없다고 해서 의기소침해질 필요는 없으리라고 본다. 동물들에 대한 신성관념이나 동물들과의 연대감은 저 원시시대에 동서양의 구별이 없었을 것이고, 아메리카와 아시아, 아프리카가 구별이 없었을 것이며, 인도와 중국, 그리고 한국이 구별이 없었을 것이다. 물론 그것은 지금으로서는 누구도 장담할 수 없는 일이지만.

하찮은 동물이 숭배의 대상이 되다

인간에게 숭배의 대상이 된 첫 번째 존재들은 오늘날의 관점에서 볼 때 매우 하찮은 동물들이었다. 힘세고 날렵하고 무섭고 사납고 커다란 동물도 토템의 목록에 들어 있었지만 그렇지 못한 동물들이 더 많았던 게 사실이다. 그것들은 사람들 주변에 널려 있는 오리 · 산토끼 · 개구리 · 캥거루 · 도마뱀 등이었다. 오늘날의 감각에서 보면 숭배의 감정이라곤 털끝만큼도 일어나지 않을 이런 평범하고 하찮은 동물들이 오히려 인간이 더 가깝게 마주 대할 수 있다는 이유로 숭배되었다.

여기서 우리는 '숭배'라는 말을 사용함에 있어 어딘지 모르게 꺼림칙한 느낌을 지울 수 없다. 그것은 전적으로 오늘날의 용법과는 상당한 거리가 있기 때문이다. 오늘날의 언어 용법으로 하자면, 숭배에는 어떤 신적인 존재나 신성관념에 둘러싸인 대상에 의지하는 감정이랄까, 혹은 그에 대한 존경심이랄까 하는 것이 포함되어 있다고 생각된다. 숭배라는 말 가운데에 최소한 어떤 위대한 것에 대한 존숭의 의미가 내포되어 있음을 상기한다면, 그 어울리지 않음은 금방 드러난다. 토템 동물을 그렇게 위대하게 보고 존숭한 것은 아니기 때문이다.

만약 진정한 숭배라고 한다면, 위엄 있는 형태를 취하고 있고, 강력한 힘을 지닌 존재로 우리 모두에게 비쳐졌을, 태양이라든가 달이라든가, 하늘, 산, 바다, 바람, 커다란 바위와 나무 등속이 그 대상이 되었어야 했을 터이다. 이런 강력한 우주적인 존재들보다 더 위대한 힘으로 다가오는 존재들은 아마도 당시에는 없었을 것이기 때문이다. 그러나 그런 것들이 신성화되고 숭배를 받은 것은 매우 늦은 시기에 그렇게 되었다. 처음에는 이처럼 보잘것없는 존재들이 신성시되었던 것이다.

보잘것없는 동물을 경외의 눈으로 바라본 그런 관습을 종교적 신앙 체계라고 할 수는 없을 것이다. 그렇지만 오늘날의 관점으로 보았을 때 종교적인 신앙 체계가 아니라고 해서 그것이 원시종교의 믿음과 아무런 관련이 없다고 단정하는 것도 편파적인 생각으로 보인다. 원시종교의 모습을 오늘날의 우리들이 생각하는 신앙 관념에서부터 떠올리려고 하는 것 자체가 무리이기 때문이다.

원시종교는 인간을 압도하는 존재를 숭배하는 그런 형태의 종교가 아니었다. 원시종교에서 절대자 관념이나 신적 존재 등의 관념을 찾으려 한다면, 그것은 나무 위에 올라가 고기를 잡겠다는 꼴이다. 토테미즘이라는 믿음의 체계에 비추어서 원시종교의 형식을 추론한다면, 최소한 숭배의 대상이 되는 존재는 인간과 매우 가깝게 있으면서 인간이 지니지 못한 유용한 능력을 보여주는 그런 존재들이라고 할 수 있다.

인간이 직접 부대끼는 사물들 속에 내재하는 어떤 모종의 힘과 능력이 신의 자리를 대신 차지하고 있었던 것이다. 비유적으로 말하자면 우리의 생활환경 속에 신은 늘 강림해 있었던 것이다. 동물이 취한 어떤 제스처가 인간에게 모종의 암시를 주는 게 있었다면, 그것은 곧 믿음을 구성하게 되고, 그 동물은 신적인 지위를 획득하는 것이었다. 그러므로 신이 되기가 그때만큼 쉬운 적도 없었다. 역사상 이 시기만큼 인간과 신이 가까이 있었던 적은 없었다고 할 수 있다.

숭배라기보다는 신뢰의 감정

토테미즘에 내재된 종교적 본질은 압도적인 힘에 대한 숭배가 아니라 일종의 신뢰의 감정들이었다. 개미와 벌이 인간에게 닥칠 위험을 알려줬다고 생각한다면, 또는 개가 동물을 사냥하는 방법에 대해 힌트를 주었다고 생각한다면, 인간은 그에 대한 보답으로 그들을 좀 더 배려하게 되고, 즐거운 마음으로 그들의 행위들을 신뢰하게 된다. 그러한 동물을 학대하지 않으며, 존경심을 갖기도 한다. 그러므로 그것은 오늘날의 숭배 관념과는 같지 않다. 그것은 신뢰에 기반한 배려심 내지는 의존심에 가까운 것이라고 할 수 있다.

토테미즘에서 인간과 동물의 관계는 동등한 가치를 지니고, 평등한 수준을 지닌 두 존재간의 믿음의 관계이지 그 이상도 그 이하도 아닌 것이다. 인간이 동물에 대해 우쭐거린다는 따위의 생각은 아예 존재하지도 않았다. 인간은 동물에 대해 친구나 형과 같은 친척 관계의 호칭을 사용하면서 평등의 감정을 표현했다. 인간은 생활적으로, 그리고 도덕적으로 동물에 의존하는 상태였던 것이다.

토테미즘은 이렇게 원시적 형태의 종교이되, 매우 별난 종교라고 할 수 있다. 그것은 인간도 신으로부터 해방되고, 신도 인간으로부터 해방된, 그런 종교 형태였기 때문이다. 그렇다고 하더라도 인간이 토템 동물을 보호하는 것 자체가 소유이기는 하다. 그러나 오늘날의 소유권 개념과는 전혀 다른, 일종의 '신비한 소유권'을 인간이 토템 동물에 대해 가진 것이다. 그러므로 인간과 토템 동물은 신비한 공감에 의해 서로 결속되어 있었다고 할 수 있을 것이다.

토테미즘에 내재된 우주론적 체계

만약 토테미즘이 비록 종교의 맹아적 성격이긴 하지만 종교로서의 자질을 조금이라도 지닌 것이라고 한다면, 그 나름의 우주론적인 체계를 내재하고 있어야만 할 것이다. 당시의 우주론이야 소박하기 그지없었을 것이지만, 그렇더라도 소박 단순하나마 체계적인 방식의 우주 이해, 세계 이해가 포함되어 있어야 할 것이다. 토테미즘은 우주에 대한 이해를 사물들의 분류 체계를 정립하는 방향에서 찾고 있다. 사물들을 분류하는 체계를 지녔다는 점에서 토테미즘은 씨족 시대의 우주론이자 과학이기도 했다.

토테미즘은 토템 동물과 관련된 사물들만을 분류하는 데서 그치는 게 아니라 동물과 식물을 포함하는 전 사물들 간의 관계의 망을 구성하는 데로 나아갔다. 씨족과 만나게 되는, 우주에 충만한 모든 사물들은 씨족의 일부라고 관념되었다. 그들도 씨족 세계의 정규 구성원으로 생각되었던 것이다. 사물들 각자는 세계 속에서 지정된 제자리를 갖고 있으며, 그래서 모든 사물들은 체계적인 분류 속에 배열될 수 있었다. 씨족 시대 사람들의 분류법은 매우 조직적이고 견고한 체계를 갖추고 있다. 그들의 경제적 · 기술적 수준을 근거로 그들의 지적이고 과학적인 수준을 얕잡아보려는 생각은 상당히 성급한 것이다.

이항대립을 통한 사물들의 분류

그들의 사물 분류에서 가장 기본적인 방법은 우선 대조가 되는 것들끼리 이항대립을 시키는 것이다. 암놈과 수놈은 물론이고, 나는 동물과 기어 다니는 동물, 땅에 사는 동물과 물에 사는 동물, 낮에 다니는 동물과 밤에 다니는 동물 등이 분류 기준으로 쓰일 수 있다. 그밖에도 몸의 색깔이나 소리의 질감과 성격, 사는 곳의 방향, 먹이의 성격, 털의 모양 등을 근거로 하여 분류를 할 수도 있다. 이러한 이항대립을 바탕으로 더 자세한 분류가 얼마든지 가능하다. 이를테면 동물의 기능에 따라 수많은 하위 분류가 가능하며, 이항 분류의 두세 가지 항목을 결합시키면 거기에서 또 다시 수많은 미세 종류가 분파될 수 있다.

그들은 식물을 분류하는 데도 이항대립적인 방법을 즐겨 사용한다. 옅은 색의 잎과 짙은 색의 잎, 두꺼운 잎과 얇은 잎, 뾰족한 잎과 둥근 잎, 끈적끈적한 잎과 건조한 잎 등등이 분류하는 데 기준이 될 수 있다. 그러나 식물의 경우에도 가지 · 줄기 · 뿌리 · 꽃 등의 형태나 성질에 따라 얼마든지 하위분류가 가능하고, 서식하는 장소 · 맛 · 냄새 · 열매의 모양, 식용하는 방식 등에 따라서도 분류를 계속해나갈 수 있다.

씨족 시대 사람들은 생물에 대한 이러한 자체 분류에 만족하는 것이 아니라 생물들 간의 관계의 망을 구성하여 나름대로의 지식의 체계를 세우고자 했다. 꿀벌과 비단뱀은 몸체의 무늬가 유사하기 때문에 함께 묶이고, 개구리는 고무나무 근처에서 잘 놀기 때문에 둘은 함께 묶이며, 들소 사냥이 끝나면 옥수수를 수확하는 것이 순서이기 때문에 이 둘은 함께 묶인다. 분류하고 짝짓는 행위는 그들의 본능이라고 할 수 있었다.

[그림 8] 북미 나바호족의 모래 그림(sand painting)으로서 자신들의 세계를 신성화하여 표현하고 있다. 중심은 칠흑 같은 어둠인데, 만물은 거기에서 나와 거기로 돌아간다. 거기에서 나오는 것들은 모두 대립물들로 쪼개진다.

생물들의 분류 체계는 자연물이나 우주 현상과 연결되기도 한다. 동물과 식물은 각기 자연의 요소들과 대응관계로 서로 묶여진다. 예를 들어 흰머리 앵무새와 검은머리 앵무새가 나뉘어졌다고 하자. 흰머리 앵무새는 낮이기 때문에 낮과 관계되는 태양, 남쪽과 관계된 나무나 짐승, 붉은색의 새 등과 연결된다. 반면 검은머리 앵무새는 밤이기 때문에 밤과 관련되는 달과 별, 북쪽과 관계되는 식물이나 짐승 등과 연결되어 있다. 물론 사물들을 연결시키고 묶는 방법은 그들이 사는 자연 환경에 의거하여 달라지는 것이므로 씨족마다 분류 체계가 약간씩 달랐을 것이다.

구체의 과학을 하다

씨족마다 그들의 사물 분류 방식에는 삶의 구체성이 적용되게 마련이었다. 삶 속에서 발견되는 구체적인 모습이 분류체계의 근간이 되는 것이다. 그들은 추상적인 수준에서의 명명 및 분류 방식에는 잘 대처하지 못하는 반면, 삶과 직접 관련된 사물에 대해서는 아주 엄청나게 구체적으로 기술하고 설명할 수 있었다. 서식지의 유형에 따라 조류의 특징과 이름을 거침없이 얘기할 수 있었고, 주변 지역에서 일어나는 자연의 세세한 변화를 놓치지 않고 정밀하게 설명할 수 있었다. 동물 하나하나가 계절에 따라 먹이의 내용이 어떻게 변하고, 그래서 동물들의 습성이 어떻게 달라지는지를 한도 끝도 없이 얘기할 수 있었다. 그들은 정밀한 관찰과 예민한 감각으로 구체의 과학을 한 것이다.

그들의 이러한 감각적인 통찰에 의해 포착된 사물들 간의 연관관계를 토대로 하여 주술적인 믿음도 생겨난다. 쑥은 달과 밤, 그리고 여성과 관련된 의미를 지니기 때문에 여성의 월경불순이나 난산에 좋다는 믿음이 형성되기도 한다. 출산을 앞둔 여성에게는 다람쥐 고기가 좋지 않은데, 그 이유는 다람쥐가 나무 구멍에 잘 숨기 때문에 다람쥐 고기를 먹으면 태아가 다람쥐를 흉내 내어 자궁 속으로 숨는다고 생각되기 때문이다.

그러나 이러한 믿음은 모든 종족에 공통적이지는 않다. 똑같은 논리가 적용되어 정반대의 믿음을 낳는 경향도 보여준다. 어떤 종족은 굴에 사는 족제비와 오소리가 임산부에 좋다고 믿는다. 그것은 그것들이 도망갈 때는 구멍을 파는데, 그래서 이 동물들은 애를 빨리 내보내도록 돕는 역할을 한다고 믿어지기 때문이다. 또 똑같은 논리에서 이 동물들에게 비를 기원하기도 한다. 이들은 막힌 데를 뚫어주기 때문이다.

이러한 믿음의 형식들은 오늘날의 미신이나 속신과 비슷한 데가 없지 않다. 고대인들은 사물들의 속성에 대한 과학적인 지식에 바탕함이 없이 사물들과 비슷한 것들, 사물들에 인접해 있는 것들에 대한 직관적인 이해를 토대로 사유한 것이기 때문에, 오늘날 현대 과학의 지식을 통해 모든 사물의 성질이 파악된 상황에서 보자면 미숙하기 짝이 없다. 그러나 현대 과학의 임상실험과 같은 과정이 없이 나온 사물에 대한 직관임에도 불구하고 현대 과학이 풀 수도 없는 통찰력이 거기 들어 있음은 오늘날 약초 분야 같은 데서 증명되고 있다.

이러한 종류의 구체적인 과학은 레비스트로스(C. Levi-Strauss)가 말하고 있듯이 세계에 대한 무질서를 없애고자 하는 그들 나름의 치열한 노력의 소산이었다. 그런 믿음들이 실용적이 아닐 수도 있지만 인간의 실용적 필요를 만족시키기에 앞서 인간의 지적 욕구를 충족시킬 수 있느냐 하는 것이 더 중요했다. 이빨이 아플 때 딱따구리 주둥이와 접촉하면 좋다는 믿음은 실제로 치통이 치유되었느냐 하는 것이 중요한 것이 아니라, 딱따구리 주둥이와 인간의 치아를 하나로 묶어서 우주에 편만한 무질서를 해소하고 거기에 어떤 원초적 질서를 부여할 수 있느냐 하는 것이 더 중요하기 때문에 의미를 지닐 수 있는 것이다. 무질서를 없애려는 노력은 인간의 기원과 함께 무의식적 차원에서 지속되었는데, 근대적 추상 과학의 지식 체계가 없었던 당시에는 직관적 통찰에 의한 질서화가 추구되었던 것이다. 그래서 동식물에 관한 지식은 그 효용성에 따라 정해지는 것이 아니라 우선 지식이 있기 때문에 비로소 유용하다고 간주된다.

유사성과 인접성에 의한 사유의 방식

성스러운 것의 특징은 점차 그것이 널리 전염된다는 점이다. 비단뱀을 토템으로 하는 사람들은 꿀벌을 죽이지 않는다. 비단뱀과 꿀벌은 그 무늬가 비슷하기 때문이다. 개구리를 토템으로 하는 씨족은 고무나무를 신성하게 생각한다. 개구리는 고무나무 근처에서 잘 노는 생물이기 때문이다. 이런 식으로 토템은 그 하위 토템을 낳고, 하위 토템은 그와 관련된 토템을 또다시 낳는다. 이렇게 하여 신성한 동식물들의 목록이 고구마 줄기처럼 무리지어 형성된다.

약초들의 목록도 이와 비슷한 과정을 통해 만들어진다. 약초 근처에서 자라는 풀들, 약초와 잎이 닮은 풀들, 약초와 비슷한 냄새를 풍기는 풀들, 약초와 가까운 관계에 있는 어떤 동물이 잘 먹는 또 다른 풀들은 그 약초의 총체적인 분류 체계를 이룬다. 모든 식물들은 잎의 모양이라든지, 색, 서식지, 크기, 성장 유형, 기생동물, 생장하는 시기, 맛, 냄새 등등에 의해 구분되고, 그 분류가 다시 서로 묶여서 하나의 총체적인 식물도감을 형성하게 된다.

동물이나 식물들의 이러한 관계의 망은 인접성과 유사성이라는 두 개의 축을 따라 정립되는 경향을 보여준다. 뱀과 흰개미 사이의 상호 접촉에 의해 형성되는 관계가 인접성이라면, 불개미와 코브라 색깔의 비슷함에 의해 성립되는 관계는 유사성이다. 이와 같이 인접성과 유사성에 의한 사물들 간의 관계맺음이 확산되면 전우주적인 질서 체계가 되는 것이다.

이러한 분류 체계가 명쾌한 것만은 아니다. 인접성과 유사성이 현저한 외적 특징에 의해 설정되는 것이라면 분류가 쉽겠지만 동시에 여러 가지 연결 형식을 취한다면 설명이 어렵게 된다. 어느 종족에서는 독수리를 땅의 동물로 여기는데, 그 이유는 독수리가 번개와 관련되고, 번개는 불, 불은 석탄, 석탄은 땅으로 이어지기 때문이다. 이와 같이 그들의 직관적인 통찰에 의한 관계맺음은 오늘날의 관점에서 보면 논리적인 비약이 심하다. 그들의 사유방식은 종종 몇 겹의 이질적인 층위를 가로질러 사물들의 내적인 본질을 직관적으로 간취해내는 방식이기 때문이다.

사회 규약으로서의 토테미즘

토테미즘은 씨족 시대에 일종의 사회제도의 역할을 대신했다고 할 수 있다. 집단생활을 영위하기 위해서는 최소한 친족 체계라든지 윤리적 규범이라든지 법적 테두리와 같은 사항이 비록 명문화의 형식은 아닐지언정 사람들의 인식 속에 들어앉아 있어야만 했다. 그러나 그러한 인식이 제대로 형성되어 있을 리가 없었다. 그러한 인식이 형성되려면 가족이라는 혈연의식에 바탕한 구성 원리가 확고하게 정착되고, 가족들이 모인 더 큰 집단적 울타리가 만들어지면서 사회적 제도와 규칙들이 정립되어야 할 터이지만, 당시는 혈통이라는 것조차 인식되지 못하는 형편에 있었던 것이다.

씨족 구성원들은 자신들이 친족관계에 의해 결속되어 있다고 생각했다. 그러나 여기서의 친족관계란 서로 같은 혈통으로 맺어진 관계를 의미하는 것이 아니다. 오로지 같은 토템을 가졌다는 사실 하나로 친척이 되는 그런 사회이기 때문이다. 당시에는 혈통에 대한 인식도 빈약했을 뿐만 아니라 난혼 등으로 인해 혈통을 구분한다는 것이 불가능하기도 했고, 또 혈통을 알긴 알았다고 하더라도 토템이 주는 상징적인 이름보다는 덜 중요한 것으로 간주될 수도 있었을 것이다.

토템 소속 사람들은 여러 곳에 분산되어 살았다. 그러나 토템에 의한 결속력은 혈연관계보다 우위를 점하고 있었으므로 분산되어 산다고 하더라도 그들은 토템에 의해 서로를 친척으로 인식했다. 씨족 구성원들은 다른 씨족 사람들로부터 토템의 이름으로 불리어지곤 했다. 그러한 불림이 씨족 내부 구성원들을 더욱 결속시키는 계기가 되었을 것임은 물론이다. 그들은 서로에 대하여 친척들에게 부과되는 것과 동일한 의무를 지게 되었고, 그리하여 상호부조, 복수, 장례 등의 일을 함에 있어 힘을 합칠 수 있었던 것이다.

토테미즘이 이렇게 씨족을 분할시키고 결속시킨다는 점에서 그것은 사회적인 제도의 역할을 훌륭하게 수행하고 있다. 가장 좋은 사회제도란 그 사회를 안정되게 유지하는 것인데, 토테미즘은 그 사회를 나쁜 사회로부터 분리시키고 좋은 사회로 편입시키는 계기를 마련해주고 있기 때문이다. 토테미즘이 씨족 분할과 씨족 결합의 단서를 제공함으로써 사회제도의 기초 토대를 이루게 되었다면, 다른 한편으로 그것이 근친상간이라는 문제를 푸는 열쇠를 제공했다는 점에서 보면, 그것은 사회제도의 틀을 견고하게 세우는 데로 나아갔다고 할 수 있을 것이다.

씨족 시대에는 토템과 관련하여 아주 강력하게 작동되는 사회적 규약이 있었는데, 그것은 같은 토템에 속한 구성원들끼리는 결혼할 수 없다는 것이었다. 그것이 이른바 족외혼이다. 결혼뿐 아니라 같은 토템끼리는 성관계를 갖는 것도 엄격하게 규제되는 사항이었다. 동일 토템 사이에서 순간적인 욕망에 의해 성관계가 이루어졌다 할지라도, 그것은 발각되면 집단적 처벌의 대상이 되었으며, 만약 발각되지 않는다 하더라도 당사자는 천벌이나 저주를 받는다고 믿어졌다.

프로이트(Sigmund Freud)는 토템이 모계를 통해 세습된다는 가설을 세운 바 있는데, 이는 그가 제창한 오이디푸스 콤플렉스로 이론화되어 나타난다. 예를 들어 설명해보자. 캥거루족 남자와 반달곰족 여자가 혼인하여 자식을 낳는다면 그들은 모두 어머니의 토템을 따라 반달곰족이 된다. 동일 토템 상간 금지 규약에 따르면 아들은 누이나 어머니를 범할 수 없다. 그러나 아버지는 딸과 성관계를 가져도 무방하다는 얘기가 된다. 이상한 규약이지만 하여튼 동일 토템간의 근친상간을 방지하는 것이 목적이었던 것이다. 이러한 금기를 통해 볼 때 근친상간을 방지해야 하는 문제 인물로 아들을 지목한 것인데, 아버지보다는 아들의 성적 충동을 제지하는 것에 더 큰 비중이 두어져 있음을 알 수 있다. 오이디푸스가 아버지를 죽이고 어머니와 결혼하고 나중에 그 사실을 알고 자신의 눈을 찌르고 유랑의 길을 떠난다는 오이디푸스 신화의 테마는 이러한 동일 토템 상간 금지 규약을 어길지도 모르는 인간의 두려움이 표현된 것이라고 프로이트는 해석하고 있다.

상징으로서의 토템

토템이 동물을 의미하긴 하지만 항상 동물 그 자체로 대입되는 건 아니다. 토템이라고 하면 늘 동물을 소환하는 게 아니다. 오히려 토템은 하나의 이름이며, 하나의 상징이다. 그래서 동물 그 자체보다는 그 동물을 그린 상(像)이 더 중요한 의미를 갖게 되는 현상이 벌어진다. 토템 동물은 먹기도 하지만 토템 동물을 그린 도상은 극도로 조심스럽게 모시는 대상이 된다.

토템 시대 사람들은 자기 종족의 토템 문장(紋章)을 자신의 몸 위에 문신으로 새길 뿐만 아니라 그것을 방패나 투구, 천막, 벽, 지붕, 바위, 무덤, 무기, 각종 도구에 새겨 씨족 구성원임을 나타내기도 하고, 그 사물에 어떤 신성한 힘을 부여하려고 하기도 했다. 토템 동물의 몸체를 표현할 수 있는 옷치장을 하기도 했고, 그 동물의 얼굴을 의미하는 가면을 쓰기도 했다. 토템 동물이 새인 경우, 사람들은 머리 위에 그 새의 깃털을 꽂기도 했다.

토템 시대 사람들은 자신의 머리 모양을 토템과 비슷하게 만들기도 했

[그림 9] 미라의 팔에 새겨진 동물 문신. 그리핀과 수양 · 새 · 뱀 · 사슴 등이 뒤섞여 있다. 알타이 산맥의 우스티알라간 묘지 2호분.

다. 독수리 씨족은 앞으로 두 가닥의 커다란 머리타래를 내렸으며, 물소 씨족은 머리를 뿔 모양으로 만들었다. 거북이 씨족은 여섯 개의 머리 다발을 남기고 나머지는 모두 잘랐다고 한다. 머리 양 옆에 두 개씩, 앞에 하나, 뒤에 하나를 배치해서 마치 거북이의 네발과 머리와 꼬리인 것처럼 모방한 것이다. 비나 눈을 토템으로 가진 씨족은 앞니 두 개를 강제로 뽑았다고 한다. 그것은 비나 눈이 오기 전에 나타나는 검은 구름의 형상을 모방한 것이라고 여겨진다. 이처럼 토템 형상으로써 대외적으로는 자신의 소속을 나타내고, 집단적 동질감을 표현했다.

상징이 토템보다 중요해지다

씨족들이 모여 집단적인 종교의식을 행할 경우에는 특히나 토템 형상의 몸치장을 해야 했을 것이다. 그것은 집단 소속원들의 의무였을 것이기 때문이다. 성인식과 같은 중요한 입문의례에서는 몸에다 토템 상징을 그려 넣는 문신이 행해졌을 가능성이 높다. 그리고 의식용 도구들에는 토템 상징이 새겨졌을 것인데, 성스러운 의식용 사물인 '추링가'(churinga)에는 토템의 표지가 새겨져 특별한 장소에 경건하게 보존되었다고 한다. 그러한 사물들은 상징을 덧입고 있기 때문에 그 신성성이 배가된다. 그것은 다른 사물들과 마찬가지로 나무와 돌로 된 사물이었음에도 불구하고 속된 물건들과는 구분되었던 것이다.

토템 씨족들이 상징 아래 결합하는 것은 군인들이 군대 깃발 아래 모여 그것을 존숭하는 것과 비슷하다. 어떤 병사들은 깃발을 위해 자신의 목숨까지 버릴 각오가 되어 있다는 것인데, 그것은 깃발이 병사들의 의식 속에 최고로 존경받는 존재에 위치하고 있기 때문이다. 이와 유사하게 토템

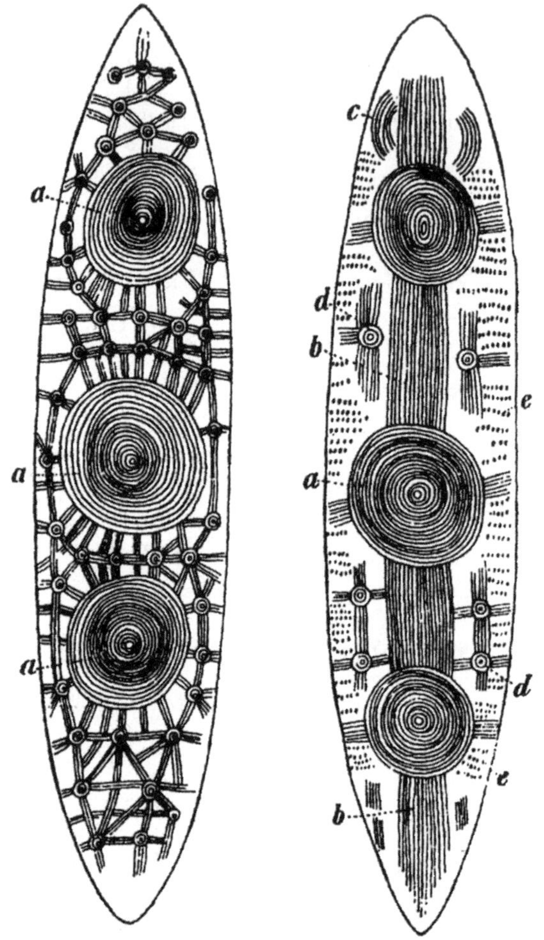

[그림 10] 개구리 토템의 아란다족 남자의 추링가. 오른쪽 그림에서 큰 동심원 a는 토템 지역의 유명한 세 개의 수목이고, 그 동심원을 잇는 직선 b는 굵은 뿌리를, 곡선 c는 가는 뿌리를 나타낸다. 작은 동심원 d는 더 작은 수목이고, 점들 e는 물가의 모래밭으로서 개구리가 뛰어다닐 때 남긴 흔적이다. 개구리 그 자체는 왼쪽 그림에서 동심원들을 잇는 망사눈에 의해 그려지고 있다. 레비스트로스, 『야생의 사고』에서 인용.

시대 사람들에게 토템 문양의 상징물은 존숭의 감정을 불러일으키는 특별한 사물이었을 것이다.

토템 시대 사람들은 복잡한 씨족 관념보다는 단순한 상징 아래 모이는 것이 더 쉬웠을 수 있다. 혈연이나 지연 등과 겹쳐지면서 종족을 논리적으로 구분하는 데 어려움이 있는 씨족 관념보다는 구성원들의 의식을 인상적으로 일깨우는 상징에 의해 일원론적으로 종족을 구분하는 것이 그들에게는 적절했을 것이다. 씨족 관념은 복잡한 실체이기 때문에 미발달된 지성으로 그 단위체를 정확하게 포착하는 것은 어려운 일이었기 때문이다.

토테미즘이 동물에 대한 감정에서 비롯된 것임은 분명하지만 상징이 더 중요한 의미를 띠게 되면서 이미지가 토템적 존재 자체보다 더 성스럽게 되었다. 이런 현상은 꼬리에 꼬리를 이루면서 순환 사고되었을 것으로 보아진다. 상징이 중요해지자 상징이 나타내는 토템적 존재가 다시 상징과 유사한 감정을 일깨우면서 다시 중요해지는 과정이 되풀이된 것이다. 왜냐하면 상징이 종교적 존경의 대상이기 때문에 구체적인 존재들도 같은 종류의 존경을 불러일으키고 성스럽게 보여야만 하기 때문이다. 그것은 토템 동물을 먹거나 죽이는 것이 금지되는 규약을 더욱더 강화시키는 계기가 되었을 것으로 생각된다. 상징적 존재가 지닌 성스러운 힘을 토템 동물도 가졌을 것으로 인식되면 인식될수록 토템 동물에 대한 도전은 더욱 힘든 일이 되었을 것이기 때문이다.

상징이 발산하는 힘에 대한 숭배

토테미즘은 토템을 상징화한 표상에 대한 숭배이다. 그 상징적 표상은

[그림 11] 청동예기에 새겨져 있는 동물들은 하늘의 신령과 땅 위의 사람들이 서로 교통할 수 있게 하는 중요한 수단이 된다고 알려져 있다. 중국 하남성 나산에서 출토된 상대(商代)의 청동기.

어떤 힘을 발산하는 존재이기 때문이다. 그것은 어쩌면 부적이나 장승과 같은 존재일는지도 모른다. 가지고 있으면 자기 몸에 위해요소가 침입하지 않을 것 같은 믿음, 어느 곳에 세워놓으면 어떤 좋은 기운이 돌아 좋은 일만 생길 것 같은 믿음, 그런 믿음을 발산하는 힘이 상징에는 내재되어 있다고 관념되지 않았을까. 그 힘은 구체적이고 물리적인 힘이 아니라 어떤 추상적이고 정체가 모호한 힘이다. 그것은 익명적이며 비인격적인 에너지다.

뒤르켐(Emile Durkheim)에 의하면, 폴리네시아 사람들은 그러한 힘의 존재를 인정하고 그것에 '마나'(mana)라는 이름을 붙여주었다. 마나는 어떤 특정한 시간이나 공간에 한정되어 존재하는 것이 아니라 언제 어디서나 존재하는 것이다. 생명의 모든 형태들과 활동들의 겉과 속에는 마나의 영향력이 침투하지 않은 데가 없다. 인간이 사냥에 성공하는 것과 전쟁에 승리하는 것, 농작물에서 많은 수확을 거두는 것, 가축 무리들이 번성하는 것 등등 마나의 덕분 아닌 것이 없다. 만일 화살이 목표물에 가서 명중한다면 그 화살은 마나로 가득 충전되어 있기 때문이며, 그물에 고기가 많이 잡히는 것도 그물이 마나로 가득하기 때문이다. 이렇게 마나는 평범한 능력을 지닌 인간이 비범한 능력을 발휘하게 만드는 모든 것의 원인으로 사고되었다.

마나가 우주 전체에 확산되어 있는 것인 반면, 토템은 특정한 종류의 사물들로 국한된 것이므로 토템 상징은 특수화된 마나라고 할 수 있다. 토템 상징에 대한 숭배는 특정 동물이나 식물에게 호소하는 것이 아니라 이러한 사물들 속에 충만해 있는 정체가 모호한 힘에 호소하는 것이다. 호랑이가 개구리보다 힘이 더 세므로 호랑이 상징이 개구리 상징보다 더 큰 숭배를 받는 그런 식이 아니다. 개구리족에게는 어떤 동물보다 개구리가 내재하고 있는 마나가 가장 효력이 있다고 생각되었기 때문에 그들의 토템이 된 것이다. 모든 종교체계를 지배하는 것은 바로 이러한 관념이다. 이러한 관념을 원재료로 해서 모든 시대의 종교적인 심상이 구성된다. 모든 종류의 영들 · 악마들 · 정령들 · 귀신들은 이런 에너지가 모여져서 구체적인 형태를 갖춘 존재들일 따름이다.

[그림 12] 북미 하이다족의 토템상. 기둥에 세로로 새겨진 짐승들, 정령들, 혹은 또 다른 상징적 형상들은 종족의 위상을 나타내거나, 그들의 역사에 대한 설명적 역할을 한다.

토템 동물에 대한 엄격한 금기와 예의

토템 동물을 먹어서는 안 된다는 것은 씨족집단에게 내려진 지상 명령이다. 집단의 동의 없이 토템을 먹었다가는 어쩐지 불길하고 벌을 받을 것 같은 심리적인 금기의 망이 언제부터인지 씨족 구성원 모두에게 덧씌워져 있다. 그것은 전적으로 심리적인 차원이다. 법으로 명문화해놓은 것도 아니고, 누가 벌을 내리는 것도 아니다. 그렇지만 씨족 구성원은 누구나 느끼고 있다. 그 금기를 어기면 자기가 죽거나 병에 걸리는 벌을 받으리라는 것을 알고 있다. 그것은 경험 이전의 직관적이고 태생적인 관념이

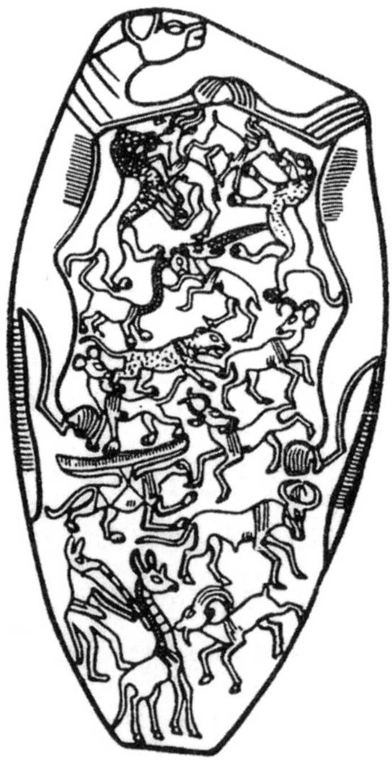

[그림 13] 동물들은 제의에 봉헌되는 희생물이었다. 그것은 오히려 동물을 신성시한 고대적 관념의 표현이다. 고대 이집트의 석조 봉헌판에 새겨진 동물 도상.

유포시킨 성질의 것으로서, 애매모호하고 불확실하긴 하지만 어떤 미지의 강력한 힘으로써 압박해오는 무엇이었다.

프로이트(Sigmund Freud)는 동물을 공경하고 숭배하는 것은 원시인들이 태고의 아버지에 대해 가졌던 감정, 특히 성적인 감정의 표현이라고 해석한다. 아들은 아버지를 질투하고 두려워하기 때문에 아버지를 상징적으로 살해하고 한편으로는 죄책감을 느낀다. 아버지를 먹음으로써 남성적인 속성을 나누어 갖는다. 그래서 토템 제의는 환각적인 만족이며, 아들의 억압된 감정을 표현하는 것이라는 해석이다. 이러한 정신분석학적 해석은 고대인들의 동물 조상 관념과 만나는 지점에 위치하고 있으며, 프로이트가 일관되게 주장하고 있는 오이디푸스 콤플렉스에 대한 해석의 연장선상에 있음은 말할 것도 없다. 하지만 태고의 아버지에 해당하는 동물이 들소나 곰, 호랑이와 하마와 같은 거대하고 강력한 힘을 보유한 동물이라면 이해가 가는 측면도 있겠지만, 풍뎅이와 개구리와 같은 하찮은 형태의 토템 동물이라면 이해하기 힘든 측면이 있는 게 사실이다.

씨족집단이 생존하기 위해서는 토템 동물도 먹어야만 한다. 그러나 다른 동물을 잡아먹듯이 아무렇지도 않게 토템 동물을 먹는 것은 토템이 유포시킨 신성한 보호와 억제 관념을 심각하게 훼손하는 것임에 틀림없다. 그래서 토템 동물을 먹을 때는 따로 지켜야 하는 금지와 완화의 방법이 마련되어 있었을 걸로 판단된다. 동북아시아의 곰 문화권에서 곰을 사냥하고 먹을 때의 금기와 제의 방법에 대해서는 상당히 알려져 있는 편이다. 이 지역에서 곰은 사람과 똑같은 영혼을 지닌 신성한 동물로 인식되었기 때문에 엄격한 금기 상황 속에서 최대한의 예의를 지키면서 사냥과 섭취를 진행해야만 했다.

곰의 영혼은 천상으로 안전하게 되돌아가야 훗날 다시 인간 세계로 내려와 고기를 제공해줄 수 있다고 관념되었다. 그래서 곰의 머리 부분은

[그림 14] 시베리아 퉁구스족의 곰 제의의 일부인 곰고기 성찬식 장면. 곰을 정중히 세워놓았고, 곰이 좋아하는 물고기를 제물로 진설해놓고 있다. 곰의 외양은 전혀 손을 대지 않는다. 이정재, 『동북아의 곰문화와 곰신화』(Schrenk, 1895)에서 재인용.

건드리지도 않고, 단추를 하나하나 풀어 옷을 벗기듯이 곰의 털을 열고 고기만 조심스럽게 꺼낸다. 곰을 해부하는 과정에서도 곰의 몸을 나무로 떠받들어 점잖게 서 있는 모습으로 지탱해두고, 곰이 좋아하는 음식들을 제사상에 진열해두는 예의도 잊지 않는다. 그리고 곰을 잡아먹은 게 까마귀라고 위장하기 위해 까마귀 소리를 내며 떼 지어 둘러앉아 음식을 먹는다. 그것은 마치 까마귀가 동물의 시체에 둘러 앉아 고기를 뜯어먹는 모습을 연상케 하는 것으로서, 그래야지만 곰이 인간의 짓으로 생각하지 않는다고 믿었다. 이는 모두가 곰의 영혼이 무사히 집에 돌아가 살다가 인간이 필요할 때 다시 내려와 고기를 달라고 하는 제의적 요청이었다.

인간과 동물의 동체 관념

토템을 지닌 사람들은 토템 동물을 자신의 분신 또는 제2의 자아라고 생각하는 데까지 나아간다. 말하자면 동물과 인간의 동체 관념이다. 왜 그들은 동물은 곧 나이고 나는 곧 동물이라고 생각한 것일까?

토템족들은 흔히 토템 동물의 이름으로 불리기도 한다. 오늘날처럼 사람들은 각자 고유의 이름을 가진 것이 아니다. 영화에서처럼 '늑대와 함께 춤을 춘 사람'쯤으로 상대방에게 인식되는 것이다. 이렇게 동물 이름으로, 또는 동물과 관련되어 불리어진다는 것은 단지 겉의 명칭으로만 같은 것이 아니라 속의 본질도 같음을 의미하곤 했다. 토템 시대 사람들에게 이름은 단순히 단어이거나 소리의 조합에 불과한 것이 아니라 존재의 일부이며, 나아가 존재의 본질적인 그 어떤 것이기도 했다.

캥거루족 사람들은 자신들을 캥거루라고 부른다. 그러므로 그는 어떤 의미에서는 곧 캥거루인 것이다. 캥거루가 곧 나이고 내가 곧 캥거루인 것이다. 캥거루들도 나를 보면 다른 것이 아니라 자기와 같은 종족으로 생각할 것이라고 생각한다. 자신도 캥거루가 된 것처럼 벌판을 뛰고 싶고 먹잇감을 구하고 싶다. 그렇지 않아도 그들은 캥거루 가죽을 둘러쓰고 얼굴에는 캥거루 모양의 문신을 그리고 있었으므로 겉으로도 캥거루였다. 토템 시

[그림 15] 물소 가면을 쓰고 물소 춤을 추고 있는 미얀마의 한 무당. 춤을 출 때는 물소의 영혼에 들려 있다고 한다.

[그림 16] 화살로 소를 사냥하는 사람은 소의 탈을 쓰고 있는데, 이는 사냥물에 최대한 가깝게 접근하기 위한 방편이기도 했겠지만, 사람들이 겉으로뿐 아니라 속으로도 소의 본성을 지니기 위해 얼마나 노력했는지를 보여준다. 연대 미상의 석각 스케치. 아프리카 리비아. P. Bahn, *Prehistoric Art* 에서 인용.

대 사람들은 두 가지의 본질을 갖고 있다. 인간과 동물, 이 두 존재가 그의 안에 공존하는 것이다.

막스 뮐러(Max Muller)는 인간이 동물 이름으로 불리는 이러한 관습이 이해할 수 없는 불가사의한 신화들을 많이 만들어냈다고 주장한 바 있다. 인간이 모두 동물 이름으로 불리어져서 인간과 동물이 구분되지 않는 상황에서, 구두로 전래된 이야기들이 동물들과 인간이 서로 의사소통하면서 살아가며, 또 아예 동물들이 인간 집단을 이루고 사는 모습을 그리고 있는 것은 어쩌면 당연하다는 것이다. 이와 같이 인간과 동물이 이름을 함께 사용한 것은 불가사의한 신화의 세계를 낳은 원동력이 되기도 했다.

우리의 단군신화도 뮐러의 이와 같은 '언어질병설'에 의해 해석되기도

[그림 17] 두 원숭이 서기가 두꺼운 병풍식 접지책의 양쪽에 앉아 자신들이 연 쪽의 내용에 대해 얘기하고 있는 마야의 그림.

한다. 그에 따르면 신화에 나오는 호랑이와 곰은, 곧 호랑이 토템족과 곰 토템족인 것이다. 그러므로 천신족인 환웅이 외래집단이고, 호랑이족과 곰족은 토착세력이라고 할 수 있는데, 환웅이 곰족과 손을 잡고 나라를 세운 기록이라고 할 수 있다는 것이다. 하지만 어디까지가 역사적인 맥락이고, 어디까지가 신화적인 상상력의 영역인지에 대해서는 해명하기가 매우 난감한 게 사실이다. 단지 여기에서는 인간이 동물의 이름을 겸용했다는 전제 하에서 나타날 수 있는 단군신화의 해석적 국면을 잠시 생각해 보았을 따름이다.

생명의 연대성에 대한 확신

인간이 동물 이름으로 불리면서 자신을 동물과 동일한 존재로 인식하게 되었다는 것은 다른 한편에서는 자신이 동물적 능력도 함께 갖게 되었다는 것을 의미하기도 했다. 매를 토템으로 하는 사람은 눈이 밝고 미래를 예언하는 능력이 있고, 개미를 토템으로 하는 사람은 홍수를 예언하는 능력이 있으며, 부엉이를 토템으로 하는 사람은 밤길을 잘 다니는 능력이 있다고 관념되는 것이다. 그들은 실제로도 그러한 능력을 다른 사람들보다는 더 많이 가진 것으로 자신도 인식하고 있고, 다른 사람들도 그걸 인정해준다. 오늘날에도 무의식 및 의식적 차원에서의 끊임없는 개발과 자기암시를 통해 인간의 감춰진 능력이 드러나는 경우가 있다. 토템족들의 경우에는 따로 노력하지 않아도 그들 내부적으로 그러한 능력이 장착되어 있다고 인정되거니와, 외부적인 주변 상황도 그걸 조장하는 방향으로 되어 있었던 것이다.

개인과 동물의 긴밀한 관계는 오늘날 자신의 띠동물과의 관계에서도 약간은 보이는 것 같다. 사람의 띠는 자신의 희망과는 전혀 관계없이 결정되는 것이지만, 자기의 띠동물에 대해 은근한 애착과 친밀한 감정, 나아가 자신이 그 동물과 어떤 동질감을 지닌다는 막연한 믿음 같은 것이 존재하는 것이다. 그래서 그 동물의 속성을 자신도 나누어 갖고 있다는 착각이 종종 들기도 한다. 이는 토템 시대의 동물과의 동체 관념이 무의식의 회로를 타고 현대인에게까지 흐르고 있기 때문인지도 모른다.

인간과 토템 동물 사이의 결합은 너무나 긴밀해서 그들의 운명도 서로 굳게 연결되어 있다고 여겨진다. 둘 중 어느 한 편에 무슨 일이 일어나면 다른 편에서도 반드시 어떤 반작용의 일이 일어난다고 생각한 것이다. 말하자면 생명의 연대성에 대한 깊은 확신 같은 것이 형성되어 있었던 것인데, 그렇기 때문에 사람이 그 동물을 절대 죽여서도, 먹어서도 안 되는 것이었다.

인간은 동물의 보호자 내지는 후견인이 되고, 동물은 대신 인간에게 닥칠지도 모르는 위험을 예고해주기도 하고, 피할 방법을 가르쳐주기도 하며, 사냥하는 방법이나 전쟁하는 방법을 가르쳐준다. 동물은 경이로운 능력을 지니고 있어서 그 능력을 인간에게 전해줄 수 있다고 여겨진다. 인간은 그의 수호자의 능력에 대한 신뢰가 너무나도 크기 때문에 거기에 의지하여 큰 위험을 무릅쓰고 놀라운 용기를 발휘할 수가 있다. 신념은 그에게 필요한 용기와 힘을 주었던 것이다.

[그림 18] 반인반수상은 동서를 막론하고 신성의 대표물이다. 아시리아의 천마 부조.

캠벨(Joseph Campbell)은 토테미즘에 대해 사람이 동물과 친족애와 형제애를 추구한 것이라고 표현한다. 토테미즘을 통해 인간은 특정한 종의 혈족임을 주장하면서 그 동물의 보호자가 되고, 다시 그 동물의 지혜를 통해 보호받으려고 한다. 동물들이 위협적인 존재이면서 동시에 먹을거리였던 시절에, 수렵을 하며 살아갔던 토템족들에게 동물들과 광야를 공유해야 한다는 과제를 심리적으로 연결해내는 것이 커다란 문제였던 것이다. 인간과 동물과의 동일시가 이루어진 것은 바로 그 때문이다. 캠벨에 따르면, 이러한 무의식적 인식은 신화에 등장하는 토템 조상들의 반인반수(半人半獸) 형상을 통해 잘 나타난다.

영혼도 같음을 의미하는 동체 관념

인간과 동물의 동체 관념은 둘의 살도 같고, 영혼도 같음을 의미한다. 씨족 사람들은 자신의 토템 동물이 똑같은 살로 이루어진 것으로 생각한다. 그러므로 더욱더 그것들이 자신의 친척이고 친구라고 인식되는 것이다. 그런데 인간과 동물은 그 영혼에 있어서도 둘 사이에는 경계선이 없어서 자유롭게 이동하는 것으로 관념된다. 자신이 선의를 베풀면 그것이 동물의 영혼으로 전달될 수 있고, 동물의 영혼이 인간에게 들어와 용기와 힘을 줄 수도 있다고 관념된 것이다.

인간과 동물 사이에서는 영혼의 환생도 가능한 것으로 여겨진다. 동물조상관념은 널리 퍼져 있었고, 자신이 죽으면 동물이 될 수도 있다고 믿어졌다. 영혼은 이렇게 육체와 분리되어 자유롭게 이동할 수 있는 것이다. 혼이 육체로부터 빠져나올 수 있다는 것은 꿈이라든지 기절이라는 현상을 통해 일찍부터 인지되었으리라고 짐작된다. 그리고 그것의 성질도 통제가 가능한 것이어서 주술 같은 방식을 통해 강제로 그 성질을 변화시키고 이동시킬 수 있는 걸로 보았다.

당시에는 생물체가 아닌 모든 사물들에도 정령이 들어 있는 것으로 여겨졌다. 그런 생각과 믿음이 애니미즘인데, 토테미즘은 그러한 정령 숭배의 애니미즘에다가 영혼 사이에 존재하는 선택적 친화력과 특수한 협약관계를 덧붙여 생각하는 경향이 있다. 사람들과 온갖 사물들은 토테미즘 특유의 위계질서와 친소관계를 통해 우주론적 체계를 이루고 있는데, 이에 따라 서로서로 당기고 끌고 소통하는 관계들이 형성된다. 예컨대 어떤 사람이 죽었을 때 장례에 쓰는 나무는 그 사람의 토템과 친밀한 관계에 있는 종류를 써야만 한다. 특수한 협약관계에 있지 않은 나무는 그 시체에 나쁜 영향을 끼칠 것이기 때문이다. 하지만 반대로 자기 영역 안에서 사냥을 할 때는 자기 영역 밖의 나무이거나 자기 토템과는 소원한 종류의 나무를 재료로 해서 만든 화살을 사용해야만 한다. 그렇지 않으면 사냥꾼은 자기의 목표물을 놓치게 된다고 믿는다. 화살이 친연관계에 있는 목표물을 거부하는 사태가 벌어지기 때문이다. 앞에서 사람들이 곰을 잡아먹을 때 까마귀로 위장한다고 했는데, 그 경우도 이러한 사유가 작동되었다고 할 수 있다. 온갖 사물들의 정령들은 이렇게 선택적으로 서로서로 친밀하며, 일부 사물들끼리만 특수한 협약관계를 맺고 있다.

특히 인간과 동물 사이는 신비적 공감에 의해 결속되어 있다고 믿어졌다. 사람들은 자신의 뜻을 토템 동물에게 전하고, 다시 토템 동물이 보내오는 신호를 알아채기 위해 다방면으로 애를 썼으리라고 생각된다. 오늘날 우리가 신기하게 생각하는 텔레파시 같은 것은 그 당시에는 전혀 신기로울 것도 없었을 것이다. 친밀한 관계에 있는 사물들을 만날 때는 상호간에 공감 내지는 교감이 충만하게 일어나면서 둘은 전기가 통하듯이 영혼간의 교류를 이루었을 것이다. 아마도 그들의 안테나 성능은 상상을 초월할 정도로 우수해서 먼 곳의 주파수도 포착하는 것이 가능했으리라고 생각된다.

동물과의 교감의식과 그 상상력의 영역

인간이 동물과 서로 대화하고, 서로 느끼고, 서로 통할 수 있다는 야생적 사고는 인류가 최초로 형성한 대 사물관이자 대 우주관이었을 가능성이 높다. 당시 인류의 상상력은 사람과 같이 할딱거리는 뜨거운 가슴과 반짝이는 눈, 그리고 날름거리는 분홍 혓바닥을 지니고 들판을 누비고 다

[그림 19] 동북아시아의 암각화는 동물들을 사냥하고 방목하면서 동물들과 함께 하는 삶을 표현한 바위그림이 많다. 중국 내몽고 암각화 중에서.

니는 동물을 통해 많은 부분들이 인출되었으리라고 판단된다. 먹이를 구하러 다니는 것도 인간과 다를 바 없고, 들판이라는 활동 공간도 인간과 같았다. 삶의 목적과 의지, 그리고 방향이 인간과 똑같은 동물은 그러므로 인간이 의지해야 할 대상이자, 나아가야 할 지향점이었다. 동물은 인간 상상력의 원천이었다.

이러한 야생적 상상력은 한때 유행하고 지나가는 그런 사유체계가 아니라 인류의 상상력을 정초되게 하고 또 그 이후에도 계속 지속되게 한 뿌리 깊은 원형이었다. 그것은 인간의 유전자와 같이 동행한 사유체계라고 해도 과언이 아니다. 그런 점에서 후대의 역사시대에 나온 인류의 문화는 오롯이 이 야생적 상상력의 영향권 하에 들어가지 않을 수 없었다. 후대에 형성된 인류의 종교적인 담론들, 철학적인 담론들, 특히 문학적인 담론들은 이러한 야생적 상상력을 자유분방하게 표출하고 있는 담론들이다. 인간의 감정을 자유롭게 동물에게 전이시키기도 하고, 동물을 영적 수호자로 간주하고 서로 진지한 대화를 나누기도 하며, 고독한 동물적 존

[그림 20] 전설의 선인(仙人) 서왕모는 구미호(九尾狐) · 삼족오(三足烏) · 두꺼비 · 옥토끼 등을 동반하며, 청조(靑鳥) · 인두조(人頭鳥) · 인두견(人頭犬) · 마두우인(馬頭羽人) · 계두우인(鷄頭羽人) · 조두인(鳥頭人) · 우두인(牛頭人)과 같은 신인들의 수발을 받는다. 산동 가상현 송산촌 1호 한묘에서.

재로서의 실존의식을 표현하기도 한 것이다.

동물과의 교감의식은 인류의 영원한 고향과 같은 사유체계로서 인간에게 요람처럼 편안함을 주고, 가족과 함께 하는 것과 같은 평화로움을 준다. 그것은 인간의 생래적 본능과 같아서 인간으로 하여금 귀소본능을 일으키는 의식이라고 할 수 있다. 그것은 인류가 자연과 생명과 관련하여 위기에 봉착할 때 환기되고 소환되는 경향이 있다. 인류가 자연과 생명과 관계의 단절을 느끼거나 소통의 부족을 느낄 때, 그것은 언제나 인간들 자신을 뒤돌아보게 하고, 생태주의적 시각으로 성찰하게 만드는 힘을 지니고 있다.

제3장

동물에 대한 토테미즘적 해석으로서의 신화

인간과 동물의 계보 기록

신화는 우주의 실재에 대해 말한다. 하늘과 땅, 구름과 번개, 동물과 식물, 그리고 인간의 삶에 대해 말한다. 신화는 항상 실재에 대해 관심을 갖고 있다. 신화는 관념적인 테마에 대해서는 별로 관심이 없다. 그것은 고대인들이 관념적인 대상에 대해 사유를 전개하는 추상화 방식에 무지했던 탓도 있지만, 우주의 온갖 현상들과 사물들이 불러일으키는 현실적인 호기심이 늘 인간들을 압도하기 때문이기도 했다.

인간이 삶에서 만나는 가장 큰 현실은 동물이지 않았을까. 이 삭막한 광야를 서로 공유하면서 공존해야만 하는 인간과 동물이라는 두 존재는 삶의 차원에서 밀접하게 연결되지 않으면 안 되는 관계였다. 산발머리에 온몸은 털북숭이이고, 가죽옷을 군데군데 걸친 야생 인간은 겉보기에도 동물과 그다지 차이 나게 보이지 않았다. 의식적으로도 인간은 동물적 본질을 갖고 있는 이원적인 존재였다. 그래서 인간과 동물의 두 가지 본질을 갖고 있는 이 이원성을 설명하기 위하여 인간은 신화를 만들어냈다.

인간과 동물 사이의 계보적 관계를 설정하고 스스로 이해하기 위하여 신화를 만들어낸 것이다. 그래서 신화에는 인간과 동물 사이의 야생적 관계에 대한 기억이 아주 잘 보존되어 있다.

[그림 21] 그리스의 스핑크스는 여자의 머리와 사자의 몸, 그리고 새의 날개를 가진 환상의 존재로 그려졌다.

우주의 비밀을 알고 있는 존재로서의 동물

고대인에게 동물들은 초자연적인 힘과 밀접한 관계로 맺어져 있다고 여겨졌다. 우주 속의 자연과 인간을 지배하는 초자연적인 힘으로서의 조물주와 같은 창조신을 생각할 수 없었던 그들에게, 동물은 바로 그러한 능력을 지닌 존재로 생각되었다. 동물이 만약 그러한 초자연적 능력을 자체적으로 지닌 존재가 아니라 하더라도 동물들은 그런 능력을 지닌 신적 존재의 대리인 내지는 협력자로서 인간의 존경을 받고 숭배를 받을 만하다고 믿어졌다.

동물들은 실제로 초자연적인 힘을 지니고 있어서 존경을 받은 것이 아니다. 우주가 이렇게 탈이 없이 운행되고 날씨가 순조로운 것은 동물들의 행위가 그렇게 되기 위한 모방의 몸짓을 하고 있기 때문이라고 생각되었다. 루마니아 신화에는 낮과 밤의 균형 잡힌 운행을 위해 고슴도치가 노심초사한다는 얘기가 나온다. 고슴도치는 앞발로 두 가지 실패를 돌리는데, 한쪽은 흰 실이고, 다른 쪽은 검은 실이다. 그래서 낮과 밤의 운행이 순탄하게 이루어진다고 여겨졌다. 그런 고슴도치의 행동을 보고 인간들은 우주의 운행을 위해 노력하는 고슴도치를 존경하게 된다. 이집트 사람들에게는 똥을 먹고 사는 풍뎅이까지도 존경스럽게 보였다. 풍뎅이는 뒷발로 능수능란하게 똥을 굴려서 예쁜 공 모양으로 만들고 그 속에 알을 낳는데, 사람들은 거기에서 천체를 움직이면서 생명을 만들어내는 신적인 능력을 보아냈던 것이다.

[그림 22] '대지의 서' 장면을 그린 람세스 9세의 무덤 그림. 풍뎅이가 태양을 굴리고 있고, 양 옆에는 양의 머리를 한 일몰의 신 아툼, 풍뎅이 머리를 한 일출의 신 케프리가 서 있다.

우리의 무속신화 「창세가」에서는 세상이 만들어지던 시절에 미륵님이 물과 불의 근본을 알기 위하여 풀메뚜기를 잡아다가 형틀에 올려놓고 무르팍을 때리면서 물과 불의 근본을 묻는다. 풀메뚜기가 대답을 못하자,

이번에는 개구리를 잡아다가 형틀에 올려놓고 무르팍을 때리면서 묻는다. 개구리도 대답을 못하자, 이번에는 생쥐를 잡아다가 형틀에 올려놓고 무르팍을 때리면서 물과 불의 근본을 물어본다. 생쥐에게서 물과 불의 근본을 안 다음에 미륵님은 인간을 점지하게 된다. 동물들은 인간이 태어나기 전에 이 세상에 존재하고 있었으며, 베일에 싸여 있는 우주의 비밀에 대해서 알고 있었던 것이다. 이처럼 동물들은 우주의 형성 비밀과 물질의 근본에 대한 지식을 갖추고 있는 존재로서 조물주의 자문에 응할 수 있는 위치에 있다고 믿어졌다.

[그림 23] 동물 모양 토기는 신령한 효험을 배가시키는 것으로 고대인들에게는 관념되었다. 기원전 3천 년경에 번성했던 용산 신석기 문화의 제사용 토기.

동물이 대지를 창조하는 역사를 맡다

세계 창조에 동물들이 기여했다고 말하고 있는 신화들이 전세계적으로 분포되어 있다. 특히 우리가 발 딛고 서 있는 이 땅이 생긴 내력에 동물들을 개입시키고 있다. 바다로만 된 최초의 세계에 흙을 가져다가 육지를 만든 장본인이 바로 동물들이었다는 것이다.

서아프리카 요루바족의 신화는 위대한 신이 땅을 만든 내력을 이렇게 말하고 있다. 땅이 없던 시절에 위대한 신은 푸석푸석한 흙이 들어 있는 작은 달팽이 껍질을 작은 공간에 던져놓고 비둘기와 암탉으로 하여금 땅을 만들도록 했다. 비둘기와 암탉이 흙을 긁어 사방으로 뿌리자, 얼마 지나지 않아 늪지대가 흙으로 덮이고 마침내 땅이 형성되었다는 것이다. 아메리카 아리카라족의 창조신화는 위대한 하늘의 신 네사루가 물에서 헤엄치는 오리들에게 물 밑으로 헤엄쳐 들어가 흙을 조금씩 가지고 올라와 대지를 만들라고 명령함으로써 육지 탄생의 역사가 이루어졌다고 증언하고 있다.

북아메리카 이로쿼이족의 창조신화는 좀 더 극적인 구성을 취하고 있다. 온 세상은 바다뿐이었는데, 그 바다 위에 백조 두 마리가 헤엄치고 있었다. 그때 나무와 추장의 딸이 하늘로부터 바다로 떨어졌다. 백조들은 모든 생물들 가운데 가장 지혜롭다는 커다란 거북에게 조언을 구했다. 거북은 모든 생물들에게 그 나무를 찾아내 나무뿌리에 붙은 마법의 흙을 가져오라고 지시했다. 백조들에게는 그 마법의 흙으로 추장의 딸이 살아갈 섬을 만드는 일이 배당되었다. 짐승들 모두가 그 나무를 찾아 나섰다. 그러나 마법의 흙을 조금이나마 가져오는 데 성공한 생물은 늙은 두꺼비뿐이었다. 바다 밑바닥까지 헤엄쳐 들어갔다가 나온 늙은 두꺼비는 진흙을 한입 뱉어내고 난 뒤 죽었다. 이 한 줌의 흙이 넓은 땅덩어리로 바뀌었다는 것이다.

동물에 대한 지적 호기심의 기록

대지를 창조하는 역사에 동물들이 헌신적으로 기여했다는 고대인들의 상상력은 동물을 존경하고 숭배하던 의식의 소산이다. 동물들의 행동을 천지를 창조하는 모방적 몸짓으로 여길 정도로 동물들에게 우주의 속속들이 어디에나 미칠 수 있는 창조적 힘을 부여한 것이다. 육지를 생성하는 일에 동원된 비둘기 · 닭 · 오리 · 백조 · 거북 · 두꺼비 등은 공통적으로 발에 물갈퀴가 달려 있는 동물들이다. 그 물갈퀴로 물속에서는 수영을 잘할 수 있고, 땅에서는 모래를 파헤치고 긁고 뿌리는 행위를 하는 동물들이다. 아마도 고대인들의 상상력은 그 동물들이 항용 취하는 행위에서 바다 속의 흙을 건져 올려 육지를 만든 신의 행동을 유추하는 데까지 미쳤으리라. 마찬가지로 달팽이 껍질 속에는 흙이 들어 있어 달팽이의 평소 행동은 흙을 지고 나르는 행동이라고 사유되었을 법하다.

고대인들에게 동물들의 행위 하나하나는 특별한 의미가 있는 것으로 보였다. 그래서 동물들의 행위에서 삶의 지혜도 배우고, 앞으로 닥칠 일에 대해 예상도 하곤 했다. 우주적 상상력을 발휘하여 신들이 세계를 창조하는 행위에 빗대어 그들의 행위를 의미심장하게 바라다보는 것이었다. 세계 창조에 동물들이 기여했음을 증언하고 있는 신화들은 이처럼 고대인들의 면밀한 관찰력과 창조적 상상력이 만나 우주에 대한 그들의 지적 호기심에 대해 기록한 것이라고 할 수 있다.

고대인에게 동물들은 신이거나 또는 위대한 혼령이었다. 당시의 위대한 신은 다만 동물의 형상을 띠고 있을 뿐이었다. 위대한 혼령이기에 동물의 모습으로 현신할 수 있는 것이다. 동물은 최소한 위대한 혼령의 대리인 또는 조력자로서 존숭된다. 동물의 모습으로 나타난 위대한 혼령은 비록 동물의 외피를 하고 있지만 그 행위는 곧 신의 행위이고, 세계를 창

[그림 24] 북미 다코타 지역에서 나온 적석으로 만든 담배 파이프. 곰의 영혼으로부터 샤먼인 듯한 사람이 계시를 받고 있다.

조하는 몸짓으로 고대인들에게는 보여졌다. 따라서 그러한 신적 존재 또는 그러한 신적 존재의 대리인을 존경의 시선으로 바라다보는 것은 당연한 일이었다.

하늘과 대지를 떼어놓는 데 기여한 동물들

대지 창조와 관련된 신화들은 이밖에도 세계 도처에서 발견된다. 금개구리의 등에 얹힌 흙이 대지가 되었다는 중국 토족 신화는 위에서 본 달팽이가 흙을 지고 나른다는 신화와 유사하다. 물갈퀴 동물들이 흙을 파헤쳐 대지를 만들기도 했지만, 날개로 바람을 일으키는 동물이 마른땅을 마련했다는 대지 창조신화도 보인다. 시베리아 부족의 신화에 천상신이 할미새를 지상에 파견하여 대지를 만들라는 임무를 주었는데, 할미새가 진흙탕 물에 발을 내딛고 꼬리를 살살 흔들어 차츰 마른땅이 드러나게 했다

[그림 25] 고대 이집트의 신인 따오기. 어떤 동물들은 신의 신성한 모습이 지상에 드러난 것으로 여겨졌다. 따오기는 지혜의 신 '토트'를 구현한 것으로 여겨졌다.

는 것이다. 또한 중국 합니족 신화는 금붕어가 오른쪽 지느러미를 부채질하니 구름과 이슬이 모두 사라지고 하늘이 나타났으며, 왼쪽 지느러미를 부채질하니 구름과 이슬이 모두 사라지고 샛노란 땅이 나타났다는 사실을 전해주고 있다. 땅뿐만 아니라 하늘을 만드는 역사에서도 동물이 기여했음을 이 이야기는 증언하고 있다. 이들 신화에서도 바람의 운동이 물을 마르게 한다는 자연법칙을 관찰하고, 이를 신체 부위를 이용하여 바람을 일으킬 수 있는 동물과 연결지음으로써 대지 창조 이야기를 생성한 고대인의 사유체계를 엿볼 수 있다.

천지가 개벽되기 전 혼돈의 시대에는 하늘과 땅이 붙어 있어서 아무것도 살 수 없는 곳이었다. 그런데 어떤 거인이나 어떤 생물이 하늘과 땅을 분리하는 일을 함으로써 오늘날의 이 세상이 되었다는 이야기는 세계의 창조신화에서 빠지지 않는 테마이다. 중국의 반고라는 거인이 하늘을 들어 하늘과 땅이 분리되었다는 이야기는 우리가 익히 알고 있는 것이다. 그런데 거인신이 아니라 동물이 그런 역할을 했다고 말하는 신화들이 있다. 아마도 흙을 물고 끈질기게 부지런하게 왔다 갔다 하는 성질 때문인지 개미들이 하늘과 땅을 분리했다는 중국 독룡족 신화가 있으며, 그러한 역할을 뱀이 하고 있다고 지적하는 이야기가 유독 많다. 그 중 하나는, 세상이 창조되자 뱀들이 자신들이 살아야 할 장소를 인간한테 주고, 자신들은 똬리를 틀고 앉아 아직도 세상을 지탱하고 있다는 아프리카 아보메이의 폰족 전설이다. 또 이와 비슷한 이야기로 뱀이 동서남북 각 지점에 네 개의 기둥을 세우고 자신은 기둥을 휘감아 똑바로 세워 하늘을 떠받치는 역할을 하고 있다고도 한다. 동물들은 이처럼 세계 창조라는 역사에 참여하여 공을 세운 것으로 전해지는데, 동양에서 전래되는 12지의 동물들(쥐

[그림 26] 고구려 장천 1호분 천장 고임에 그려져 있는, 하늘을 떠받치고 있는 한 역사상은 중국 쪽 거인 반고 담론의 수용으로 보인다.

[그림 27] 뱀이 기둥을 감싸고 천장을 지탱하는 모습은 동서양을 가리지 않는다. 바닥에는 거북이 등을 바치고 있다. 중국 절강성 해녕 장안진 고분의 전실 서벽화.

[그림 28] 동양 전통의 사신상과 12지상을 상징하는 동물들이 함께 표현되어 있다. 중국 당(唐)시대의 동경. 미국 자연사박물관 소장.

[子] · 소[丑] · 호랑이[寅] · 토끼[卯] · 용[辰] · 뱀[巳] · 말[午] · 양[未] · 원숭이[申] · 닭[酉] · 개[戌] · 돼지[亥])도 중국 민간 전설에 의하면 부처님이 세계를 창조할 때 조수로 쓴 동물들이라고 한다. 그래서 그 동물들은 우주의 각 방향과 시간을 하나씩 맡는 영광을 누릴 수 있게 되었다는 것이다.

동물을 닮으려는 인간의 부단한 노력

자신이 동물의 성질이나 형상을 지녔다는 것은 고대인들에게는 꺼림칙한 일이기는커녕, 도리어 자랑스러운 일이고 그래서 소망할 만한 일이었다. 동물적 속성을 갖기 위한 인류의 노력은 상상을 초월할 정도로 치열했다. 동물의 외양은 가죽과 털을 뒤집어쓰고 동작을 흉내 내는 것으로 어느 정도 가능하겠지만 속의 성질은 닮기가 이만저만 어려운 일이 아니었을 것이기 때문이다. 소리를 흉내 내면서 그들의 의식을 조금이라도 취하기 위해 노력도 해보았을 것이고, 그들의 동작이나 행태에서 살아가는 데 도움이 되는 지혜를 얻기 위한 면밀한 관찰도

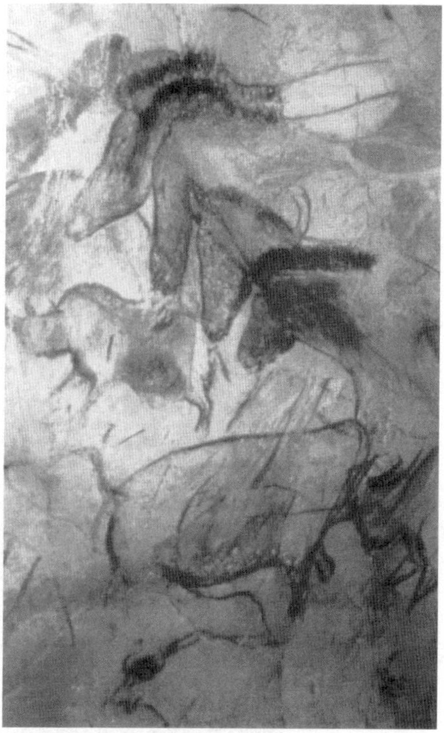

[그림 29] 프랑스 아르데슈 계곡의 쇼베 동굴에 그려진 3만 년 이상 된 벽화. 정교하게 포착된 말 머리 그림과 소 그림은 면밀한 관찰이 뒷받침되고 있음을 보여준다.

부단히 행했을 것이다. 그래도 완벽한 동물은 될 수가 없었다. 그들에게 동물은 그저 동물이 아니라 신의 대리자요, 위대한 혼령의 자식이기 때문이다.

동물들이 신의 대리인이자 조력자로서 신의 명령을 받아 세계 창조에 일익을 담당했던 것은 위에서 살펴본 바와 같다. 그들은 인류보다 먼저 이 세상에 와서 위대한 창조 행위를 한 존재로서 지극히 존경받을 만한 위치에 있었다. 인간이 동물의 후손이기를 자처하는 것은 그러므로 당연한 순리이기도 했다. 인간들은 동물이 지닌 생활능력, 지혜, 용기, 힘, 민첩함, 그리고 영력을 가질 수 있기를 희망했다. 특히 신적인 세계나 신적

[그림 30] 고대인들은 자신들의 수호신 동물을 의인화하여 반인반수 도상으로 나타내길 좋아했다. 깃털 달린 머리장식을 한 재규어 비석. 재규어는 아즈텍 몬테알반의 수호신이었다. 멕시코 국립인류학박물관 소장.

인 존재와 연결되어 초월적 능력을 발휘할 수 있는 동물들의 에네르기를 가질 수 있기를 희망했다. 우리가 흔히 신화나 고대 도상 속에서 보게 되는 반인반수의 존재들은 그러한 인간의 희망이 만들어낸 결과물이다. 반인반수의 형상을 진화가 덜된 인격 지체의 미개 형상으로 보는 것은 그러니까 전혀 잘못된 것이다. 반인반수의 존재들은 그만큼 신이며 영웅이기 때문에 그렇게 표현된 것일 뿐이다.

동물의 몸을 빌려 태어난 인간은 뭔가 다르다

고대인들에게도 인간이 어디서 왔는가에 대한 의문이 없었을 리가 없다. 그러나 고대인들은 인간의 기원에 대한 심오한 형이상학적인 사유를 포기하고 그 대신 손쉬운 길을 택했다. 그것은 바로 유(類)의 변용을 통해 인간의 기원을 설명하고자 하는 것이다. 그러한 생각은 동물에서 인간으로 변했다는 사유에 쉽게 길을 내주게 되었다. 그래서 수수께끼 그 이상의 수수께끼인 인간의 기원을 아주 손쉽게 해석할 수 있었다. 각 씨족이나 개인들은 자기네 조상이 어떤 동물이라는 믿음을 굳건하게 갖고 있다. 심지어 최초의 인간들은 실제로 동물로 변신하는 능력을 갖고 있었다고 굳게 믿고 있다.

동물의 몸에서 인간이 태어났다고 하는 신화들을 많이 볼 수 있다. 그것들은 대개 정상적인 수임 과정을 통해 출산한 것이 아니라 불쑥 튀어나왔다는 표현이 적절할 정도로 동물은 인간의 몸을 제공하기 위한 일종의 숙주, 다시 말해 임자몸의 역할을 한다. 큰 물고기, 물소, 금룡(金龍) 등에서 인간이 나왔다고 하는 중국의 몇몇 종족들의 신화가 있거니와, 우리의 박혁거세 신화에서도 알영(閼英)은 계룡(鷄龍)의 왼쪽 갈비에서 나온 것으로 되어 있다. 그래서 알영의 태어날 때의 모습은 닭의 부리와 같은 입술을 지니고 있었다고 하며, 목욕을 하면서 그것이 떨어져나갔다는 것이다. 북아메리카 아리카라족의 신화에서는 거미가 인간을 비롯하여 동식물과 거인족까지 만들어낸 존재라고 이야기하고 있다. 아마 거미의 그 끊임없이 뿜어내는 거미줄 생산 능력이 만물 산출자의 이미지로 연결되었던 것 같다. 동물이 신이나 위대한 혼령의 대리인으로서 대단한 능력 또는 영력을 소지하고 있다면, 그러한 동물에서 빠져나온 인간도 그에 못지않은 능력을 갖게 될 것이라는 믿음이 사람들에겐 만연해 있었던 걸로 생각된다. 더욱이 이는 동물의 몸을 빌려 인간에게 인간의 몸 자체를 공여하는 것으로서 동물적 요소 중에서도 그 정수를 전해 받을 수 있는 방법으로 생각되었을 수 있다.

인간과 동물 사이에 경계가 없다는 의식

토템 시대에는 인간과 동물 사이의 경계가 분명하지 않았다. 그것은 생활적으로도, 의식적으로도 그러했으리라고 생각된다. 만주의 창세 신화인 「천궁대전」에는 인간과 동물 사이의 경계가 없던 시절에 인간들이 어떻게 살았는지가 진술되어 있다. 큰신께서 불을 내려주기 전까지는 인간도 땅속에 사는 땅강아지나 쥐와 다름없이 늘 땅속에서 살며 날것을 먹었다. 눈이 녹으면 굴에서 나오고, 눈이 내리면 땅속에 들어가며, 사람과 뱀이 같은 굴속에 살고, 사람과 박쥐가 굴속에서 함께 잠을 잤다는 것이다. 의식적으로도 고대인들은 사물들에 대해서 품고 있는 관념에다가 인간적 요소를 개입시키는 한편, 자기 자신에 대해 품고 있는 관념에다가는 사물적 요소들을 개입시키는, 관념을 서로 교환시켜 세상을 파악하는 경향이 있었다. 말하자면 고대인들에게는 고정관념이란 것이 없고, 관념들은 유동 상태로 부유하는 것이었다. 인간과 사물, 특히 인간과 동물 사이의 경계는 분명하지 않고 극도로 혼동되어 있었다.

바위나 물도 각기 모두 성별이 있고, 인간적인 감정을 지니고 있는 것으로 생각되었으며, 인간은 반대로 동물 혹은 식물 혹은 그 밖의 사물로 여겨지기도 했다. 금와왕 관련 전설에는 산천제사를 지내고 아들을 얻고자 하는데, 이때 타고 가던 말이 곤연이라는 연못가에 이르러 큰 돌을 보고 눈물을 흘렸다고 한다. 천궁대전에는 버드나무가 인간의 말을 하기도 하고, 인간의 성품을 지니기도 한 존재라고 묘사된다. 인간과 동물 사이에 경계가 없는 이러한 의식상의 혼돈 상태 속에서 고대인들은 인간과 동물이 반씩 섞인 존재라고 생각했을 법하다. 반인반수의 존재는 이러한 의식이 외면적으로 표현된 경우인 것이다.

[그림 31] 사슴 모양의 샤먼상. 페루 해안에서 출토된 기원후 400년경의 의례 토기.

금와왕 관련 전설에서 말이 커다란 돌을 보고 눈물을 흘리는데, 그 돌을 치우자 금빛 개구리 모양의 아이가 나온다. 그 아이를 얻어 생긴 모양대로 금와(金蛙)라고 이름 짓고 키웠다는 것이다. 또 앞에서 살펴본 알영 전설에서도 계룡에서 태어난 알영은 입 모양이 닭의 부리를 닮았다고 하고 있다. 이들의 형상에 대한 표현을 보면 우리는 그들이 바로 반인반수로 된 존재임을 알 수 있다. 이는 마치 동물과 인간이 반씩 섞인 모습, 머리 부분은 해당 동물의 두상을 갖고 있고, 그 나머지는 사람의 몸으로 갑옷을 입고 무장하고 있는 모습을 보여주는 우리 전래의 십이지신상과 흡사하게 느껴진다. 특히 알영은 십이지 중의 하나인 닭의 두상을 한 신장의 모습을 바로 연상케 한다.

위대한 존재로서의 반인반수상

반인반수상 중에서 전세계적으로 분포되어 있는 것은 아무래도 인간과 뱀의 결합상이 아닌가 한다. 서아프리카 신화에는 신과 대지의 결합으로 쌍둥이가 태어나는데, 쌍둥이의 몸은 위쪽은 인간이고 아래는 뱀의 모습으로 묘사되고 있다. 이에 대응되는 것이 동양의 복희와 여와의 신화이다. 복희와 여와는 남매간으로 하늘과 대지뿐만 아니라 태양과 달, 음과 양, 그리고 우주 만물의 형성 및 운행의 원리를 상징한다. 복희와 여와가

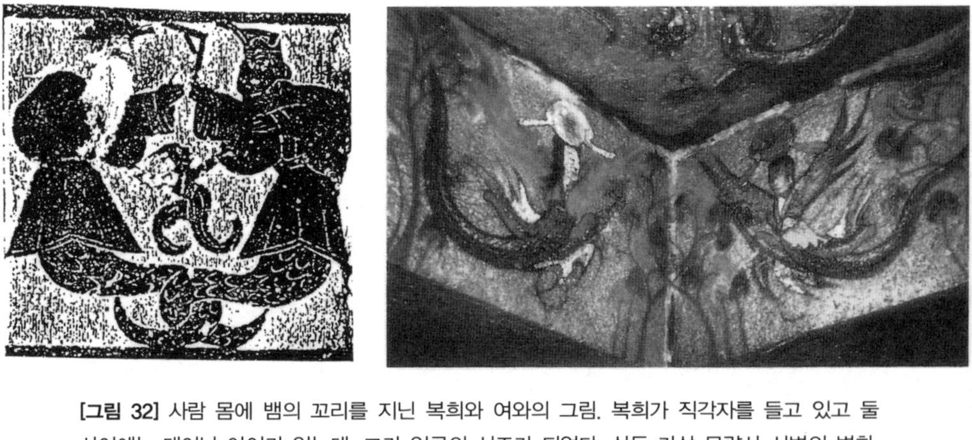

[그림 32] 사람 몸에 뱀의 꼬리를 지닌 복희와 여와의 그림. 복희가 직각자를 들고 있고 둘 사이에는 태어난 아이가 있는데, 그가 인류의 시조가 되었다. 산동 가상 무량사 서벽의 벽화. 복희와 여와는 해신과 달신이기도 하다. 고구려 고분 벽화에서 이들은 해와 달을 이고 하늘을 날고 있다. 고구려 오희분 4호묘에서.

[그림 33] 덕흥리 고분 벽화 속의 인두조(人頭鳥)인 만세(萬歲). 『산해경』에서 사방사자 가운데 동방의 구망과 비슷하다.

들고 있는 직각자와 컴퍼스는 그들이 우주를 제도한 창조자라는 사실을 웅변한다. 그들은 인류의 시조이기도 하다. 대홍수에 살아남은 세상의 오직 두 존재인 남매가 금기를 깨고 결혼하여 인류의 시조가 된다는 이야기 내용은 너무도 유명하다. 그 둘 사이에 아이가 그려져 있는 한나라 때의 화상석은 그에 대한 도상적 증명인 셈이다.

반인반수의 존재에 대해서는 중국의 지리서이자 신화집인 『산해경』에 아주 풍부하게 묘사되어 있다. 이국의 풍습과 괴물에 대해 관심을 표명하고 있는 『산해경』은 동물과 한데 얽혀 살고 있는 이민족들의 생활상을 그리고 있는데, 이민족의 형상이 반인반수적인 존재로 그려지고 있다. 아마도 거기에 그려진 반인반수의 존재들은 실제로 그런 존재가 있다는 차원이라기보다는 인간과 동물에 대한 혼돈스럽고 경계가 없는 관념이 산출한 도상적 존재가 그러했으리라고 짐작된다. 각종 수인(獸人)·조인(鳥人)·인어(人魚)의 존재는 후대의 도상들에서 보이는 형상과 아주 비슷하다.

반인반수상은 고구려 고분벽화에도 다수가 보인다. 앞서 말한 인간의 상체에 뱀의 꼬리를 한 복희와 여화의 형상도 거기 그려져 있다(오희분4호묘). 그들은 해와 달을 각기 머리 위에 이고 서로 마주보며 하늘을 난다.

해신과 달신이라는 음양적 상징성이 원래의 복희와 여와 신화보다 훨씬 두드러지게 나타나 있고, 날개가 달린 화사한 옷과 펄럭이는 옷자락의 모습이 생생하게 구현되어 있다. 꼬리가 뱀 같으면서도 다른 한편으로는 용꼬리 같기도 한 점 등은 고구려 특유의 미적 관점이 반영되었기 때문이 아닌가 생각된다. 한편 황소 머리에 인간의 몸을 하고 곡식 이삭을 들고 있는 신농(神農)씨의 화상도 보이며(오희분4호묘와 삼실총), 인두조수(人頭鳥獸)상은 여러 곳에 보인다. 그것들은 사람의 두상에 새의 몸을 한 천추(千秋)와 만세(萬歲)라는 조인(鳥人)이라든가(덕흥리분), 짐승의 몸 양 옆에 사람의 머리가 둘 달린 지축(地軸)이라는 일신양두(一身兩頭)의 존재라든가(덕흥리분), 뱀의 몸에 사람의 얼굴을 한 지신(地神)이라는 존재라든가(천왕지신총), 사람의 머리에 짐승의 몸을 한 성성(猩猩)이라는 인두수(人頭獸)(덕흥리분) 등이다.

고구려 고분벽화에는 이밖에도 학과 같은 새를 타고 나는 선인이라든지 용이나 용마와 같은 동물을 타고 하늘을 나는 사람 등등 동물과의 친

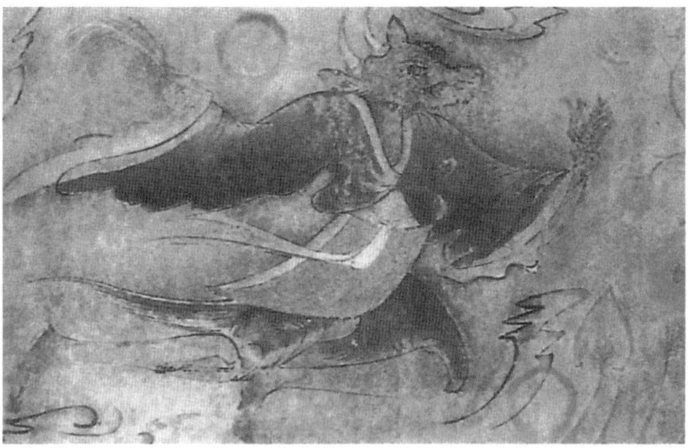

[그림 34] 소의 머리에 사람의 몸을 한 농사의 신 신농(神農). 신농의 오른손에 곡식 이삭이 쥐어져 있다. 고구려 오희분 4호묘에서.

[그림 35] 해를 가운데 두고 봉황과 용마를 탄 선인들이 젓대와 소를 불면서 하늘을 날고 있다. 고구려 오희분 4호묘에서.

연관계를 보여주는 도상들이 많이 있다. 반인반수상이나 이러한 도상들이 무덤 벽화 전반을 장식하고 있다는 사실은, 물론 그것이 비록 도교적 신선사상에서 연유된 것일 수도 있고, 혹은 불승적 의례의 모습이라든지 연꽃과 같은 문양적 추세를 통해 볼 때 불교의 영향도 적지 않았으리라고 추정은 되지만, 동물과 동질감을 느끼고 살았던 저 고대의 야생적 심성이 찬연하게 되살아나 있음을 증명해주는 것이 아닌가 생각된다.

반인반수적 존재에 대한 담론적 기술은 적은 데 반해, 반인반수상이라는 도상적 존재에 대한 자료는 넘쳐난다는 점은 주목할 만하다. 반인반수적 존재에 대해서는 신화적 문맥보다는 도상화된 형태로 전세계에 걸쳐 더 많이 남아 있는 것이다. 그것은 아마도 언어와 그림이라는 표현매체의 속성에서 기인하는 바가 많으리라고 본다. 즉, 인간이 자신을 동물과 비슷한 것으로 인식하고, 따라서 동물적 요소와 인간적 요소가 뒤섞여 동물과 인간의 경계가 모호한 상황에서 그런 관념을 표현할 때, 언어로는 여러 가지 다양한 방식으로 진술할 수 있지만, 서술 초점이 반인반수 형상에만 주어질 수 없어 산만하게 진술될 수밖에 없다. 그러나 그림으로는 반인반수와 같은 형식 외에는 딱히 표현할 다른 방법이 없었기 때문이 아닌가 생각된다.

동물로부터 인간으로 변신하다

동물과 인간은 서로 교환될 수 있는 존재로 고대인들에게는 사유되었다. 동물이 인간이 되고, 인간이 동물이 되는 변신은 얼마든지 일어날 수 있는 일이다. 자기네 태초의 조상들은 그렇게 마음대로 변신할 수 있는 능력을 갖고 있었다고 생각되었다. 그런데 동물이 인간으로 변신하는 경우는 변신 이후엔 영원히 고정적으로 인간이 되어버리는 것이지만, 인간이 동물로 변신하는 경우는 그것이 임시적인 방편일 뿐이어서 목적을 이루고 나면 다시 인간으로 돌아오는 경향이 있다. 인간이 동물로 영원히 변신해버리는 이야기가 부재한 이유는 동물의 열등함을 인정하고 동물과 인간을 차별하는 의식의 소산이라기보다는, 동물 그 자체로의 삶은 누구도 살아보지 못한 미지의 영역으로서 그만큼 미지의 영역에 대한 두려움이 컸기 때문으로 보아진다.

동물에서 인간으로 변하는 신화 중에는 동물이라기보다는 곤충들이 인간으로 변신하는 이야기들이 종종 발견된다. 중국의 요족 신화에는 밀락타라는 여신이 흙으로 인간을 빚으려다가 실패하고 벌집이 있는 나무를 베어 상자에 넣고 9개월이 지난 후에 열어보니 모든 벌들이 사람으로 변해 있었다고 진술한다. 우리의 창세가도 벌레에서 인간으로 변신한 이야기를 전해준다. 옛날 미륵님이 한쪽 손에 은쟁반을 들고 한쪽 손에 금쟁반을 들고 축사하니, 하늘에서 벌레가 떨어져 금쟁반에 다섯 마리, 은쟁반에 다섯 마리였다. 그 벌레들이 자라나서 금벌레는 남자가 되고, 은벌레는 여자가 되어 이들이 장성하여 부부를 맺어 세상 사람들이 생겼다는 것이다. 곤충이나 벌레는 그 형태상으로 볼 때 인간과는 거리가 먼 존재지만 다산성이라는 매력적인 요소 때문에 인간으로 변신하는 대상으로 선택된 것이 아닌가 생각된다.

중국의 여족 신화는 개가 인간이 된 이야기를 전하고 있다. 개가 황금 종 속으로 들어가 7일 동안 숨어 지내고 인간으로 변신했다는 것이다. 이 신화보다는 우리의 단군신화가 구성 면에서는 좀 더 정련된 형태를 띠고 있다. 단군신화는 동물의 인간으로의 변신담 중에서는 가장 그럴 듯하고, 극적인 구성을 취하고 있으며, 인간이 갖추어야 할 윤리적인 조건을 제시하는 등 변신담으로서는 매우 독특한 위치를 차지하고 있다. 먼저 곰이 사람으로 변하는 것이 이치상 가장 그럴듯하다. 두 발로 서서 사람의 걸음걸이로 걸을 수도 있고, 나무에 올라가는 모양도 비슷하며, 장난칠 때 옹알옹알거리는 것이 사람의 말과도 비슷한 것이 곰이다. 그리고 쑥과 마늘이라는 음식물을 복용하면서 햇빛을 보지 않고 삼칠일 동안 견뎌내야 한다는 설정은 동물에서 인간으로 변신하는 과정에 필요한 최소한의 극적 장치요, 윤리적인 요구 조건이 아니었을까 한다.

[그림 36] 마술로 오디세우스의 부하들을 돼지와 같은 동물들로 둔갑시켰다는 그리스 신화의 여신 키르케 이야기 내용을 담은 그릇. 기원전 6세기의 아테네식 흑화 도자.

알에서 태어난 인간

인간이 알에서 태어난다는 난생 신화가 전세계적으로 분포되어 있는데, 여기서 알을 동물적 속성의 것으로 볼 수 있을지가 문제가 된다. 알도 동물적 속성을 갖고 있다고 보는 쪽에서는 알과 새의 관계를 주목한다. 알의 형태는 새의 잉태물로 인식되는 게 보통이기 때문이다. 거북이라든가 뱀 등의 파충류도 알을 낳지만 알은 조류의 전유물로 흔히들 인식된다. 하늘을 왕래하는 새의 행태로 미루어볼 때 새는 예부터 천상계나 태양계와 관계 있는 동물로 간주되면서 경배의 대상이 되어왔다. 샤먼들이 갈기갈기 찢겨진, 새처럼 생긴 옷을 입고, 깃털을 머리나 모자에 꽂는 관습도 새의 이러한 천상적 성격을 모방하여 천상신과 교감함으로써 주술의 힘을 증강시키려는 의도에서 나온 것으로 생각된다. 새의 깃털을 머리에 꽂고 천상족으로서의 이미지를 과시했을 고대 종족들도 많이 있었으리라고 판단된다. 그들은 자신의 선조가 알에서 태어났다는 이야기를 진실로 믿으려 했을 것이고, 난생의 선조를 영웅시하며 자랑스러워했을 것이다.

알이 우주란으로서의 이미지를 갖는다고 보는 쪽에서는 동물적 속성보다는 우주 만물의 생산자로서의 의미를 강조한다. 태초에는 천지가 나누어지지 않고 한 덩어리의 대기로 빙빙 회전하는 새알 같은 상태였다고 신화적 담론들은 말하고 있다. 서양에서는 그것을 '카오스'라고 하고, 동양에서는 '혼돈'이라고 한다. 하늘은 마치 달걀과 같이 생겼으며, 대지는 알 속의 노른자와 같았다고 한다. 대기가 점차 빨리 돌아 한 개의 알로 변하였는데 이 알 속에 있던 세 개의 노른자가 폭발하여 각각 하늘과 바다와 육지가 되었다고도 한다. 또 다른 이야기는 혼돈의 달걀은 음과 양으로 나뉘어졌다고 한다. 음은 모든 생명체의 여성적 본질이고, 양은 남성적 본질인데, 가벼운 부위들은 위로 떠올라 하늘과 창공이 되고, 무거운 부위들은 밑으로 가라앉아 땅과 바다가 되었다고 한다. 여기서 태어난 자가 바로 거인 반고이다. 반고는 하늘과 땅이 다시 붙을까봐 머리와 팔로는 하늘을 받치고 다리로는 땅을 누르고 서 있는 거인이다. 반고의 키가 매일 자라서 마침내 하늘과 땅 사이의 거리가 이만큼 벌어졌다는 것이다.

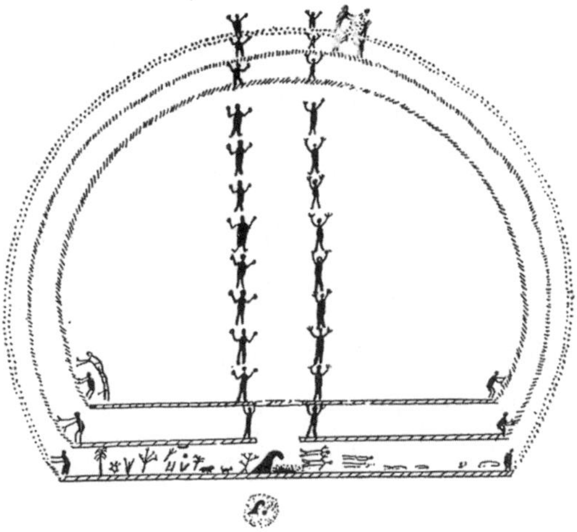

[그림 37] 밑에 우주란(cosmic egg)이 있고, 위에는 사람들이 나타나 우주를 형성한 과정을 그리고 있다. 우주적 알의 이미지는 많은 나라의 신화 체계에 등장한다.

동물들의 비호를 받는 난생 존재

난생 신화들은 알 자체가 지니는 동물과의 어떤 관계보다는 알에 대해 동물들이 취하는 행동에 주된 시선을 보내고 있다. 그리스 창조신화에서 바다에서 태어난 만물의 여신 에우리노메가 춤추는 것을 보고 거대한 물뱀 오피온이 욕정을 품는다. 그들은 사랑을 나누고, 에우리노메가 아름다운 새의 형태를 취해 거대한 알을 낳는다. 오피온은 이 알이 부화될 때까

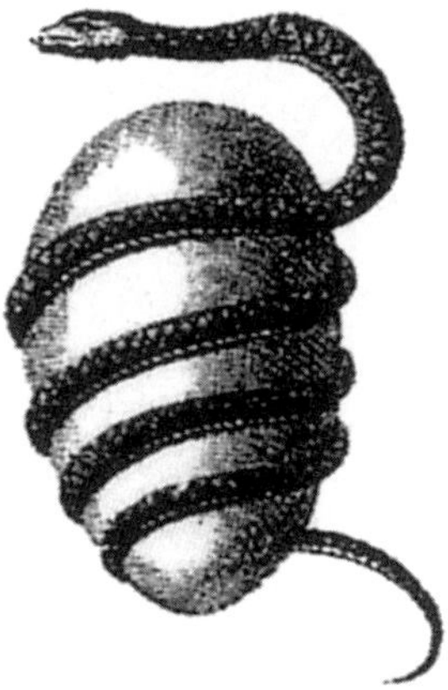

[그림 38] 물뱀 오피온이 알을 꼬리로 칭칭 감고 있는 모습. 그 알에서 해 · 달 · 별 · 지구, 그리고 온갖 동식물이 쏟아져 나온다.

지 꼬리로 알을 칭칭 감고 있다. 그 알에서 온갖 생명체들이 나와 대지를 뒤덮는다. 여기에서는 뱀이 알을 감싸고 있는데, 동물들이 알을 둘러싸고 덮고 보호하는 이러한 현상은 우리 신화에도 보인다. 주몽 신화에서 유화가 알을 낳자 불길하다고 하여 알을 들판에 갖다버린다. 그러자 온갖 새들이 와서 날개로 알을 덮어 보호해주고, 거리에 갖다버리자 소 · 말 · 개 · 돼지 등이 알을 피해 다닌다. 이러한 현상에서 우리는 알을 덮고 보호하는 동물들의 어떤 본능을 보게 되는데, 그것은 새알에서 새가 태어날 때 어미 새가 덮어주고 보호하는 과정을 거친다는 데서 유추한 것일 수 있다.

그러나 알에서 태어난 것이 새가 아니라 인간일 경우 사정은 특별해진다. 알에서 태어난 인간은 천상계에서 파견한 천상족의 후손일 수도 있고, 알 속의 노른자처럼 우주의 정수를 간직한 위대한 존재일 수도 있다. 신화에서 난생의 존재는 거의 대부분 영웅적 인물이다. 주몽 신화에서 알로부터 태어난 것은 고구려의 시조 고주몽이다. 주몽뿐 아니라 우리의 건국시조들인 혁거세왕과 수로왕, 그리고 탈해왕이 모두 알에서 태어났다. 박혁거세와 김수로의 경우는 알의 상태로 하늘에서 내려와 처음부터 존숭의 대상이 된다. 진한 육촌장이 지도자를 갈망해서 얻은 것이 박혁거세의 알이고, 가락국의 토호들인 구간이 나라를 다스릴 우두머리를 기원해서 얻은 것이 김수로의 알이다. 지상의 인간들이 필요로 할 때 하늘이 내린 존재이기 때문에 그들은 처음부터 신적이고 지도자적인 위상을 부여받고 있다. 탈해의 경우는 주몽과 비슷하게 알로 태어났다고 해서 버림을 받아 용성국에서 계림국으로 바다를 건너오게 된다.

이들 알의 탄생 언저리에 그 알을 보호하거나 알을 상서롭게 만드는 동물들이 항상 등장하고 있고, 환기되고 있다는 점은 일반적인 난생 신화와 똑같다. 박혁거세의 알은 신비롭게도 하늘로부터의 한 줄기 빛과, 하늘을 오갈 수 있는 날개 달린 백마 한 마리가 옹호하는 가운데 천상에서 내려온다. 백마는 임무를 완수하고 다시 하늘로 올라가고, 알을 깨고서 나온 사내아이를 목욕시키니 광채가 나고 새와 짐승들이 춤을 춘다. 김수로왕의 알도 마찬가지로 하늘로부터 내려온다. 하늘의 가르침에 의해 거북이에게 머리를 내밀라는 노래를 부르니 줄에 매달린 상자 속에 담긴 형태로 하늘에서 내려온다. 여기서 거북이가 상징적으로 호명될 뿐인지, 아니면

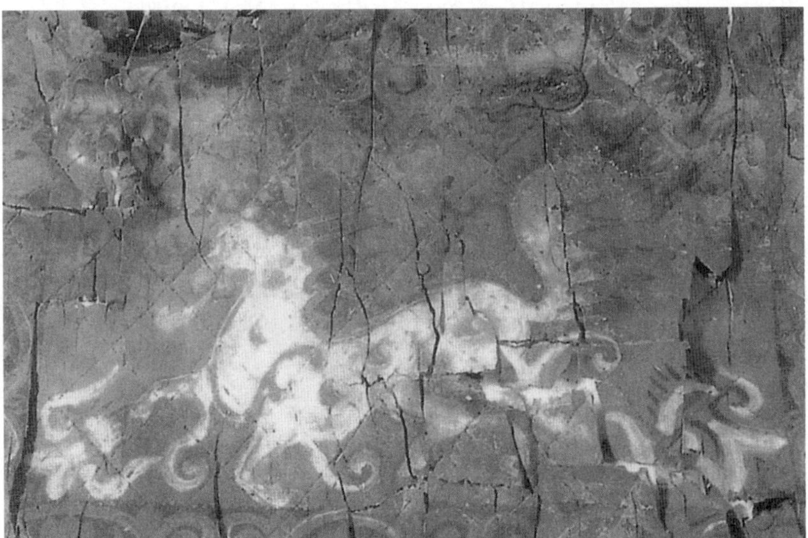

[그림 39] 날개 달린 천마는 용과 더불어 하늘의 신성한 동물을 대표하는 동물이라고 할 수 있다. 경주 천마총 출토의 천마도. 5~6세기. 국립중앙박물관 소장.

거북이가 머리를 내미는 것이 실제로 무슨 효과가 있는 것인지에 대해서는 확정적으로 말할 수 없지만, 아무튼 거북이라는 동물이 환기되면서 그것이 알의 하강과 관계되고 있다. 탈해의 경우는 알을 실은 배가 바다를 항해할 때는 용의 옹위를 받고, 계림 아진포에 들어올 때는 까치의 호위를 받고 있다. 이렇게 알들은 동물들의 보호를 받거나, 그 상서로움이 동물들과 관련을 맺고 있다.

알이 동물들의 비호를 받는다는 것은 고귀한 존재로서의 알의 성격을 단적으로 말해준다. 그것은 보통 어미 새가 알을 품는 것처럼 어미의 보호본능 차원이 아니라 유(類)가 다른 다양한 동물들이 알을 비호하는 데서 더욱 두드러진다. 모든 동물들이 존숭하고 경배하는 존재인 알은, 그러므로 세상에서 가장 특별한 존재로서 인간들도 존숭하고 경배하지 않을 수 없다. 우리에게 난생 신화가 많다는 것과, 새를 천상족으로서 숭배하고 자기의 상징으로 삼기도 하는 샤머니즘적 현상은 아마도 무관하지는 않을 것이다. 샤먼적인 요소들이 우리의 고대 국가의 성립에 끼친 영향은 상상을 초월할 정도로 깊지 않을까 생각되는 것도 그와 관련된다.

동물과의 관계를 설정하기

동물과의 깊은 유대 내지는 친연 관념에 따라 자신들과 동물을 어떤 관계로 설정할 것인가 하는 문제가 고대인들의 관심사가 되지 않을 수 없었다. 그것을 관념화 작업을 통해 하나의 개념으로 정립하는 것은 고대인의 지적 차원을 훨씬 벗어나는 일이었기 때문에 그들은 아주 구체적으로 자기의 삶 속에서 항상 사용하는 관계의 틀 속에서 생각하지 않을 수 없었다. 그래야만 일상의 삶을 동물들과 더불어 편안하게 운용할 수 있기 때문이다. 동물이 자신들과는 이질적인 존재라는 것을 인정하게 된다면, 그 순간부터 그들은 심리적인 평안함을 포기하지 않을 수 없기 때문이다.

그들은 헤아릴 수 없는 과거의 일이지만 동물이 자신의 먼 조상이라는 막연한 관념을 지니기도 했으며, 그래서 자신이 특정 동물의 후손이라는 것을 매우 자랑스러워했다. 또 자신의 부모 중의 한쪽이 동물이었을 것이라는 생각을 품는 것도 아주 보편적인 현상이었다. 그것은 수치가 아니라 자신의 우수성에 대한 징표라고 생각되었다. 그와 아울러 짐승이 자신을 키워준 부모 같은 존재라는 점을 부각시키려고도 했다. 부모와 같이 양육해주고, 가족 친지처럼 보살핌을 아끼지 않은 존재로 추억하고자 했다. 그리고 가장 많은 경우는 아마도 동물들이 인간이 어려울 때 도와주었다는 점일 것이다. 동물들이 인간의 조력자 또는 협력자로서 인간 세상을 만드는 데 일조를 했고, 자신이 현재 상태로 있기까지 도움을 준 존재로 기억하고자 했다.

우리는 자랑스러운 동물의 후손

고대인들은 동물과의 관계를 설정함에 있어 동물이 자신들과 직접적인 관련이 있다고 믿고 싶어 한다. 그래서 동물과의 관계를 직계 속에서 찾고자 하는 경향이 있다. 자신의 조상이 어떤 동물이라는 관념은 아주 일찍부터 형성되었으리라고 생각된다. 북아메리카 인디언들은 자신의 조상이 동물이라는 신화를 많이 갖고 있다. 이로쿼이족의 한 씨족은 거북이 자신의 조상이라고 생각하고 있으며, 침시안족의 하나는 곰, 나바호족의 하나는 코요테를 자신의 조상이었다고 추억한다. 북미의 한 부족은 자신의 조상이 바다에서 왔으며, 육지에 올라올 때 동물의 외피를 벗고 인간으로 바뀌었다고 믿고 있다. 아프리카 원주민들도 자신의 조상이 동물이었다는 점을 말하고 있는 신화를 많은 부족이 갖고 있다. 동아프리카의 와나카족은 하이에나이고, 수단의 실루크족은 나일강의 신성한 동물인 하얀 소의 후손이라고 믿고 있다. 아프리카에서는 수많은 동물들이 조상의 이름으로 거명된다. 하마 · 여우원숭이 · 다람쥐원숭이 · 표범 · 고양이 · 염소 · 멧비둘기 · 돼지 · 낙지 · 상어 · 장어 · 뱀 · 이구아나 · 쥐 · 까마귀 · 앵무새 · 검은도마뱀 · 백조 · 오리 · 달팽이 · 잉어 · 가재 · 거북 · 카멜레온 등등이다. 이런 식으로 따지면 조상 동물이 아닌 동물을 세는 것이 더 빠를지도 모른다. 오늘날의 관점에서 보자면 듬직하고 그럴듯한 동물이 아닌 경우도 수도 없이 많다. 자신의 조상을 보잘것없는 동물로 상정하는 고대인의 심리를 알다가도 모르겠다고 할 수도 있다. 그렇지만 다른 동물이 갖지 못한 미덕을 그 동물이 갖고 있다고 굳게 믿고 있고, 동물들 사이의 가치 평가라든가 등급 부여에 관심이 없던 당시의 고대인들에게 그런 것은 문제가 될 게 없었다. '보잘것없다'는 것은 그것을 바라보는 우리들의 시선이 문제라는 걸 증명하는 어휘일 뿐이다.

[그림 40] 우르에 있는 수메르 왕족의 무덤에서 발굴된 네 폭의 자개 그림. 동물들이 인간처럼 활동하는 시절의 이야기 내용을 그린 것으로 추정된다.

배우자로서의 동물

신격의 인간이나 보통 인간이 동물과 교구하여 사람을 낳는다는 신화도 전세계에 걸쳐 보편화되어 있다. 우리의 단군신화도 동물의 단계에서 논란의 여지가 없지 않겠지만 넓게 보아 동물 배우자의 축에 끼어도 무방할 것 같다. 동물 배우자 이야기는 대개 그 낳은 인간이 인류의 시조가 된다거나, 특정 부족이나 씨족의 시조가 된다는 특징을 갖고 있다. 그러므로 동물이 자기네 종족의 최초 조상이 된다는 동물 조상 신화와도 유사한 데가 있다. 그러나 동물 조상 신화가 동물 그 자체의 인간으로의 변신 또는 환골탈태를 막연하게 전제하고 있음에 반해, 동물 배우자 신화는 인간과 동물의 교접에 의한 인간 탄생이라는 분명한 과정을 제시하고 있다는 점에서 차이가 있다.

아메리카 인디언들은 아주 오랜 옛날, 인간은 비버 · 연어 · 곰과 같은 동물을 아내로 맞이하여 그들로부터 자연에 대해 배웠다고 믿고 있다. 홍수를 피한 한 남자가 그것을 가르쳐준 암사슴과 결혼하여 여러 자녀를 낳고, 그 남매로부터 최초의 인간이 태어나게 되었다는 브라질 인디언 신화도 있다. 그것은 아마도 전세계에 분포하고 있는 홍수 신화에서 파생된 이야기로 보인다. 홍수 신화와 관련된 동물 배우자 신화가 북미 알공킨족 신화에도 보인다. 미차보 신이 홍수 때 까마귀와 수달을 차례로 보냈지만 땅을 찾지 못한다. 마지막으로 사향쥐를 보내 땅을 찾는다. 그래서 사향쥐와 결혼하여 인류의 시조를 낳는다는 이야기다. 대홍수를 피한 코요테가 뼈 한 조각을 발견했는데, 그 뼈가 여인으로 변해 둘은 결혼하여 사람을 낳았다는 캘리포니아 치마리코 인디언의 신화는 동물이 홍수를 피하게 해주었다는 문맥이 없긴 하지만 이 또한 홍수 신화에서 나와 변형된 신화로 보인다. 고기 잡는 노인이 그물로 잡은 고기 한 마리가 소녀로 변신하고, 노인은 그녀와 결혼하여 아들을 낳았다는 보르네오의 랜드 타야크족의 신화나, 화산의 뱀 '토우발룸'이 한 여인과 결혼하여 아들을 낳고, 그 아들은 산속으로 들어가 연기를 피운 뒤 불과 돌들을 그 지역에 뱉어

[그림 41] 여인의 머리를 한 물고기상. 에스키모는 동물들의 정령이 있다고 믿었다. Cape Dorset에서 나온 활석으로 만들어졌다.

냈는데, 그곳 원주민들은 이 화산신의 후손이라는 오스트레일리아의 한 부족 신화는 모두가 자기 종족의 창시자가 동물을 배우자로 맞이하였다는 사실을 자랑스럽게 공표하고 있다.

시베리아에 많이 분포되어 있는 곰 신화 속에도 배우자로서의 동물 이야기가 빠지지 않는다. 숲에서 과일을 따던 소녀를 곰이 자기의 거처로 데리고 가 같이 살면서 여인은 임신을 하게 되는데, 결국에는 그녀를 찾던 그녀의 오빠들에 의해 곰은 잡혀 죽고, 그녀는 마을로 돌아와 곰의 아이를 낳는다. 여기서는 그 아이가 인류의 시조가 된다거나 어떤 종족의 창시자가 된다거나 하는 식으로 문맥은 없지만, 대신에 곰의 제의적 위상이 강조되어 있다. 다시 말해 잡힌 곰은 엄격한 제의적 규율 속에서 사람들에게 먹혀지는데, 이 곰은 이 종족의 조상으로서 후손들에게 고기를 제공해주는 이로운 행위를 하고 다시 천상의 동물계로 승천하는 걸로 여겨졌다. 이는 사람이 죽으면 그 영혼이 원래 고향인 동물계로 되돌아간다고 생각되었던 것과 같다. 인간계보다 동물계를 상위에 설정한 사고방식이

돋보이는 부분이다.

동물 배우자 신화는 우리나라를 비롯한 동양에도 많이 분포되어 있다. 천신이 원숭이와 결혼하여 인간을 낳았다는 중국 장족의 신화를 비롯하여, 암컷 늑대가 들판에 버려진 아기를 고기를 물고 와서 먹여 키웠는데, 아기가 소년이 되자 늑대와 교접하여 열 명의 사내애를 낳았다는 돌궐족 아사나 씨족의 신화는 중국판 동물 배우자 신화의 모습을 보여준다. 인간이 늑대의 배우자가 된다는 설정은 흉노족의 신화에도 보인다. 흉노의 왕 선우에게는 아름다운 공주가 둘 있었는데, 선우는 이들을 하느님에게 바치려고 했다. 그래서 제단을 쌓고 그 제단 위에 딸들을 바쳤는데, 제단 아래에 승냥이가 와서 계속 울부짖는다. 그러자 작은 딸은 늑대가 하느님이 보낸 사자라고 생각하고 자원해서 승냥이의 아내가 된다는 것이다. 배우자가 되는 동물은 아무래도 그 종족의 생활환경과 밀접한 관계가 있는 동물이었을 것이다. 북아시아의 황량한 들판과 험한 산악지대에서 짐승의 사냥꾼으로 이름을 떨치며 살아가는 늑대의 생태와 빼어난 적응력은 그곳의 원시 유목민에게는 배울 만한 본보기로서 동경의 대상이었을 것이다.

동물 배우자의 자손은 영웅적 존재

우리의 동물 배우자 신화는 인류의 시조를 말하는 신화에서 나오기보다는 대체로 건국시조의 배경 이야기로 나오거나, 영웅적 인물의 부모를 진술하는 과정에서 나온다. 건국시조의 배경 이야기로 나오는 것이 바로 단군신화이다. 단군은 고조선의 건국시조로서 하늘에서 내려온 신격적 존재인 환웅이, 금기를 견뎌내고 곰에서 여자로 변신한 웅녀와 결혼하여 낳은 자식이다. 그러므로 단군은 신적인 요소와 동물의 피가 한데 섞여 있는 특별한 존재이다. 한편으로는 천신의 신비하고 위대한 징표를 지니고 있고, 다른 한편으로는 동물의 야생적 징표도 지니고 있는 것으로 여겨지기 때문이다. 우리가 곰의 자손임을 부끄럽게 생각하지 않는 것은 위대한 신의 자손이기 때문이기도 하지만, 동물적 요소를 전혀 꺼리지 않고 오히려 자랑스럽게 생각하는 고태적 관념이 우리에게도 작동하고 있기 때문이다. 그것도 다른 동물도 아닌 곰이고, 그냥 곰이 아니라 고난을 인내하고 극복한 곰인 것에서 자긍심이 일어나지 않을 수 없다.

영웅적 인물의 아버지 쪽이 동물인 이야기도 많이 있다. 백제 무왕의 어머니는 못 속의 용과 관계하여 무왕을 낳은 것으로 되어 있다. 용이라는 신성 동물이 관여해서 낳은 자식이니 그 영웅성은 배가되지 않을 수 없다. 그러나 후백제의 영웅 견훤은 그 어머니가 지렁이와 교구하여 낳은 자식이라고 되어 있는데, 이에 대해서는 의견이 분분하다. 용도 아니고 하다못해 큰 뱀도 아닌 지렁이라니, 그러므로 이는 견훤을 폄하하려는 목적에서 지어진 이야기라는 것이 그 하나이다. 한편 민간 전설과의 결합 내지는 차용의 관점에서 견훤 이야기를 볼 수도 있다. 우리 민간 전설에는 지렁이와 교구하여 처녀가 임신하게 되었다는 이야기가 널리 퍼져 있다. 정체를 알 수 없는 아름다운 사내가 한 규수의 방에 홀연히 나타나서 황홀한 밤을 보내고 새벽녘에 또 홀연히 사라지는 일이 매일 밤 계속된다. 그래서 처녀는 고민하다가 어느 날 밤 사내의 옷에 실을 꿴 바늘을 꽂아놓고 다음날 실을 따라가 보니 담장을 돌고 돌아 처마 밑에 있는 지렁이의 허리에 바늘이 꽂혀 있더란 얘기다. 얼마 지나 그 규수가 임신을 하게 되었다는 것은 통상 뒤따르는 스토리 전개이다. 민간에서 유통되던 이와 같은 지렁이 교구 이야기가 견훤의 출생과 결부되어 견훤 전설이 되었다고도 볼 수 있는 것이다.

양육자로서의 동물

동물이 인간의 양육자로 설정되어 있는 것이 또 하나의 관계적 형태이다. 마치 부모처럼 동물은 인간을 길러내는 역할을 한다. 직접 낳은 것은 아니지만 젖을 먹이고 먹을 것을 갖다 주고 하는 동물의 이타적인 모습을 통해 인간을 위한 동물의 헌신적인 희생자로서의 역할을 기억하고자 하는 것으로 보아진다. 사실 동물의 우유도 그 새끼들이 먹을 것을 인간이 가로채는 것이고, 동물의 고기도 동물들간의 먹히고 먹는 자연적인 순환고리를 인간이 깨트리고 중간에서 가로채는 것이라 할 수 있는 것이다. 현대인들은 그것이 당연한 맥락이 되어 인식하지 못하고 있지만, 고대인

[그림 42] 젖을 먹어야 할 송아지는 어미 소의 발에 묶여 있고, 어미 소는 눈물을 흘리고 있다. 사람이 젖을 중간에서 가로채는 데에 대한 미안한 마음을 표현하고 있다. 이집트 카위트 왕비의 무덤 석관의 각석화.

들은 그러한 심층 맥락 관계를 인식하고 동물의 그러한 희생을 기리고자 하는 마음이 분명 있었을 것이다. 그런 점이 양육자로서의 동물 신화로 표출된 것이 아닌가 한다.

시베리아 길리약족의 신화는 곰이 인간을 어떻게 따뜻하게 대해주었는지에 대해 증언하고 있다. 곰은 인간에게 배가 고프거나 목이 마르면 자기 손가락을 빨게 하고, 발을 잡고 마음껏 젖을 먹게도 해준다. 겨울잠을 자는 동안 내내 그렇게 하도록 허락해준다. 마침내 봄이 와서 길리약의 사내가 굴을 떠나 마을로 가고자 하니 곰은 사내를 등에 업어 마을까지 데려다준다. 마을까지 데려다주는 조건으로 곰이 개 세 마리를 묶어달라고 하고 길리약의 사내는 그렇게 하여 반년 동안 그를 키워준 데 대해 보상을 한다는 것이다. 이 신화도 제의적 맥락에서 해석하자면 곰에게 바치는 개는 곰제의를 할 때 곰을 위한 희생 제물이 된다. 개는 곰의 영혼을 고향에 무사히 데려다주는 동반자 또는 인도자의 역할을 한다고 생각되기 때문이다. 개가 희생 제물로 바쳐지는 풍습이 인간이 죽었을 때에도 마찬가지로 행해지는 것을 보면, 곰도 하등 인간과 다름없이 이 세상과 동물의 천상세계를 왕래하는 존재로 여겨졌던 것이다.

곰이 인간을 키운 신화는 구테나이 인디언의 신화에도 있다. 한번은 구테나이 부족이 이동할 때 작은 아이 하나가 뒤처지게 되었는데, 이때 어미 곰과 그의 새끼들이 마침 그곳을 지나가게 되었다. 이때 곰 새끼가 아이와 같이 놀고 싶다고 하니 어미 곰은 아이를 데리고 가서 자기 자식처럼 키우게 된다. 아이가 소년이 되어 마을로 돌아가겠다고 하니 어미 곰은 그를 데려다준다. 그 소년은 장성하여 결혼도 하고 곰을 위한 제의소를 만들어 곰제의를 격식 있게 지내는 바탕을 만들었다는 것이다. 이 신화도 곰제의와 관련을 맺고 있는데, 아무튼 우리는 이 신화에서 곰의 양육자적인 성격을 뚜렷이 볼 수 있다.

[그림 43] 늑대의 젖을 먹는 로물루스와 레무스 형제를 그린 석판화.

서부 브라질의 카쉬나우나족의 홍수 신화에는 게가 임신한 여인의 배를 가르고 거기서 낳은 쌍둥이 남매를 게의 아내가 기른다고 하는 내용으로 되어 있다. 그 남매는 남매혼하여 인류의 조상이 되었다고 한다. 게가 인간을 양육한다는 매우 특이한 내용을 담고 있다. 한편 늑대가 인간을 양육한다는 이야기는 동서양에 걸쳐 많이 있는 것 같다. 서양의 늑대 양육자 신화는 로마를 창설한 로물루스와 레무스 쌍둥이 형제에 대한 이야기가 대표적이다. 군신 마르스가 하늘에서 내려와 왕녀와 사랑을 나눠 태어난 쌍둥이가 로물루스와 레무스인데, 이에 숙부가 격분하여 왕녀를 감옥에 가두고, 쌍둥이는 바구니에 담아 테베레 강에 버리게 한다. 바구니가 강가 갈대숲에 걸려 멈추었을 때, 젖먹이의 울음소리를 듣고 온 늑대가 두 아기에게 젖을 물려 구해주었다는 것이다. 이후에는 양치기가 이 쌍둥이를 양육하게 되지만, 아기를 구해 도시 창건자로 만드는 데 결정적인 역할을 한 것은 동물인 늑대임에 틀림없다. 앞에서 잠깐 살펴본 돌궐족 늑대 이야기에서도 늑대가 고기를 물어와 아기를 키운다는 내용이 있거니와, 몽고 신화에 흉노족의 침범을 받아 오손 나라의 왕이 죽고 왕의 아기 곤막이 들에 버려졌을 때, 까마귀가 고기를 물어와서 먹여주고, 늑대는 와서 젖을 먹여주어서 살아났다고 하는 내용이 있다. 우리의 경우는 환경을 고려하여 그러한 양육자로서 호랑이가 등장한다. 견훤이 갓난아이였을 때 부모가 밭일을 하니 호랑이가 와서 젖을 먹였다고 한다.

조력자로서의 동물

동물이 인간의 최상의 보호자 내지는 조력자로 인정받던 시기가 있었음을 신화들은 증언하고 있다. 동물은 신적 존재나 인간을 도와 역사적인 과업을 수행하기도 하고, 인간이 문화영웅이 될 수 있도록 세세한 도움을 아끼지 않는다. 동물 자신이 문화영웅의 역할을 하기도 했다.

인도의 홍수 신화는 '마누'라는 인류 최초의 인간을 돕는 물고기에 대한 이야기를 전해준다. 물고기가 자신이 완전히 클 때까지 보살펴주면 마누에게 끔찍한 일이 일어나지 않도록 지켜주겠다고 제안한다. 물고기는 머지않아 심한 홍수가 나 땅 위의 모든 인간을 파멸시킬 것이라고 말한다. 그래서 마누는 물고기를 큰 항아리에 옮겨 키운다. 마침내 물고기는 다 자라 무사히 바다로 나갈 수 있게 되었고, 얼마 지나지 않아 세상에서 가장 큰 물고기 가샤가 된다. 가샤는 이제 몇 달만 있으면 홍수가 날 테니 마누에게 커다란 배를 지으라고 말한다. 비가 내리기 시작하자, 마누는 밧줄로 배와 가샤를 묶고 가샤는 배를 안전하게 인도한다. 물이 빠질 때 가샤는 마누가 물에 쓸려가지 않도록 하여 마누를 산꼭대기로 무사히 옮겨놓는다. 가샤는 마누가 대홍수를 극복할 수 있도록 인도한 것이다. 마치 마누의 수호신처럼 그를 보호하여 그로 하여금 인류의 시조가 되게 했다는 것이다.

인간이 동식물과 우정 어린 관계를 유지함으로써 결정적인 순간에 난관에서 벗어날 수 있는 힘을 동식물로부터 얻는다는 신화도 있다. 북미

이로쿼이족 신화에 '네쿠몬타'라는 전사가 있었는데, 역병이 돌아 많은 마을 사람들과 그의 아내마저도 죽을 위기에 처하게 된다. 그래서 네쿠몬타는 아내의 목숨을 구할 수 있는 약초를 찾게 인도해달라고 대정령에게 기도한다. 그리고 며칠을 약초를 찾아 헤맨다. 도중에 만난 토끼에게 물었지만 토끼는 그저 코만 실룩거리고는 깡충깡충 달아나버린다. 네쿠몬타는 겨울잠을 자는 흑곰에게 가서 물었으나 쿨쿨 코를 골 뿐이다. 네쿠몬타마저 아파서 쓰러져 잠이 든다. 그러나 온갖 새들과 짐승들은 그간 네쿠몬타가 베푼 친절을 기억하고 있다. 네쿠몬타는 정말로 입을 것이나 먹을 것이 절실하게 필요하지 않는 한 짐승을 죽이는 법이 없었다. 나무와 꽃들도 그가 얼마나 사랑해주었는지 기억하고 있다. 그들은 네쿠몬타를 바라보며 측은한 마음을 금할 수가 없었다. 그래서 모두들 네쿠몬타를 돕기로 결정한다. 짐승과 나무, 새와 풀들이 모두 입을 모아, 그를 대신해 대정령에게 간절히 도움을 청한다. 그러자 네쿠몬타가 자고 있을 때 대정령이 그에게 계시를 내린다. 네쿠몬타는 마침내 신비의 물을 찾아와 아내와 마을 사람들을 구해낸다.

프로메테우스처럼 인간에게 불을 가져다준 문화영웅이 동물이었음을 증언하는 신화들도 있다. 아프리카 신화에서는 말벌이 하늘에서 불을 가지고 왔다고 한다. 다른 피그미 전설에서는 원래 불을 갖고 있었던 것은 침팬지였다고 전한다. 세계 창조신화에서 육지를 만드는데 많은 동물들이 힘을 합쳐주었음은 앞에서 본 바 있다. 세네카 인디언의 신화에는 물수리 · 오리 · 거북 · 비버 등과 같은 동물들이 바다로 떨어진 여인을 도와 땅을 단단하게 만들어주었다고 한다. 만주족의 창세 신화인 「천궁대전」에서는 '바나무허허'가 자신의 몸에 살고 있는 호랑이 · 표범 · 곰 · 사슴 · 구렁이 · 뱀 · 늑대 · 멧돼지 · 도마뱀 · 매 · 독수리 · 곤충 등의 영혼을 모아놓고 한 가지씩 신기를 바쳐 '아부카허허'를 도와주라고 말하는

데, 이를 통해 보면 동물들은 인간을 도울 수 있는 능력 하나쯤은 갖고 있었다는 점을 알 수 있다.

주몽 신화에서는 고구려 시조가 탄생할 때 많은 동물들이 도와주고 있음을 볼 수 있었다. 그런데 동물들은 주몽이 성장하여 장차 국가를 창건하는 역사적 임무를 맡았을 때에도 계속해서 일정한 도움을 주고 있다. 주몽이 신상에 위험을 느끼고 탈출하여 다른 지역에 국가를 창건하고자 할 때, 추격병이 뒤를 쫓는 아슬아슬한 순간에 강을 건널 수 있게 해주는 것들도 자라와 물고기 등의 동물들이다. 주몽의 외조부가 하백인데, 하백은 자신의 딸 유화를 건드리려는 해모수와 더불어 이런저런 동물로 변신해가며 그와 경쟁을 벌였던 수신족의 족장이다. 이러한 수신족의 족장의 손자로서 주몽이 절실하게 필요할 때 할아버지의 부족을 이용하는 것은 당연한 일이다. 주몽이 강을 향해 '나는 하백의 외손이다!'고 간절하게 외치자 자라와 물고기들이 강물 위로 떠올라 다리를 만들어주었던 것이다. 이와 같이 동물은 국가적 대사를 치루는 영웅적 인물을 돕는 역할도 맡고 있다.

인간과 동물의 사이가 나빠진 이유

신화들이 인간과 동물의 친연관계를 주로 얘기하지만 꼭 그런 이야기만 있는 건 아니다. 인간과 동물이 불화하고 전쟁을 벌인다는 얘기도 있다. 그렇다고 그런 이야기가 신화적 상상력이 약화된 후대에 나온 이야기라고 단정 지을 수는 없다고 본다. 신화 시대의 종언을 예고하는 이야기라고 할 수는 없다. 왜냐하면 동물과의 친연성을 강조하는 이면에는 언제나 그것이 깨질지도 모른다는 불안감이 잠재해 있는 것이 인지상정이고 인간 사유의 본질이기 때문이다. 북아메리카 인디언 체로키족의 약의 유래에 관한 다음과 같은 신화는 인간과 동물의 공존과 분쟁을 동시에 얘기하고 있다.

세상이 창조되고 얼마 지나지 않았던 시절에는 인간과 짐승들이 서로 자유롭게 이야기를 주고받았다. 하지만 이렇게 좋은 시절이 오래 지속되었던 것은 아니다. 인간들은 가죽과 먹을 것을 얻기 위해 짐승들을 죽이기 시작했다. 당시에는 짐승들을 잡기가 아주 수월했다. 짐승들은 자기네가 사냥감이 되리라고는 전혀 생각하지 않았을 뿐더러 인간들을 신뢰했기 때문에 제 발로 인간에게 다가갔던 것이다. 그러나 이제 짐승들도 화가 났다.

곰 족속이 흰곰의 주재 아래 회의를 열었다. 여기저기서 인간들을 상대로 전쟁을 시작하자는 외침이 터져 나왔다. 흰곰은 일단 흥분한 무리들이 침착해지기를 기다렸다가 인간들은 창과 활, 화살 등 전쟁에 유리한 도구를 가지고 있다고 말했다. 그래서 곰들은 자기네도 무기를 사용하기로 결정했다. 하지만 곰들에게는 문제가 하나 있었다. 곰의 발로는 창을 던질 수가 없었고, 또 활을 쏠 수도 없었다. 곰의 발톱으로는 활을 뒤로 당길 수가 없었던 것이다. 젊은 곰들은 발톱을 잘라내자고 말했다. 그러나 흰곰은 나무를 오르고 먹잇감을 제압하려면 곰들에게는 발톱이 필요하다고 말했다.

사슴들도 분개하여 회의를 열었다. 꼬마 사슴이 회의를 진행했다. 물론 사슴들은 곰보다 덜 난폭했다. 따라서 사슴들은 인간을 상대로 전쟁을 벌일 생각은 하지 않았다. 그 대신 사슴들은 마법을 사용해 문제를 해결하기로 했다. 앞으로는 사냥꾼이 사슴을 죽이고 싶으면 반드시 미리 꼬마 사슴의 영혼에게 허락을 구하든가, 아니면 나중에 용서를 빌도록 하고, 그렇게 하지 않는 사냥꾼은 누구나 류머티즘에 걸리도록 한 것이다.

물고기와 파충류들도 장차 인간들과 어떤 관계를 유지할 것인가를 논의하기 위해 회의를 열었다. 이들은 끔찍한 뱀 꿈으로 인류를 괴롭히기로 했다. 새들과 곤충들도 회의를 열었다. 이들은 각기 인간들에게 퍼뜨릴 수 있는 질병을 만들어내기로 했다.

하지만 식물들은 그게 다 부질없는 일이라고 생각했다. 식물들은 많은 짐승들이 그들 나름대로 먹이를 구하기 위해 다른 짐승을 죽이는 상황에서 그런 결정을 내리는 것은 잘못된 일이라고 지적했다. 식물들은 어디에나 있기 때문에 곰과 사슴, 물고기와 파충류, 새와 곤충들이 회의하는 소리를 들어서, 인간들이 어떤 질병에 걸리게 될지를 다 알고 있었다. 그래서 식물들은 저마다 질병을 한 가지씩 맡아 치료하기로 결정했고, 이렇게 해서 약초란 게 생기게 되었다.

이 이야기는 사람 · 동물 · 식물, 그리고 원자에서부터 은하계에 이르기까지 모든 사물과 현상들은 모두가 서로 소통하고 있고 서로 연합하고 있는 것인데, 그 공동체의 네트워크를 파괴해서는 안 된다는 점을 지적하고 있다. 인간들도 어떤 우주 통일 원리에 의해 지배받고 있다는 이러한 사실을 깨닫는다면, 우리는 모든 우주 사물과 연결되어 있다고 느낄 것이다. 우리 자신이 거룩하고 역동적이고 상호 연관된 우주의 일부분이라고 느낄 것이다. 인간은 신화를 통해 동물과의 친연관계를 확인함으로써 우주의 모체와의 조화로운 삶에 동참할 수 있다는 평범한 진리를 터득해나갔던 것이다.

제4장

불교와 도교에서의 토테미즘적 사유

우주 질서에 대한 관조와 사색

고대인에게 우주 만물은 신비스럽고 두려운 대상 그 자체였으리라. 해는 계절의 마디마디에 따라 정확하게 자기의 궤적을 그리며 뜨고 지기를 반복하고, 그에 맞춰 식물들은 피고 지기를 반복한다. 달은 시간의 흐름에 따라 차고 기우는 현상을 반복하고, 그에 따라 바닷물과 강물은 들고 나기를 반복한다. 이렇게 우주 만물이 보여주는 규칙적인 반복 운행이 너무도 놀랍고 신비스러웠을 것이다. 한편 일식과 월식이 일어나기도 하고, 바람이 불어 나무를 쓰러뜨리는가 하면, 번개와 천둥이 몰아치기도 하고, 비가 오지 않아 작물이 마르는가 하면, 홍수가 나서 모든 것을 휩쓸어버리는 불규칙한 자연현상을 목도하면서 고대인들은 두려움과 신비스러움의 복합 감정을 갖지 않을 수 없었을 것이다. 신비스러운 감정 뒤에서 전율하기도 하고, 공포심을 느끼면서 한편으로는 황홀함도 느꼈을 것이다. 아주 복잡한 감정이 소용돌이쳤을 것이다.

그러나 인간은 우주 만물이 빚어내는 자연현상을 보면서 온갖 복잡한 감정을 느끼는 데 그치지 않고, 우주의 질서를 관찰하면서 약간은 형이상학적인 사색을 전개하기도 했다. 이 우주 만물의 움직임 속에는 어떤 통일적인 힘이나 질서가 있는 것일까? 주위에서 매일 벌어지는 자연현상의 배후에는 어떤 절대적인 진리 같은 것이 있을까? 그 같은 배후의 질서나 진리가 있다면 어떤 외적 현상에서 그것을 엿볼 수 있을까? 그 질서나 진리의 본질은 무엇일까? 그러한 절대적 질서나 진리와 '나'의 관계는 어떤 것일까? 이러한 사색적 물음 속에서 특히 개체로서의 '나'와, 우주 만물의 절대적 통일체는 어떤 관계로 맺어져 있는가 하는 문제가 인간의 사색을 내면 성찰로 인도하는 길을 열었다.

동일성 관념이 심오한 내면 성찰을 이끌어내다

동양의 원시불교와 도교에서는 어떤 신에 대한 숭배 내지는 존경의 관념보다는 인간의 내면 의식과 관련하여 세계를 성찰하는 사색의 내용이 훨씬 더 의미 있고 중요한 것으로 여겨진다. 신에 대한 종속감이나 의존감을 바탕으로 인간의 실존적 의미를 구하는 차원이 아니라, 우주의 신비로운 현상에 대한 진지한 물음을 통하여 인간의 내면적 성찰을 추구하는 쪽으로 원시불교와 도교는 자신의 인식론적 지평을 열어갔던 것이다. 종교는 처음부터 지고(至高)의 신관념을 내장하고 출발한 것이 아니다. 체계적인 우주론의 정립을 바탕으로 한 유일신 관념 또는 다신 관념이 언제부터 형성된 것인지는 알 수 없지만, 최초의 종교적 형태가 탄생될 때 그런 관념이 대두되지 않았던 것은 분명하다. 최소한 불교와 도교와 같은 동양의 종교들에는 그러한 신관념이 자리 잡을 여지가 거의 없었다.

고대인들의 인간 실존에 대한 내면 성찰이 전적으로 체계적이고 과학적으로 이루어졌다고는 볼 수 없다. 성찰하는 대상의 개념적 구성 층위를 나누고, 각 층위들 간의 중층적인 관계를 따져 복잡하게 사색을 전개하는 수준을 고대인들에게 기대할 수는 없을 터이다. 고대인들은 물고 물리면서 연속되는 우주 만물의 혼돈 상태를 해결하는 것이 일차적인 관심사였다. 고대인들은 하나의 해결책으로서 아주 단순하지만 동일성이라는 질서를 우주 만물에 부여했다. 이것은 세밀한 층위 구분을 하지 않고 전체를 통틀어서 보는 통합성의 차원이었는데, 과정 자체가 단순하다고 하여 거기에서 나오는 내용이 단순한 것은 아니었다. 오히려 그것은 굉장히 심오한 차원이기도 했다. 여기서 말하는 동일성이란 사물의 안과 밖, 정신과 육체, 영혼과 물질, 인간과 자연, 자아와 세계를 밀착 연계시키는 것을 의미한다. 여기에서 깊은 성찰에 이르는 길이 발견되었다. 자아를 세계에 비추고, 또 세계를 자아에 비추는 상호 조명을 계속함으로써, 자아를 우주에 담고, 또 우주를 자아에 담는 상호 포괄을 계속함으로써 인간을 포함한 우주의 모든 존재들은 연결되지 않음이 없었고, 평등하지 않음이 없었고, 한 몸이 되지 않음이 없었다.

원시불교와 도교에서의 우주와 자아의 합일

불교에서는 이를 범아일여(梵我一如)라고 한다. 범(梵)이란 우주 만물의 이면에서 작용하는 절대적 통일성, 즉 브라흐만(brahman)이다. 브라흐만은 온 우주에 편재해 있는 우주적 원리이고, 질서 체계이며, 근본적 진리이다. 우주를 총괄하는 궁극적 실체이다. 아(我)는 진정한 자아로서의 아트만(atman)이다. 아트만은 인간의 내면적 핵심, 즉 인간 심성의 근본이다. 아트만은 내면세계이면서 물리적 육체도 포함한다. 아트만이 영육을 포괄하는 것처럼 브라흐만도 우주의 보편원리이면서 동시에 물리적 우주를 포함한다. 이와 같이 자아의 안과 밖, 우주의 안과 밖에 있는 모든 차별과 다양성을 지우고 전체 동체의 이념을 실현하는 것이 범아일여이다. 이러한 합일 정신은 "그것은 바로 너다"라는 우파니샤드의 문구에 잘 나타난다. '그것'은 우주의 주재자이며 궁극적 원리로서의 브라흐만을 의미하고, '너'는 진정한 자아로서의 아트만을 의미한다. 이 표현은 우주의 본원이며 우주 만물의 원천인 지고의 존재가 바로 인간의 내면적 주재자라는 진리를 드러내고자 한 것이다.

[그림 44] 만다라에 표현된 우주를 움직이는 힘과 신들에 대한 묘사. 이 그림은 깊은 명상을 위한 초점 역할을 하면서 구도자는 깊은 의미의 차원을 의식하게 된다. 원 안을 둘러싸고 있는 수많은 동물상(반인반수상)들은 우주를 운행하는 힘의 존재들이다.

개체 자아가 보편 자아와 동일하다는 사실을 불교에서는 비유를 통해 설명한다. 한 덩어리의 소금이 물에 들어가서 녹으면 짠맛은 느낄 수 있지만 그 소금 덩어리는 다시 꺼낼 수 없는 것과 마찬가지로, 개체 자아는 아무런 흔적도 남기지 않고 보편 자아와 합일을 이루게 된다고 하는 것이다. 강물이 바다로 흘러들어가 이름과 형상을 잃고 사라져버리듯이 이름과 형상을 떠난 현자는 그렇게 지고의 정신과 합일된다고 하는 것이다.

이러한 합일 정신을 도교적 관점에서는 물아일체(物我一體)라고 한다. 외물과 자아가 일체가 되고, 물질과 정신이 일체가 되는 것은 불교의 경우와 비슷하지만, 주체와 객체의 인식론적 지점이 구분되지 않고 하나가 된다는 점이 도교적 사유체계의 가장 큰 특징이 된다. 도교에서 주체와 객체의 인식론적 시선은 극도로 혼돈스럽다. 그것은 주체가 인식론적 시선을 주장하지 않고 포기해버리는 경향을 보여주기 때문이다. 그러므로 인식론적 시선이 한 점에 고정되어 있지 않고 여기저기를 왔다 갔다 하는 현상을 보이면서 혼융되어 나중에는 시선이 있는 곳이 어디가 어딘지도 모르게 모호해져버리는 그런 상태가 된다.

이러한 인식상의 혼돈 상황은 망아(忘我)나 상아(喪我), 좌망(坐忘)이나 심재(心齋)와 같은 도교적 사유방식을 통해 도달하게 된다. 이런 사유방식들은 모두 자아에서 '나'라는 그림자를 비워내어 무의 상태에 빠져들게 하는 것이다. 그리하여 아무것도 없으니 욕심도 없고, 다른 것과의 차별의식도 없으며, 나를 잊으니 네가 나가 되고, 나가 네가 되는 일도 불가능한 것이 아니다. 장주(莊周)가 꿈에 나비가 된 것인지 나비가 꿈에 장주가 된 것인지 알 수 없을 정도로 인식상의 혼돈 상태에 직면하게 된다. 장자가 연못 속에서 유유히 노니는 물고기에 자신의 감정을 이입하여 자신이 물고기인 것처럼 즐거운 마음이 되는, 물아일체의 상태가 된다.

자신을 무의 상태로 비워내는 행위는 도교적 사유에서는 도에 이르는

[그림 45] 노자는 항상 소를 탄 모습으로 그려지는데, 그것은 세상을 달관한 듯 무덤덤하게 살아가는 소의 성질이 무위자연의 사상가인 노자의 지향과 맞아서일 것이다. 16세기 중국 명시대의 그림. 대만고궁박물관 소장.

가장 귀한 길이라고 강조된다. 노자가 말하고 있듯이 도의 본체는 공허하다. 그것은 마치 풀무와도 같은 것이다. 풀무는 텅 비었는데도 원기가 끝없이 무한하게 일어나는 원천이기 때문이다. 그런 풀무처럼 도는 깊이 숨어 보이지 않는 공허함 그 자체이다. 그러나 그 작용은 무궁무진하다. 그

공허함 속에서 만물이 생육화성하는 것이다. 그러므로 무는 천지의 시초이고 만물의 근원이라고 하는 것이다.

전우주적 친화력의 바탕으로서의 토테미즘적 사유

주체와 객체, 자아와 세계가 분별할 수 없고 혼돈스럽게 융합되어 있다는 불교와 도교의 불이(不二)적이고 만물제동적이고 미분론적인 사유는, 고태의 토테미즘적 사유체계에서 그 근본 토대가 마련되었다고 할 수 있다. 집단 토템이건, 아니면 개인 토템이건 간에 토템을 숭상하는 씨족 사람들이 토템적 존재들과 신비적 공감에 의해 완전히 연합되어 있었던 저간의 사정에 대해서는 앞에서 언급한 바가 있다. 그런데 신비한 공감에 의한 결속은 동물에만 국한되지 않고 그 작용이 우주 만물로 확대되어 있었다. 달의 정령, 바다의 정령, 나무의 정령과 그들은 감정의 교류를 할 수 있었고, 대화할 수 있었다. 심지어 돌의 정령과도 대화할 수 있었다. 인간을 포함한 우주 만물은 전우주적 친화력에 의해 그물망 같은 네트워크를 형성하고 있는 것으로 여겨졌다. 그래서 어느 것 하나 세상에서 고립되어 홀로 존재하는 것은 없다고 사유되었다. 이러한 고태적 사유체계가 하나의 세계관, 또는 하나의 우주관이라는 관념 덩어리로 존속하다가 종교적인 사유의 근간이 된 것은 우연이 아니다. 종교적 사유는 언제나 당시 사람들의 세계관 내지는 우주관을 기반으로 해야 하며, 종교적인 언설에는 그 내용이 동반되어야 종교적인 설득력을 지닐 수 있기 때문이다.

인간이 우주 만물과 공감적 친화력으로 연계되어 있다는 사실은 나와 우주 사이의 관계를 설정하는 데 중요한 역할을 했다. 특히 토템 동물과 연동되어 있다는 사실은 인간 존재로서의 경험을 깊게 해주는 통찰과 은

유를 얻는 주요 통로가 되었다. 인간은 동물과 자연의 질서를 관찰하면서 그들의 행동과 지혜를 배웠고, 그들을 도덕적인 본보기로 삼았으며, 상상력의 보고로서 거기서 모든 것을 꺼내 쓸 수 있었다. 우리는 앞의 신화 장에서 인류가 동물과의 의미 있는 관계를 통해 세계를 어떻게 바라보고, 어려움을 헤쳐 나가는 지혜를 어떻게 배우고 있는지를 살펴본 바 있다. 인류는 그러한 경험을 신화라는 이야기체에 담아 전승시키면서 그러한 지혜와 상상력의 고갈과 파괴를 막는 데 심혈을 기울였던 것이다. 붓다는 이런 사실을 아주 간명하게 갈파한다. "우리는 동물들과 나무들로부터 배울 수 있다. 왜냐하면 우리 자신도 한때 동물들과 나무들이었기 때문이다." 그 수많은 불경 속의 동물 우화들은 이렇게 하여 탄생한 것이다.

[그림 46] 싯달타 태자가 수행의 길을 떠나며 아끼던 말과 작별하는 장면. 말이 무릎을 꿇고 태자의 발을 핥는 모습이 인상적이다. 2~3세기 추정. 높이 15.6cm. 라호르박물관 소장.

인간과 동물의 동등함과 생명의 순환 논리

생명의 분류 체계에서 동물이 인간보다 우위에 있었던 적이 있었다. 이집트의 고대 종교 문헌에는 인간을 동물 아래에 두는 파격적인 규정이 담겨 있다. 고대 페르시아의 율법서인 '젠드아베스타'에도 동물에 대한 보호와 대우를 인간의 의무 조항으로 규정해놓고 있다. 굶주리고 있는 개를 보는 사람은 가장 좋은 음식으로 그 개를 배불리 먹일 의무가 있다. 암캐가 새끼들을 데리고 방황하면 그것을 발견한 지역의 우두머리는 이들을 붙들어서 먹이를 주어야 한다. 그렇게 하지 않으면 그는 육신이 조각나는 형벌을 받을 것이라는 내용이다. 인간 노예들이 엄존하는 사회에서 동물을 이토록 극진하게 대하는 것은 특정 동물에 대해서만 존경을 표하도록 요구한 종교적인 의식의 표현일 수 있다. 힌두교에서 암소를 해쳐서는 안 되는 것이 종교적인 규율로 되어 있듯이 말이다. 그러나 고대 사회로 올

[그림 47] 고분 벽화의 상단에는 항상 신성한 동물들이 위치하고 있다. 중국 절강성 해녕 장안진 고분의 전실 북벽화.

라갈수록 우주의 생명을 분류하는 그들의 관념체계에서 동물은 인간과 동등하거나, 아니면 바로 위나 바로 밑의 분류체계를 점하는 위치에 있었다. 인간으로부터 저 멀리 떨어져 굴욕적인 차별을 받는 위치에 있었던 적은 한 번도 없었다.

인간과 동물의 동등함을 불교에서는 극적인 테마로 보여준다. 인간과 동물이 생을 달리하면서 인간이 동물로, 또는 동물이 인간으로 새로 태어남을 계속 반복한다고 불교에서는 말한다. 인간과 동물의 이러한 순환논리는 생명의 위계를 정태적이고 평면적으로 파악한 것이 아니라, 동태적이고 역동적인 움직임으로 파악한 것이다. 우주의 온 생명이 보여주는, 문득 태어나고 시나브로 사라지는, 서로 아무 관계가 없는 듯한 현상을 서로 관계있는 것으로 연결시키고 있는 것이다. 그것도 종의 차이를 넘어서 교차되어 순환 반복하는 것으로 보고 있다. 거기에는 인과론적 보상이라는 도덕관념이 내장되어 있긴 하지만, 최소한 동물과 인간의 동등성 내지는 동물과 인간의 긴밀한 연계성을 드라마틱하게 보여준다. 불교의 이러한 사유에는 인간이 동물의 몸에서 태어나기도 하고, 인간과 동물이 조상이나 부모형제, 그리고 양육자와 같은 혈연적 관계로 맺어져 있다고 생각하는 토테미즘적 사유체계가 밑바탕이 되어 있다고 판단된다. 그리고 사람이 죽어서 동물계로 환원 복귀한다고 생각하는 야생적 사고도 불교적 순환 논리에 근거를 제공하고 있다고 보인다.

자타카에서의 윤회전생

인간과 동물의 순환 탄생을 극적인 이야기체로 전해주는 것이 붓다의 전생담인 '자타카'이다. 자타카는 전생의 도덕적인 선행과 다음 생의 정

[그림 48] 판얀나무 주위의 연못에서 시간을 보내는 코끼리 무리를 그리고 있는 육아상(六牙象) 본생담 부조. 산개(傘蓋)와 불자(拂子)를 든 여섯 개의 상아를 지닌 코끼리 왕(붓다의 전생)이 두 번 나타나고, 오른쪽 끝에는 구멍에 숨어 활을 쏘는 사냥꾼의 모습이 보인다. 산치 제1탑 남문 제2회량 뒷면.

신적인 우월자로의 탄생을 결부시켜 이야기함으로써 종교적인 설교의 방편을 삼고 있다. 그 이야기의 내용과 형식에는 동물과의 영혼적 교감과, 인간과 동물의 연계성을 전제하는 토테미즘적 사유의 호흡이 진하게 배어 있다.

다음은 자타카 가운데 토끼 본생담이다.

옛날 베나레스 근처에 여우 · 원숭이 · 토끼가 살고 있었다. 그들은 우정이 지극히 두터워 서로 사랑하기를 제 몸같이 하였다. 석제환인이 이 모습을 보고 크게 감동하여 진실로 이 가운데 보살도를 닦고 행하는 자가 누구인가를 시험코자 했다. 석제가 배가 고프다고 하니 다들 먹을 것을 구하러 나갔다. 여우는 물가에 가서 생선을 잡아 가지고 오고, 원숭이는 숲에 가서 과일을 따왔으나 토끼는 아무것도 갖고 오지 않고 빈손으로 왔다. 토끼는 원숭이와 여우에게 마른 나무 한 단씩 해달라고 부탁했다. 불을 피우고 토끼는 말했다. "나는 쓸데없는 물건입니다. 원컨대 이 몸을 노인님께 공양하고 후세 성불을 기약합니다" 하고는 불 속으로 뛰어 들어갔다. 토끼의 소신공양을 보고 제석은 감동하여 토끼의 자취를 기리기 위해 달 속에 토끼의 모습을 붙여 길이 후세에 본이 되게 했다. 불타는 이

설화를 설해 마치고 "그때의 토끼는 바로 오늘 나"라고 했다.

이 이야기는 동물에서 인간으로 윤회전생하는 우주의 생명 순환체계에 대한 불교 나름의 종교적 진단이요, 우주관의 표현이다. 이러한 생명 순환에 도덕적인 선행 또는 적덕이 인과론적인 보상의 고리를 형성한다. 즉, 적덕을 하면 후생에는 정신적 우월자 혹은 선각자로 다시 태어나게 된다. 여기서 유의할 점은 동물에서 인간으로의 전생 그 자체가 보상이 아니라는 것이다. 단순히 동물에서 인간으로 이동한 것이 전생을 위로받고 보상받은 것이 아니다. 동물에서 인간으로의 이동은 누구나 그렇게 될 수 있다. 중요한 것은 전생의 선행자 또는 적덕자는 후생에도 선행자 또는 적덕자가 된다는 것이다. 동물과 인간은 외형적인 차원만 다를 뿐, 정신적인 차원에서는 전혀 다르지 않다. 동물과 인간은 전적으로 같은 정신적 종류이기 때문에 영적인 차원에서는 동일한 회로도를 가진 존재인 것이다. 이러한 점은 이 이야기에서 동물들이 나누는 우정과 사랑이 인간적

[그림 49] a(왼쪽)는 메추라기 새끼를 무자비하게 밟아 죽인 악한 코끼리를 까마귀 · 청파리 · 개구리 세 친구가 퇴치한다는 내용을 그린 메추라기 본생도. b(오른쪽)는 알라나무 열매를 탐해 원숭이 무리를 공격하려는 바라나시왕과 대립하여 자신의 몸을 희생하여 무리들을 안전하게 이동시키는 큰 원숭이 왕의 이야기를 그린 큰 원숭이 본생도. 바르후트 부조 본생도. 직경 49cm. 기원전 1세기경. 캘커타박물관 소장.

차원과 전혀 다르지 않음에서도 잘 나타나고 있다. 오히려 인간적 차원을 넘어선다. 남을 살리기 위해 자신의 몸을 태워 희생하는 토끼의 행위는 분명 인간 이상이다.

남을 위한 동물의 고귀한 희생 이야기는 자타카에 많이 보이는데, 금시조와 관련된 용왕 본생담도 그러한 이야기 중의 하나다.

용족이 평화롭게 사는 마을에 어느 날 금시조가 용들을 잡아먹으려고 커다란 날개를 펴고 위용을 뽐내면서 날아온다. 그러자 용들이 무서워 용왕 뒤에 숨는다. 용왕은 금시조와 맞서 짐승에도 업보가 있다는 가르침으로 금시조를 설복시켜 돌려보낸다. 금시조를 대적하느라고 노곤한 용왕이 넓은 바위 위에 누워 잠을 자는데, 이때 지나가던 사람이 용 가죽을 벗겨 나라에 바치면 큰 보상을 받으리라 생각하고 용왕의 머리에 못을 박고 가죽을 벗긴다. 용왕은 이 광경을 보고도 전혀 움직이지 않고 자신으로 인해 그 사람이 영광을 누린다면 다행이라고 생각한다. 그 사람이 껍데기를 벗기고 고기를 산에 버리고 가니 수많은 벌레들이 모여들어 용왕의 살을 뜯어먹는다. 용왕은 그 모습을 보고도 전혀 원망하지 않고 오히려 중생들이 자기 살을 뜯어먹는 것을 즐긴다. 부처는 이 설화를 설해 마치고, "그때의 용왕은 나이고, 그 사람은 데바닷다이며, 벌레들은 5천 비구들"이라고 말했다.

동물들의 덕 · 정의 · 신의

자타카의 세계에서는 인간과 동물이 한데 섞여 사는데, 동물보다 도리어 인간이 부덕하고 불의하고 착하지 않은 경우가 흔하다. 그런 인간은 인간으로만 윤회전생하면서 새 삶을 살 수도 있지만 그렇다고 마냥 행복한 것은 아니라고 자타카는 힘주어 말한다. 여기 붓다의 적대자로 나오는 데바닷다는 그런 인간의 대표적인 예에 해당한다. 인간과 동물이 전혀 구분 없이 뒤엉켜 살아가는 세상이 자타카의 세계이다. 이런 자타카의 세계는 동물과 인간이 함께 공존하면서 살아야 했기에 정신적으로나 육체적으로나 동물과 모든 것을 공유하고 서로 교감하고자 했던 토테미즘적인 사유체계를 밑바탕에 깔고 있다. 다만 자타카의 세계에는 토테미즘에는 그리 선명하지 않던 도덕관념들이 선명하게 부각되어 있다. 선과 악, 정의와 불의, 신의와 불신이 확실하게 경계의 선을 긋고 있는 것이 자타카의 세계이다.

자타카는 은연중에 인간이 동물로부터 배울 점이 많다는 것을 드러내길 좋아한다. 불신과 불의는 인간에게 더 많은 부도덕한 종목이다. 사슴 본생담에 나오는 다음과 같은 이야기는 그런 점을 잘 보여주고 있다. 아홉 가지 색을 가진 사슴[九色鹿]이 살고 있었는데, 어느 날 물에 빠진 남자를 발견하고는 헤엄쳐 가서 자신의 뿔로 그 사람을 구해주었다. 구원을 받은 그 남자는 사슴의 은혜에 보답하고 싶다고 했지만 사슴은 다만 그 남자에게 자기 소재를 누설하지 말아달라고 부탁했다. 왜냐하면 사슴의 털과 껍질, 뿔을 탐내는 사람들이 자신의 소재를 알면 죽이러 올 것이기 때문이었다. 그런데 마침 그 나라의 왕비가 무지개처럼 빛나는 털과 뿔을 가진 구색록을 갖고 싶어 하는 것이었다. 그래서 나라의 왕이 포고령을 내려 그러한 구색록을 구해오는 사람에게 나라의 반을 주고 금주발과 은주발도 주겠다고 약속한다. 그 남자가 욕심이 나서 사슴의 소재를 알리고, 왕의 군대는 출동을 한다. 왕의 군대를 맞아 사슴이 그 사람의 신의 없음을 비난하니 왕도 사슴을 잡을 생각을 버리고 그 남자를 하옥시킨다는 것이다.

물론 인간들 중에서도 선한 인간이 없는 게 아니다. 다음의 왕사슴 이

[그림 50] 루루라고 하는 사슴 왕은 급류에서 휩쓸린 남자를 구하지만(앞쪽), 이 금색 사슴에게 상금이 붙은 것을 안 남자는 은혜를 저버리고 국왕에게 사슴이 있는 위치를 가르쳐주었고, 왕은 사슴을 향해 화살을 쏘려 한다(오른쪽). 사슴 일족과 숲속에 있던 사슴 왕이 앞으로 나와 무릎을 꿇고 법을 설하자, 국왕은 사슴 왕의 선행을 찬양한다(중앙). 석가모니가 전생에 금빛 루루 사슴이었다는 본생담을 새긴 원판 장식 부조. 지름 49cm. 기원전 1세기초. 캘커타박물관 소장.

야기는 동물들에게 감복 받은 인간의 이야기다. 왕사슴이 많은 권속들을 데리고 살았는데, 사냥꾼이 여기저기 덫을 만들어놓아 위험하게 되었다. 어느 날 왕사슴이 놀러나간 사슴들을 불러들이다가 잘못하여 자신이 덫에 걸리고 말았다. 다들 도망갔으나 새끼 밴 어미사슴만이 왕사슴 곁을 떠나지 않고 있다가 사냥꾼에게 함께 잡혔다. 어미사슴이 사냥꾼에게 자신을 먼저 껍질 벗기고 난 다음에 왕사슴을 잡아가라고 하자, 사냥꾼이 감동하여 둘 모두를 풀어주었다. 이렇게 동물들도 의리와 우애로 뭉쳐 있다는 이야기를 통해 인간들을 계몽하고자 하는 것이 자타카의 의도이기도 했다.

동물과 인간은 공동 운명체

동물과 인간이 함께 살아가는 자타카의 세상은 어느 한쪽이 없으면 안 되는 상호 공존과 공생, 그리고 모두가 공동 운명체임을 그려내 보여주고 있다. 그런 내용을 상징적으로 담고 있는 것이 머리가 둘 달린 이두조(二頭鳥) 이야기다. 설산 아래 머리는 둘이고 몸은 하나인 새가 있었다. 한쪽 머리는 우바카, 한쪽 머리는 가루다였다. 가루다가 깨어 있을 때는 우바카가 자고, 우바카가 깨어 있을 때는 가루다가 자면서 항상 의식을 번갈아가며 살았다. 어느 날 우바카가 잘 때 가루다가 향기로운 꽃을 먹었는데, 기운이 상쾌해졌다. 그러나 우바카는 자기가 잘 때 저만 혼자 혀를 즐겁게 했다고 화를 내면서 자기는 독한 음식을 먹어서 가루다를 혼을 내주겠다고 결심했다. 어느 날 가루다가 잘 때, 우바카는 독한 꽃을 삼켰다. 얼마 후 두 마리의 새는 토악질이 나고 배가 아파 고생했다. 간신히 가루다는 나았으나 우바카는 입이 불어터져 먹지도 못하고 마시지도 못해 죽고 말았다. 가루다는 이를 한탄하고 죽은 머리를 베어버리고 홀로 먼 하늘로 높이 날아가버렸다.

이 이야기는 동물들의 삶이란 것이 공동 운명체라는 점을 설득력 있게 보여준다. 타자가 없으면 자신도 존재할 수 없다. 그런데도 남을 죽이고 자신도 죽는 우를 범한다. 이는 동물들의 세계에서만 통용되는 게 아니라 동물과 인간 사이의 관계에서도 통용되는 진리이며, 인간들 간의 관계에서도 통용되는 진리라는 점은 말할 것도 없다.

인간과 동물의 무경계적 사유와 윤회설

불교는 동물을 존중한다. 숭배하는 차원하고는 거리가 있지만 최소한 동물들도 쾌락을 추구하고 고통을 회피하려는 욕구를 지닌 존재라는 점에서 그런 동물의 삶을 존중해주는 것이다. 조그만 날벌레라도 죽이는 것을 극도로 꺼리며, 살아갈 곳을 찾아 헤매는 생물들을 보살피고 살 곳으

[그림 51] 동물들의 보리수 공양 장면을 그린 부조. 짐승들도 불성을 지니고 있다는 불교적 관념을 형상화한 것으로 생각된다. 산치 제1탑 동문 제2횡량 뒷면.

로 보내주는 것을 불교도들은 자신들의 삶의 방편으로 여긴다. 이러한 불살생과 방생의 철학은 인간과 동물의 무경계적 사유를 기초로 하고 있다.

인간과 동물의 무경계적 사유는 직접적으로는 윤회설에 반영되어 있으며, 그 내용은 우리가 앞에서 본 바와 같이 본생담이라는 이야기체로 이해하기 쉽게 진화했다. 그러나 다른 한편으로는 심오한 종교철학적 사유로도 발전했다. 윤회의 철학은 깊고 깊어서 그 철리를 따져 들어가면 간단하게 접근할 수 있는 내용이 아니다. 그래서 좀 투박하게 간단히 말하자면 윤회설의 본질은 인간과 동물 사이에 경계가 없다는 데 있다. 둘 사이의 무경계는 시간적으로 보면 연속성 또는 이동성이 있다는 것이고, 공간적으로 보면 혈연적인 관계가 있다는 것을 의미한다.

윤회설은 인간과 동물을 연속적 존재로 파악한다. 양자 간에 무수하게 이동이 가능한 양태로 보는 것이다. 존재 영역 간의 이런 자유로운 이동은 둘 사이의 경계가 없음을 전제로 해야 한다. 이른바 경계 해체다. 존재 영역 사이에 결정적인 차별이나 장벽이 있다면 자유로운 이동은 가능하지 않다. 그러므로 인간과 동물은 존재의 성격이나 습성, 마음가짐, 도덕적 인식 내용 등등 모든 것에 있어 서로 다름이 없다고 여겨진다.

윤회설과 영혼의 이동 관념

인간과 동물의 연속성 내지는 자유 이동성이라는 관념은 고대인의 소박한 영육 관념이 불러일으켰을 가능성이 농후하다. 고대인들은 육체와 영혼이 분리될 수 있어서 사람이 죽으면 영혼이 사체에서 빠져나온다고 생각했다. 그렇다면 죽은 육체에서 이탈한 영혼이 취할 수 있는 가장 빠르고 쉬운 방법은 가까이에 있는 다른 동식물로 숙소를 바꾸는 일이었을 것이다. 또 중간 고리 역할을 하는 매개체가 있다면 바로 곁에 없다고 하더라도 평소 친분이라든가 개인 토템이라든가 하는 연결 관계에 의해 거기로 영혼은 이동하게 될 것이다. 그렇지 않으면 겉으로 보이는 더욱 직접적인 관계에 의해 이동이 성립할 수도 있다. 예를 들면 시체를 쪼아 먹는 매나 독수리, 까마귀의 경우는 영혼의 새로운 숙주로 간주하기에 알맞았을 것이며, 시체에 운집하는 잡충이나 파리 등도 영혼의 이동 매개체로 간주되었을 수도 있다. 태양 숭배를 신앙으로 삼는 종족의 경우, 죽은 사람의 시체에서 날아오르는 까마귀는 가장 이상적인 전생(轉生)의 모습이었으리라. 시체를 습격하는 벵골의 호랑이는 풍장(風葬)으로 치르는 장례 때문에 영혼의 새로운 숙주가 되었고, 수장을 한 영혼의 전생은 아프리카의 악어나 물고기가 떠맡기도 했다. 식인(食人)에 의한 영혼의 이동도 있을 수 있다고 관념되었다. 아들이 죽은 아버지를 먹고, 왕자가 왕의 육신을 먹고, 전사의 후계자가 전사의 몸을 먹음으로써 그 영혼도 상속된다고 믿었다.

이러한 영혼의 이동 이전에 고대인들은 우주 만물의 모든 요소들이 형태적 유사성이나 속성의 흡사함 등에 의해 서로 전이된다는 폭넓은 이동설에 사로잡혀 있었다. 인도의 다음과 같은 고태적 사유체계에는 그와 같은 관념이 잘 나타나 있다. "사람이 죽어서 말[語]은 불[火]로 들어가고, 생기는 바람으로 들어가고, 뜻[意]은 달로 들어가고, 귀[耳]는 방위로 들어가고, 몸은 땅으로 들어가고, 나[我]는 하늘로 들어가고, 털은 풀로 들어가고, 머리털은 나무로 들어가고, 혈액과 정액은 물로 들어갔을 때, 그 사람은 어디에 있는 것인가?" 여기서 우주 만물은 사람 아닌 것이 없다. 우주의 모든 것이 겉으로만 의인화되어 있는 것이 아니라 그 자체가 그냥 사람이 되어 있다. 사람의 요소들은 우주 만물 곳곳에 스며들지 않은 데가 없다. 그러므로 인간과 동물 사이를 구분하는 것과 같은 편협한 생각은 자리를 잡을 엄두조차 낼 수 없었을 것이다.

윤회설과 혈연의식

인간과 동물의 경계 해체에 의해 순환 · 반복하는 윤회는 고태적 사유 관념의 시각에서 볼 때 이처럼 자연스럽다. 그런데 윤회설을 공간적으로 보면 인간과 동물이 혈연적 관계로 맺어져 있다는 사실과 만나게 된다. 윤회 속에서 인간은 모든 생명체와 혈연적으로 관계를 맺는 역사를 갖는다. 헤아릴 수 없는 윤회의 그 돌아가는 시간의 바퀴 속에서 나 또한 그들이었고, 나는 그들의 혈육이 아니었던 적이 없다. 그리하여 붓다는 다음과 같이 의미심장한 질문을 우리에게 건넨다. "긴 윤회의 시간 동안에 네가 머리를 잘려 흘린 피가 시내를 이룬 것과, 사해의 물 가운데 어느 것이 더 많다고 생각하느냐?" 우리가 이 질문에 살벌함을 느낄 겨를도 없이 붓다는 이어 친절하게 대답까지 해준다. "비구들이여, 이러한 윤회 시간 동안 너의 어머니, 아버지, 형제, 자매, 아들, 딸이 아니었던 유정물(有情物)을 아마도 찾기란 쉽지 않을 것이다." 윤회설은 이처럼 인간과 동물을 혈연적 관계로 묶어놓기 때문에 불살생과 방생이라는 불교적 관념은 필연적인 귀결이 된다. 물론 거기에는 불교 특유의 우주 만물에 대한 자비심이 개입되어 있는 것이지만, 종교적인 윤리의식을 덧입은 자비심이 작동되기 이전에 이미 인간과 동물의 동체 관념이 씨를 뿌리고 터를 닦아놓은 바탕이 있었기에 불살생과 방생의 관념이 불교의식 속에 자연스럽게 자리를 잡게 되었던 것이다.

생명 이동 논리를 통한 도덕적인 각성

불교는 사람들에게 어떤 인식의 전환을 촉구하는 종교이기에 인간과 동물의 동체 관념에서 비롯된 윤회에 윤리적인 덕목을 채색하는 것을 잊지 않았다. 그것은 바로 도덕성이라는 기준에 따라 두 존재 간의 이동이 상향되느냐 아니면 하향되느냐가 결정된다는 논리이다. 인간에서 동물로 이동하면 하향이고, 동물에서 인간으로 이동하면 상향이 되는 그런 게 아니다. 그런 하향과 상향이 중요한 것이 아니라 얼마나 적덕을 하고 얼마나 선행을 베풀었느냐가 의미 있는 것이다. 그러므로 엄밀하게 말하면 상향 이동, 하향 이동이라기보다는 동급 이동이라고 해야 옳다. 인간에서 동물로 이동하건, 아니면 동물에서 인간으로 이동하건 간에 선하고 덕이 있는 만큼의 그 정도에서 이동이 일어날 뿐이기 때문이다.

다음의 우화는 불교의 윤회를 잘못 이해하고 있는데, 그래서 더욱 웃음을 던져준다. 한 사제가 제사상에 올리기 위해 염소의 목을 따려는 찰나에, 염소가 싱글싱글 웃었다. 사제가 "왜 웃는 거냐? 너는 곧 내 손에 죽게 될 텐데." 그러자 염소는 지금 죽더라도 자기는 개구리로 다시 태어날 것이라고 대답했다. 사제가, "그래서 행복하기라도 하단 말이냐?"라고 물으니 염소는 이렇게 대답했다. "그런 게 아니라 전생에 제가 사제였다는 게 생각나서 웃었습니다." 이 우화가 웃음을 주는 것은 윤회가 쳇바퀴 돌 듯 고정된 트랙을 순환하는 것으로 보고 전생과 후생의 전철을 알고 있는 자와 그것을 모르는 자 사이에 벌어지는 유쾌한 역설 때문이다. 물론 이 우화는 세속적인 통념에 따라 우스갯소리로 만들어진 것이다. 윤회설의 진정한 본질은 인간이 이 세상에서 어떤 존재로서 살아가야 바람직한 삶을 영위할 수 있는지에 대한 도덕적인 각성을 촉구하는 데 있는 것이다.

생명의 의존관계와 연기 개념

생명체들 간의 공간적인 관계의 시각에서 볼 때 불교의 연기(緣起) 개념도 이와 관련된다. 우리가 흔히 하는 말, "옷깃만 스쳐도 인연"이라는 말도 연기 개념에서 파생되어 나온 말이다. 쉽게 말해 연기란 우주 만물 사이에는 인연의 끈이 하나의 총체적인 네트워크로 형성되어 있다는 것이다. 우주의 온갖 사물들은 홀로 존재할 수 없고 서로 의존하면서 존립할 수밖에 없다는 것이다. 이러한 의존관계를 불교에서는 갈대의 다발들이 서로 기대어야만 서 있을 수 있다는 알기 쉬운 예를 사용하여 설명한다. 의존관계는 세계로 확대된다. 내가 존재하므로 세계가 존재하며, 세계가 존재하므로 내가 존재한다. 하나의 생김은 다른 하나가 생기는 원인이 되고, 하나의 사라짐은 다른 하나가 사라지는 원인이 된다. 원자 집합체에 하나의 원자가 추가되면 그와 관련되어 새로운 원자 결합이 일어나고, 원자 집합체에서 하나의 원자를 제거하면 연결고리가 파괴되면서 다른 원자들도 소멸되듯이, 이 세상이란 그렇게 역동적인 관계 속에서 존재한다. 그런 사유방식이 바로 연기이다.

모든 만물은 서로의 인연에 의해 비로소 존재한다. 인연은 겹치고 겹침이 끝이 없다. 중중무진(重重無盡)이 바로 그것이다. 겹치고 겹쳐서 다함이 없다는 것이다. 중중무진의 세계는 극단적 역동성의 세계이다. 세계는 겉으로 보면 움직임이 없이 평온한 듯하지만 이면으로는 온통 얼기설기 얽혀 다이내믹하게 움직인다. 그래서 북경의 나비가 한번 날갯짓을 하면 뉴욕에는 폭풍이 일어난다고 하는 것이다. 찰나 속에서도 멈춰 섬이 없는 연기의 우주에서 모든 존재들은 일체 동체가 된다. 내 것과 네 것이 따로 없다. 인연에 의해 잠깐 내 것이 되었더라도 인연이 다하면 더 이상 내 것이 아니다. 그러니 내 것이라고 꽉 껴안은들 소용이 없다. 내가 우주이고, 우주가 곧 나인데, 인연에 속박되어 노예같이 살 이유가 없다. 그러므로 연기를 알지 못하면 영원히 우주의 티끌로 남을 수밖에 없고, 연기를 알면 우주적 존재가 될 수 있다. 그러므로 연기 개념은 항상 무소유(無所有)와 무아(無我) 개념과 함께 동거한다.

연기적 의존관계의 토대가 된 불이사상

연기의 원리는 실은 아주 간단하다. 다음과 같은 말로 그 핵심이 요약되어 있다. "만일 이것이 있으면 곧 저것이 있고[有], 만일 이것이 생하면 곧 저것이 생하며[生], 만일 이것이 없으면 곧 저것이 없고[無], 만일 이것이 멸하면 곧 저것이 멸한다[滅]." 연기의 원리는 동시적 의존관계와 시차적 의존관계 양면을 보여준다. 있음과 없음은 동시적 의존관계이고, 생과 멸은 시차적 의존관계이다. 그것은 공간적 의존관계와 시간적 의존관계를 동시에 지니고 있었던 윤회와도 비슷하다. 특히 시간적 의존관계에서 사물 간의 연계성 내지 연속성이라는 차원은 연기와 윤회가 서로 통한다.

동시적이건 시차적이건 간에 일체의 사물과 일체의 법은 반드시 뭔가에 의존하여 존재하는 것이며, 절대적 존재라는 것은 하나도 없다. 뭔가가 선행하면 뭔가가 후속하고, 뭔가가 주가 되면 뭔가가 종속되는 것이 반드시 있다. 그러한 선후와 주종이 인과적으로 짜여져 무한한 망을 형성하고 있는 것이 연기의 세계이다. 주관이 없다면 객관도 없고, 객관이 없다면 주관도 없으며, 주관과 객관의 관계를 떠나서는 세계도 없다는 것이다. 일체의 사물과 일체의 법은 오직 그 관계 위에서만 성립한다. 그것은 마치 갈대의 다발들이 서로 의지하여 서 있는 것과 같다.

불교에서 연기 개념이 정교하게 발전한 것은 인도의 전통적 사유방식의 하나인 불이사상이 영향을 미쳤기 때문이라고 보아진다. 불이(不二)는 차별이 없는 평등 세계를 구현하고자 하는 정신의 산물이다. 존재론적으로 나와 세계는 둘이 아니다. 존재들은 서로 중첩적으로 얽혀 있다. 하나의 개체는 자기 이외의 모든 개체와 관계를 맺고 있는데, 그 관계의 방식은 상호의존적이다. 개체들 간의 이러한 의존관계는 연기에서 그 바탕이 되고 있다. 서로가 똑같이 상대에 대하여 상대의 존재를 가능케 한다는 의미에서 이는 평등이기도 하다. 불이가 무시간적인 통합 관념인데 비해 연기는 시간적인 연속성과 선후 관념, 주종 관념이 덧붙어 있다는 점이 좀 더 나아간 것이다.

도교의 정체적 · 미분적 사고

불교에서 불이 관념이 연기와 공, 무아 등의 관념이 탄생하기 위한 바탕을 마련하여 주었듯이, 도교에서도 하나의 덩어리로서의 우주적 원기가 도교적 관념들을 잉태시키는 핵심이 된다. 그러한 우주적 원기는 도교에서 도 · 무 · 현 · 혼돈 등등으로 다양하게 불려지면서 그 개념적 외연을 넓혀나가고, 그 개념적 내포를 심화시켜나간다. 노장사상에서는 세계를 하나의 정체(整體, undivided wholeness)로 본다. 우주는 부분들로 나누어질 수 없는 일자(一者)로서의 세계이다. 그러므로 차별이 있을 수 없다. 만약 차별이 있다면 그 차별성을 초월한다는 논리이다. 이러한 인식론상의 미분적 내지는 정체적 사유는 주객 · 피차 · 시비 · 선악 · 미추를 구별하지 않는다. 아니 구별할 수 없다.

『장자』에 이런 말이 있다.

> 사람이 습기 찬 곳에서 자면 허리를 앓아 반신불수가 되어 끝내는 죽으니 미꾸라지도 그러한가? 사람이 나무에 올라가면 몸이 떨리며 두려우니 원숭이도 그러한가? 그러므로 이 세 가지 거처 중에 어느 것이 바른 거처인 줄을 누가 알겠는가? 사람은 소와 돼지를 먹고, 순록과 사슴은 풀을 먹으며, 지네는 뱀을 달게 먹고, 솔개나 가마우지는 쥐를 즐긴다. 이 넷 중에서 어느 것이 바른 맛인 줄을 누가 알겠는가? 원숭이는 편저(猵狙)로써 암놈을 삼고, 순록은 사슴과 짝하며, 미꾸라지는 고기와 논다. 모장(毛嬙)과 여희(驪姬)는 사람들이 미인이라고 여기지만 물고기가 그들을 보면 깊이 숨고, 새들이 그들을 보면 높이 날며, 순록과 사슴이 그들을 보면 결사적으로 도망치니, 이 넷 중에 어느 것이 천하의 바른 색인 줄 누가 알겠는가?

세계의 진상은 온갖 시각과 관점으로 구분되기 이전에는 미분의 한 덩어리였다. 그런데도 사람들은 대상을 부분들로 잘게 나눈다. 옳은 것과 그른 것을 나누고, 여기와 저기를 나누고, 선과 악을 나누고, 아름다움과 추함을 나눈다. 이렇게 대상을 이것저것으로 나눌 수 있는 것은 편의상 자기의 관점에 의해서 하는 것이고, 일부분에 의해 전체에 대한 판단을 내리기 때문이다. 그것은 일단 편하고 자기에게 해롭지 않다. 그러나 대상을 전체로써 보면 그러한 편협한 사고에 빠지지 않는다. 인간들은 인간 자신의 관점으로만 모든 것을 판단하기 때문에 다른 동물들의 거처보다는 인간의 거처를 최상으로 생각하고, 다른 동물들이 맛있게 먹는 것보다 자기들이 좋아하는 소고기와 돼지고기를 최고로 치며, 다른 동물들은 결사적으로 도망가는데도 자기들한테 아름답게 보이는 미인만을 이 세상에서 가장 아름답다고 생각하는 편협함에 빠져 있다. 자기가 본 조그만 일부분을 보고 그것만이 세계의 진상인 줄 안다.

상대방 관점으로 녹아들기

『장자』에는 인간의 이런 편협한 사고에 대한 우화가 많이 있는데, 다음은 그 중의 하나이다. 옛날에 바닷새가 노나라 교외로 날아와 앉자, 노나라 임금은 그 새를 모셔다가 종묘에서 환영연을 열었다. 순임금의 음악인 구소(九韶)의 음악을 연주하고, 소 · 양 · 돼지고기 등 일등 요리로 대접하니, 그 새는 눈이 부시고 근심과 슬픔이 앞서 한 점의 고기도 먹지 못하고, 한 잔의 술도 마시지 못한 채로 3일 만에 죽고 말았다. 이는 노나라 임금이 인간인 자신을 기르는 방법으로 새를 기르고, 새를 기르는 방법으로 새를 기르지 않았기 때문이다.

인간은 이렇게 자신이 사용하는 방법이 이 세상에서 통용되는 유일한 방법인 줄 안다. 자신의 주관이 유일한 척도인 줄로 착각한다. 사고의 한 방향을 가지고 우주의 전 방향이라고 우기기도 한다. 방향을 조금만 틀어도 달리 보이고, 그것이 전체가 아니란 것을 알 수 있는데도 고집을 부린다. 그것이 바로 조삼모사(朝三暮四)이다. 일화에서는 원숭이의 융통성 없음을 조롱하고 있지만 실제로는 그것은 인간을 향해 있다.

도가적인 사유체계에서는 동물적 유비 관계를 많이 사용한다. 동물이 서술의 주인공이 되거나, 서술적 초점을 받는 핵심 대상인 것은 아니지만, 도가사상에서 동물은 인간의 문제되는 관점이나 시각과 관련되어 비유적인 존재로 등장하는 경향이 있다. 인간의 편협한 사고와 시각을 문제 삼는 도가적 진술 태도에서 동물은 항상 끌어들여 비교하고 비견하는 데 알맞은 대상이기 때문이다. 거기에는 이미 인간과 동물의 무차별적이고 무분별적이고 무경계적이고 혼돈적인 사유방식이 전제되어 있는 것으로 보인다. 이러한 점에서 도가적 사유방식은 토테미즘적 사유체계와 밀접하게 관련되어 있다는 점을 알 수 있다.

도가적 삶의 태도에 보이는 야생 생활에 대한 동경

동물을 인간적 시각을 비의하기 위한 대상으로 삼은 것도 그렇지만, 자연으로 회귀하고자 하고, 자연과의 조화로운 삶을 이상으로 생각하는 도가적 삶의 태도에도 일정 부분 토테미즘적인 사유체계가 들어 있다. 특히 동물들과 함께 생활하는 원초적인 야생 생활에 대한 동경이 도가적 진술에 묻어 나오기도 한다. 자연 속에 은둔하며 살아가는 사람은 큰 늪가에 살며, 엉성한 옷을 입고, 도토리와 밤을 따서 먹으며 살아간다. 그리하여 짐승 속으로 들어가도 짐승들이 놀라 떼를 흐뜨리는 일이 없고, 새떼 속으로 들어가도 새들의 행렬을 어지럽히지 않는 지경에 이르렀다고 진술된다. 동물과 혼연일체가 되어 자신과 동물을 분별하는 의식 자체가 말소된 상태이기 때문에 그러한 삶이 가능하다.

『장자』에는 저 옛날 인간의 야생 생활에 대한 동경을 드러내면서 인간

[그림 52] 도교적 인물은 항상 자연과 동물을 벗하면서 살아가는 존재로 그려진다. 남극 노인을 그린 15세기 후반 명 시대의 그림.

의 예절이라든지 인의라든지 하는 정신적 지침 같은 것들이 만들어낸 폐해를 신랄하게 지적하는 내용이 나오기도 한다.

지덕의 세상에서는 백성들의 걸음걸이가 느릿느릿하고 사물을 보는 태도도 침착했다. 이런 시대에는 산에는 길이나 굴이 없었으며, 못에는 배나 다리가 없었다. 만물은 군생하여 그 마을을 이루었고 짐승들도 무리를 이루었으며 초목도 멋대로 자랐다. 그러므로 짐승들을 굴레에 매어 같이 놀 수가 있었으며, 새나 까치의 집도 끌어당겨 볼 수가 있었다. 대저 지덕의 세상에서는 짐승과 함께 같이

[그림 53] 도교적 인물인 유해섬(劉海蟾)을 그린 13~14세기 원시대의 그림. 유해섬은 세 발 두꺼비를 자신의 심벌처럼 지녔던 인물이다.

살았고, 만물과 일가가 되어 함께 뭉쳤으니 어찌 군자니 소인이니 하는 구별을 알기나 했겠는가? 한가지로 무지하여 그 덕에서 떠나지 않고, 한가지로 욕심이 없었으니 이를 일러 소박(素樸)이라고 했다. 그렇게 소박하였으므로 백성들은 그 본성을 지킬 수 있었다. 그러다가 성인이 나타나자 무리하게 인을 만들고 허겁지겁 의를 만들어내어 천하는 비로소 의심하게 되었다. 음탕한 생각으로 음악을 만들고, 자질구레하게 예의를 만들자 천하는 갈라지기 시작했다.

유교 지향적 가치들에 대한 반감을 드러내고 있는 이 언설에는 군자와 소인이 차별되지 않는 상태, 그리고 인간과 동물이 분별되지 않는 상태에 대한 동경이 표명되어 있다. 인간과 동물의 무분별 상태가 가장 자연스러운 상태이고 물 흐르듯이 순리에 따르는 것이라고 보고 있다. 일체의 작위적인 행동들은 그것이 아무리 윤리도덕적 가치가 있는 것이라고 하더라도 우주의 원초적인 본성으로부터 벗어나는 것이라고 보고 있다.

시선의 전도와 상대주의적 인식론

도가적 사유체계에서는 인간의 편협함을 신랄하게 비판하는 방법으로서 상대주의적인 인식론을 제기한다. 우주에 절대적인 지존의 위치를 차지하는 사물은 아무것도 없다. 어떤 기준점도 없고, 중심점도 없다. 그러나 인간은 절대적인 기준으로서 인간을 상정하는 버릇이 있다. 모든 우주만물은 상대적으로 존재할 뿐이다. 많은 것도 상대적이고 작은 것도 상대적이다. 나이가 많은 것도 상대적이고 나이가 적은 것도 상대적이다. "천하에 털끝보다 더 큰 것이 없는 동시에, 태산이 작은 것이 될 수도 있다. 요절한 자식보다 더 장수한 이가 없는 동시에, 8백 년을 산 팽조(彭祖)는 요사했다고도 할 수 있다." 이는 왜 인간만이 절대적인 기준이 되는가에 대한 문제제기이고, 철저한 뒤집어보기이다. 도가적 사유체계는 이렇게 상대주의적 인식으로써 역설적으로 진리를 드러내고자 한다.

상대주의는 위치의 전복이요, 시선의 전도이다. 대상과 자신의 위치를 바꾸게 되면 자신이 생각지 못한 다른 것을 볼 수도 있는데, 인간은 위치를 바꾼다는 것 자체를 생각하지 못한다. 바다에 떠 있는 통조림 깡통이 우리를 보고 있다는 사실을 우리는 생각하지 못한다. 오로지 우리가 통조림 깡통을 보고 있다고만 생각할 뿐이다. 통조림 깡통으로부터 볼 수 있는 지위를 빼앗은 것은 인간의 자의에 의한 것일 뿐이다. 통조림 깡통이 바다 위에서 번쩍거리면서 우리의 눈에 비친다는 것은 통조림 깡통이 우리를 응시하기 때문이라는 사실을 인간은 인정할 수 없다. 아니 인정하지 못한다. 이러한 시선의 전도는 도가적 사유체계의 근간을 이룬다. 장주(莊周)의 '호접몽'은 대표적인 이야기다. 장주는 꿈에 나비가 되었다. 훨훨 나는 것이 분명히 나비였다. 스스로 즐겁고 뜻대로 날아다닐 수 있어서 장주인 줄을 알지 못했다. 그러다가 조금 뒤에 문득 깨어보니 분명히 장주였다. 그러므로 장주가 꿈에 나비가 된 것인지, 나비가 꿈에 장주가 된 것인지 알 수 없다는 것이다.

분별지를 배제하는 제물의 인식론

상대주의적 관점이 귀결할 수밖에 없는 곳은 만물이 차이와 구별이 있을 수 없다는 제물(齊物)의 인식론이다. 어떤 것도 홀로 주인 행세를 할 수 없고, 어떤 것도 홀로 제자리를 고정시킬 수 없으며, 어떤 것도 홀로 다른 것과 분별될 수 없다는 것이 제물이다. 우주 만물은 모두가 다르게 생겼지만 크다고 큰 것이 아니고, 작다고 작은 것이 아니다. 못생긴 것도 없고, 잘생긴 것도 없다. 잘사는 것도 없고, 못사는 것도 없다. 옳은 것도 없고, 그른 것도 없다. 모두가 자연스럽게 되는대로 살아가고 존재한다. 무엇을 분별하려고 하는 것은 작위적인 행위다. 제물의 인식론은 작위적인 행위를 배제한다.

장자는 이러한 작위적인 행위가 가져다주는 폐단을 이렇게 말한다. 언젠가 중앙의 임금 혼돈(渾沌)이 남해의 임금 숙(儵)과 북해의 임금 홀(忽)에게 대접을 잘 해주었단다. 그래서 숙과 홀은 서로 상의하여 혼돈의 은혜를 갚고자 했다. "사람들은 모두 일곱 구멍이 있어 그것으로 보고 듣고 먹고 숨 쉬는데 이 분만 혼자 없으니 우리가 뚫어주자" 하고는 하루에 한 구멍씩 뚫어 7일이 되자 혼돈은 죽고 말았다는 것이다. 숙과 홀의 행위는 바로 인간의 분별지라고 할 수 있겠는데, 이는 자연스럽지 못한 인위적인 행위이다. 인간은 구멍이 있어야 질식하지 않고 살 수 있다는 분별지를

[그림 54] 혼돈의 신 제강(帝江). 여섯 개의 다리와 네 개의 날개를 갖고 있으며, 얼굴이 전혀 없다. 춤과 노래를 잘했다고 하는데, 그것은 우주에 충만한 에너지를 표현할 줄 아는 존재라는 의미이겠다.

갖고 있다. 그러한 분별지를 내세우고 그것을 자신의 지혜로 자랑한다. 그러나 그것은 하나만 알고 둘은 모르는 것이다. 구멍이 있으면 바람이 새나가는 일도 생긴다는 그런 분별지는 간과하고 있는 것이다. 그러므로 이 이야기는 자신의 분별지대로 구멍을 내어 질식하지 않게 해준다는 것이 오히려 자연을 질식시키고 만 인간의 어리석음에 대한 신랄한 풍자인 셈이다.

작위에서 무위자연으로

인간의 작위적인 행위와 인간중심적인 분별지에 대한 도교의 방책은 무위자연이다. 자연 그대로 따르며 인위적으로 거기 거슬리지 않게 행위하는 것이다. 『장자』는 이에 관해 남의 목소리를 통해 다음과 같이 언설한다.

> 자네가 다만 무위에 처하면 만물은 스스로 양육될 것이다. 자네의 형체를 버리고, 자네의 총명을 떨쳐버리며, 자네를 만물과 함께 잊어버리면 참된 실재와 크게 한가지가 될 것이다. 마음을 풀어버리고 정신을 석방하여 아득히 혼마저 없게 되면 만물은 무성하다가 제각기 그 근본으로 돌아갈 것이다. 각기 그 근본으로 돌아가면서도 그것을 알지 못할 것이다. 그래서 그들은 혼돈한 무분별의 경지에 있으면서 종신토록 그 도로부터 떠나지 않지만, 만일 그들이 지혜를 쓰면 곧 도에서 떠나고야 만다. 그 이름을 묻지도 말고 그 진정도 엿봄이 없어야 만물은 스스로 생육해가는 것이다. [……] 모습과 형체는 대동에 합치된다. 대동의 경지에 놀므로 자기에 대한 집착이 없고 자기에 대한 집착이 없으니 어찌 소유물이 있겠는가?

인간은 다른 것들에 구애받으니까 원래의 자기 자신에서 벗어난다. 다른 것들에 구애받지도 않고, 다른 것은 간섭하지도 않는 것이 자신을 지키는 길이다. 그것은 자신을 석방하는 것이다. 자신의 정신을 석방하게 되면 원래의 근본으로 돌아가게 되고, 그것이 바로 대동의 경지에 드는 게 된다. 대동의 경지는 말하자면 큰 그릇이다. 그릇이 아주 크면 그것이 그릇인지 아닌지도 알 수 없고, 그 안의 작은 그릇들이 서로 부딪치고 엎어지고 깨지고 쏟아지고 하는 것들에 대해서도 상관하지도 않고 그릇들이 다투는 것도 알지 못한다. 무한하게 크기 때문에 작은 그릇들이 얼마나 있는지에 대해서도 신경도 쓰지 않는다. 그런 큰 그릇처럼 사유하는 것이 대동의 정신이다. 그러므로 대동의 경지에서는 좁은 생각에서 나올 수 있는 집착과 욕심, 차별과 분별이 없다. 모든 것은 동일하게 보이기 때문이다. 대동의 경지에 들기 위해서는 자신을 우주 만물과 더불어 잊어버려야 한다. 정신을 석방하여야 한다. 그리하여 아무것도 작위적으로 하지 않고 그냥 순리대로 놓아둔다. 구애받지도 않고 간섭하지도 않는다. 그러나 그렇게 하면 역설적으로 모든 것이 이루어진다. 그것이 바로 무위이무불위(無爲而無不爲)이다. 아무것도 하지 않았는데, 이루어지지 않은 일이 없다. 그것이 도교에서 '무'(無)를 위대하고 이상적인 '도'(道)와 같은 것으로 생각하는 까닭이다.

우주 만물은 서로 연루되어 있다

우주 만물은 동일하다는 제물적 인식론과, 모든 것을 분별하지 않는 대동의 정신은 불교의 불이론과 연기론과 상통하는 바가 많다. 제물의 인식론과 대동의식은 미분상태의 정체적 사유라는 점에서 보면 불이론과 통하고, 우주 만물이 서로 연결되어 있고 연루되어 있다는 점에서 연기론과 통한다.

제물적 인식은 각 사물의 위치를 전복시키고 시선을 전도시키는 상대주의적 관점에 기초하고 있다. 위치의 전복과 시선의 전도를 통해 보면 사물들의 우열을 나누고 피차를 구별하고 선악을 분별하고 미추를 구분하는 것은 도토리 키 재기 같은 것이다. 자기의 이익과 편의에 의해 아귀다툼을 하는 꼴이다. 그러므로 모든 차별이 무화되는 대동의 정신이 필요하다고 말해진다. 그런데 시선이나 위치의 전복에 따라 사물의 분별이 무의미하다고 하는 것만으로는 부족하다. 모든 사물은 연계되지 않음이 없고 연루되어 있지 않음이 없다는 만물의 친연관계가 거기 개입된다. 거기다가 대동의 경지에서 볼 때 소유하고 집착하고 욕망하고 하는 것들이 아무런 의미도 없다는 무의 인식도 가세함으로써 도가적 인식은 불교의 인식론과 상당히 유사해진다.

그래서 우리는 도가적 진술에서 불교 담론과 아주 유사한 다음과 같은 진술도 볼 수 있다.

> 물에는 저것 아닌 것이 없고, 이것 아닌 것이 없다. [……] 그러므로 저것은 이것 때문에 생겨나고, 이것은 저것 때문에 생겨난다. [……] 이것이 곧 저것이요, 저것이 곧 이것이다. 저것에도 하나의 시(是)와 비(非)가 있고, 이것에도 하나의 시와 비가 있다. 그렇다면 과연 저것과 이것은 없는 것인가?

『장자』에는 우주 만물의 연루를 보여주는 재미있는 일화가 실려 있다. 장자가 어느 날 조릉(雕陵)이라는 밤나무 숲에서 노는데, 한 마리 이상한 까치가 장자의 이마를 스치고 날아가 밤나무 숲에 가 앉는다. 장자가 까치를 잡으려고 활에 화살을 끼우고 접근하여 살펴보니 그 숲속에는 한 마리 매미가 기분 좋게 나무 그늘에 앉아 자신도 잊어버린 채 놀고 있다. 그리고 그 곁에는 한 마리 사마귀가 나뭇잎에 숨어 그 매미를 노리고 있고, 또 그 곁에는 바로 그 까치가 사마귀를 잡으려고 눈독을 들이느라고 장자가 활을 겨누는 것도 모르고 있다. 장자는 이 광경을 보고 깜짝 놀라, "아, 만물은 서로 이해가 얽혀 있구나!" 하고서 활을 버리고 숲을 빠져나온다. 그러자 밤나무 숲을 지키는 사람이 장자가 밤을 따가는 도둑인 줄 알고 뒤를 쫓아오면서 욕을 한다는 것이다.

이 이야기는 사물들의 연루를 먹이사슬에 비유하여 설명하고 있다. 연루를 주된 것과 종된 것의 이해관계와 우와 열의 서열관계로 파악하고 있다. 연루란 본래 공간적인 개념인데, 여기에서는 시간적으로 이해함으로써 하나의 흥미로운 이야기가 만들어지고 있다. 그러나 이 이야기는 시간적인 연쇄를 해체하고 무시간적으로 읽어야 장자가 원하는 독법이 된다. 장자는 이 일을 당하고 나서 하루 종일 불쾌해한다. 왜냐하면 외물에 마음을 빼앗겨 자신을 잊는 어리석음을 범했기 때문이다. 이 이야기를 시간적인 연쇄를 해체하고 무시간적으로 읽으면 그것은 불교의 연기론과 흡사해진다. 그리고 그것은 바로 도가의 제물적 인식이다.

잊음과 비움의 도가적 사유

도가의 정체적 사유는 잊음과 비움의 방식을 통해 수행된다. 자신의 자아는 모든 편견의 원천이므로 자아를 잊어야 한다. 자기가 있으면 다른 것들이 들어올 수 없으므로 다른 것들을 포용하기 위해서 자기를 비워내야 한다. 이러한 행위들이 바로 도가에서 말하는 심재(心齋)요, 망아(忘我)요, 좌망(坐忘)이다. "귀로 듣지 말고 마음으로 들으며, 마음으로 듣지 말고 기(氣)로 들어라. 듣는 것은 귀에서 그치고, 마음은 부합하는 데서 그친다. 그러나 기는 허해서 온갖 걸 다 포용한다. 오직 도는 허한 데서 모이니 허하게 만드는 것이 곧 심재이다." 또는 심재는 "형체는 마른 나무같이 하고, 마음은 식은 재와 같이 하는" 것이라고도 한다. 마른 나무와 식은 재처럼 자신의 과거를 잊고 자기의 모든 것을 비워내는 것이다. 이는 불교에서 인간이 궁극적으로 지향해야 할 이상적인 상태, 즉 열반(涅槃)과도 상통한다. 열반의 뜻을 한역하면 '멸'(滅)인데, 그것은 재처럼 모든 욕망이 꺼진 상태를 의미하기 때문이다.

"지체를 버리고 총명을 쫓아버리며 형체를 떼어내고 지혜를 버려 대도에 동화되는" 상태를 좌망이라고 한다. 그러므로 좌망 역시 자신을 잊고 비워내는 것이다. 『장자』에서는 좌망의 태도 내지 방식을 다음과 같이 소개한다.

> 그들은 바야흐로 그들의 삶을 붙어 있는 사마귀나 달려 있는 혹으로 여기고, 죽음을 떼버린 부스럼이나 터져버린 종기로 여긴다. 대저 그런 자들이 어찌 사생의 선후나 소재를 알 것인가. 그들은 사람이란 원래 여러 가지 다른 물질을 빌려다가 하나의 육체를 만들었다고 보므로 그 자신의 간과 쓸개도 잊고, 그들의 귀와 눈도 잊어버린다. 끝과 시작을 반복하면서 그 발단을 알지 못하고 그저 멍하니 아득히 속세 밖에서 방황하고 무위의 업에 소요한다.

이렇게 철저하게 자신을 잊고 철저하게 자신을 비워낼 때 대동의 경지에 이르렀다고 할 수 있다. 이러한 경지에 이르면 삶과 죽음의 경계에 대한 인식도 달라진다. 『장자』에는 아내의 장례식에서 북을 치며 노래를 부르는 '뻔뻔한' 장자에 대한 이야기가 전한다. 장자의 아내가 죽어 혜자가 조상을 갔는데, 장자는 다리를 뻗고 앉아 동이를 두드리면서 노래를 부르고 있다. 그래서 혜자가 너무 심한 것 아니냐고 나무라자, 장자는 이렇게 대답한다.

> 그렇지가 않다네. 그가 죽었을 때 내 어찌 슬퍼하지 않았겠는가? 그러나 그가 태어나기 이전의 처음을 살펴볼 때 원래 생명이 없었네. 생명이 없었을 뿐 아니라 본래 형체도 없었네. 형체가 없었을 뿐 아니라 본래 기(氣)도 없었네. 흐릿하고 아득한 사이에 섞여 있다가 변해서 기가 생기고, 기가 변하여 형체가 생기고, 형체가 변하여 생명이 갖추어졌네. 그것이 지금 또 바뀌어 죽음으로 간 것이네. 이것은 춘하추동 네 계절이 번갈아 운행하는 것과 같네. 그 사람은 바야흐로 천지 사이의 큰 방에서 편안히 자고 있네. 그런데 내가 큰 소리로 따라서 운다면 내 스스로 천명에 통하지 못하는 것 같아서 울기를 그친 것이라네.

죽음이란 천명에 의해 자기를 잊어버리고 비워내는 과정이라고 할 수 있다. 그러므로 죽은 사람은 일종의 망아(忘我) 내지는 상아(喪我)의 상태에 들어간 것이다. 그런데 괜히 주위 사람들은 슬프다고 호들갑을 떠는 것이 마땅치 않다는 것이 장자의 변이다. 사람의 몸이란 아무것도 없는 혼돈적 무의 상태에서 기가 뭉쳐 형체를 이루었다가 사람이 죽으면 다시 원래의 과정으로 돌아가는 것일 뿐이라는 여기에서의 생각은 불교에서의 연기적 사유와 다를 바가 없다.

비움과 잊음을 통한 물아일체의 상태

자신의 잊음과 비움은 필연적으로 사람을 몰아적 상태로 인도한다. 몰아적 상태는 자신도 자각할 수 없는 환몽 상태가 아니라 자신에 대한 초월적 자각이 이루어지는 상태이다. 그러므로 자신을 초월하여 우주 만물이나 자연과도 합일하는 물아일체의 상태에 도달할 수 있다. 『장자』에는 자신을 몰각하고 사물과 일체가 되어 작업하는 기능인들에 대한 얘기가 유난히 많이 있다.

노나라의 유명한 한 목공은 나무로 악기 받침대를 만드는 데 있어 자신을 잊고 비워내는 일부터 시작한다. 그는 먼저 목욕재계하고 마음을 평온하게 갖는다. 그렇게 3일을 재계하면 포상과 작록에 대한 생각이 없어지고, 5일을 재계하면 비방이나 명예, 교묘함과 졸렬함에 대한 생각이 없어진다. 7일을 재계하면 자신의 사지와 형체도 잊어버리게 된다. 그때가 되면 마음을 어지럽히는 외물의 유혹이 완전히 사라지고 마음이 전일해진다. 그런 뒤에 산속으로 들어가 나무를 고르고, 나무의 천성을 살펴 형태를 구상하고, 그리고 나서 손을 대기 시작한다. 그렇게 만들면 나무의 천성과 자신의 천성이 일치되어 하나의 작품이 나오게 된다는 것이다.

자신의 마음과 대상 재질의 성질을 일치시켜 물아일체의 상태로 작업을 하면 외물에 어지러운 마음 상태에서 벗어나 걸작을 만들 수 있는 것이다. 한 백정은 고기의 성질 속으로 들어가 고기의 결에 따라 칼을 움직이기 때문에 뼈에 부딪쳐 칼이 손상됨이 전혀 없이 고기를 순식간에 해체할 수 있다. 어떤 사람은 물의 성질 속으로 들어가 물길을 따라갈 뿐 전혀 사사로운 힘을 쓰지 않고도 귀신처럼 헤엄을 칠 수 있다. 매미를 잡는 꼽추는 자신을 나무의 그루터기처럼 만들어놓고 매미의 날개에만 몰입하기 때문에 마치 물건을 줍듯이 매미를 잡는다. "발을 잊는 것은 신발이 꼭 맞기 때문이요, 허리를 잊는 것은 허리띠가 꼭 맞기 때문이며, 지혜가 시비를 잊는 것은 마음이 자연 상태에 맞기 때문이고, 마음이 변하지 않고 외물에 끌리지 않는 것은 자기의 경우에 편안히 여겨 거기에 꼭 맞게 하기 때문이다."

그런데 사물로의 몰입을 지체시키고 물아일체를 방해하는 것이 인간의 분별지이다. 분별지는 사물을 한쪽에서만 보게 함으로써 인간과 사물과의 자유로운 소통을 가로막는다. 위치의 전복과 시선의 전도와 같은 상대주의적 관점도 불가능하게 만든다. 장자와 혜자의 다음과 같은 유명한 일화는 이에 관해서 진술하고 있다.

> 장자가 혜자(惠子)와 함께 호수에 있는 다리 위에서 놀고 있었다. 이때 장자가 말하기를, "피라미가 조용히 노네. 이것이야말로 저 고기의 즐거움이네" 하자, 혜자가 말하기를, "자네는 물고기도 아닌데 어떻게 물고기의 즐거움을 아는가?" 하였다. 이에 장자가 다시 말하기를, "그렇다면 자네는 내가 아닌데 어떻게 내가 물고기의 즐거움을 모르는 줄을 아는가?" 하자, 혜자가 말하기를, "본디 나는 자네가 아니니 자네를 모르네. 마찬가지로 자네도 본디 물고기가 아니니 자네가 물고기의 즐거움을 모르는 것은 확실하네"라고 하였다. 이에 장자는 이렇게 대답했다. "그러면 그 근본으로 올라가보세. 자네가 내게 '자네가 어찌 물고기의 즐거움을 알겠는가'라고 말한 것은 이미 내가 그것을 안다고 여겨 물은 것이네. 나는 지금 이 호수의 다리 위에서 저 호수 밑의 물고기와 일체가 되어 마음속으로 통해서 그 즐거움을 알고 있는 것이 되네."

혜자는 자신 안에 견고하게 자리 잡고 있는 분별지에 의해 사고하므로 물고기와 일체가 된 장자의 사유를 이해할 수 없다. 장자는 자신을 잊고 비워낸 상태에서 감각적 직관과 초월적 자각을 작동시킬 수 있으므로 사물과 자신이 일치되는 경지로 쉽게 옮겨갈 수 있다. 장자의 인식은 물고기와 마찬가지로 둥둥 떠돌아다니는 상태에 있는 것이다.

종교적 사유의 바탕으로서의 토테미즘의 미분적 사유

불교와 도교는 인간을 포함한 우주 만물을 일원론적으로 통합하는 데서 그 교리적 안목을 구한다. 우주의 통일 원리가 교리의 기초가 되고 있다. 이 점은 불교와 도교뿐만 아니라 유교와 힌두교 등과 같은 동양 종교 모두의 공통점이다. 동양 종교들은 자아가 우주적 모체 또는 본질과의 조

[그림 55] 그림을 그린 목적은 사냥 방법에 대한 가르침이거나 풍요를 비는 제의적 행위에 있을 것이다. 인간과 동물은 가까이 위치하는 것으로 그려지고, 인간은 동물보다 항상 작게 그려진다. 이렇게 그림을 그리는 방식에서 우리는 인간과 동물의 공존과 조화, 그리고 평화를 염원하고, 동물에 대한 존경을 표하는 고대인의 사유체계를 엿볼 수 있다. 울산 대곡리 반구대 암각화(위)와 스페인 Minateda 암각화(아래).

화와 동화를 통해 모종의 가르침을 받아야 한다는 점을 시종 주지시킨다. 인간은 우주 만물과 수많은 관계망을 통해 얽혀 있는 존재이기 때문에 이를 깨닫는 것이 우선되어야 한다는 것이다. 불교의 불이적이고 무경계적인 인식이라든지 도교의 제물적 인식은 이러한 우주적 전체성 내지는 통일성의 관점에서 나오고 있다.

그런데 이러한 전체성과 통일성의 관점은 토테미즘의 미분적 사유에서 그 바탕이 마련되었다고 할 수 있다. 인간을 우주와 분리되지 않은, 우주와 융합된 존재로 인식한 것은 세계의 낯설음과 공포에 대한 인간의 대응 방식에서 나왔던 것이다. 그러나 인간은 그것을 임시적인 의식 방편으로 생각하지 않고 차츰 인식론적으로 승화시켜, 자아와 세계, 영혼과 육체 등을 융합시키는 방식을 통해 심오한 사색으로 나아갔다. 바로 그것이 원시불교와 도교에서와 같은 종교적 담론의 토대를 이루게 된 것이다.

토테미즘의 미분적 또는 혼융적 사고는 인간과 우주 자연 전체를 잇는 사유체계 전반을 의미한다. 그런데 그러한 사유체계 중에서도 인간과 동물 사이의 미분 관념은 그 핵심에 위치해 있다. 핵심이면서 그것은 우주 통일적 사유에 처음으로 길을 낸 태초의 미분적 사유였다. 그만큼 인간이 동물을 자신과 떨어질 수 없는 관계에 있는, 선조로, 혈연으로, 동료로, 분신으로 생각한 것은 하나의 원형적 우주관이 되어 후대의 종교적 사유의 씨앗이 되고 있다.

제5장

민담과 우화소설에서의 동물적 상상력

동물이 사람처럼 행동해도 이상하지 않은 이유

민담은 우리 전통 사회에서 가장 흔히 향유되었던 이야기 양식이다. 민담에는 사람들의 살아가는 이야기가 가장 많다. 거기에는 우리가 주변에서 흔히 볼 수 있는 바보나 욕심쟁이 · 꾀쟁이 · 스님 · 새색시 등 각종 인물 형상들이 등장하여 우리가 보통 겪는 일들을 마찬가지로 겪으면서 흥미와 교훈을 주고 있다. 그런데 민담에는 그런 사람들의 이야기에 못지않게 동물 이야기도 많은 편이다. 각종 동물들이 등장하여 동물들끼리 또는 사람들과 더불어 대화하고 속이고 싸우고 사랑하는 등 인간과 똑같이 살아가는 모습을 보여준다. 그러한 동물 이야기에 사람들은 누구나 빠져들게 마련이다.

동물담이 조금도 어색하지 않고 자연스럽게 사람들에게 다가오는 이유는 뭘까? 동물들이 인간처럼 생각하고 말하고 행동하는 것이 더 이상 특별한 일이 될 수 없는, 지극히 당연하고 자연스러운 일로 사람들에게 받아들여진 것은 언제라고 꼬집어 말할 수 없을 정도로 오래된 인식 전통에서 비롯된다고 할 수 있다. 동물담의 내용을 사람들은 어떤 객관적인 인식 대상으로 여기기보다는 그냥 심정적으로 거기 동화하고 공감하고 그래서 체질적으로 이해한다. 동물들이 어떻게 그렇게 말할 수 있고 행동할 수 있는지를 사람들은 따지지 않는다. 동물들이 하는 말과 행동은 사람과 마찬가지의 경우로 받아들여진다. 어떤 별도의 인식 과정을 거치는 것이 아니라 거의 자동적으로 인식하고 인정한다. 그러나 동물담에는 흥미와 교훈적인 요소는 기본이고 뭔가 이야기 세계 속으로 사람들을 끌어당기는 강력한 요소가 추가적으로 담겨 있는 것으로 보인다.

그것은 인간이 태생적으로 지니고 있는 동물적인 아우라 때문이라고 할 수 있다. 오래전부터 인간에게 동물은 영적인 기운이 통하는 존재로 각인되어 왔었고, 그러한 존재가 인간적인 모습을 취하는 것은 지극히 당연한 일로 여겨져왔다. 인간의 동물적인 아우라의 원천은 물론 토테미즘에 있는 것으로 판단된다. 동물과의 동체의식 내지는 연루의식이라는 토테미즘의 오랜 사유적 전통은 동물들이 사람들처럼 말하고 행동하는 동물담을 생성시키고, 줄곧 소통되게 한 배경이라고 할 수 있다. 토테미즘적 사유체계는 인류의 인식 저층에 잠복되어 있으면서 동물적 상상력의 차원에서 후대의 담론 양식들에 심대한 영향을 끼쳤는데, 민담 특히 동물담은 그러한 사유의 직접적 영향권 내에서 생성된 대표적인 담론 양식인 것이다. 그런데 토테미즘적 사유체계가 영향을 미친 신화나 종교 담론들은 특정 제의적 행사에서 이야기되거나, 아니면 비의적 기록의 형태로 전승되었지만, 동물담과 같은 것은 일상생활 속에서 오로지 말로 회자되던 담론 양식이었다. 그러나 처음의 형태 그대로 오래도록 지속되어 오면서 전반적인 담론에 가장 폭넓게 영향을 미친 담론 양식이었다. 그런 점에서 본다면 민담은 토테미즘적 사유체계를 오늘날에 이르기까지 각종 담론 양식들에 그 자양분을 공급해주는 운반체의 역할을 한 존재라고 할 수 있다.

인간의 영혼을 지닌 동물, 그들의 변신

민담에는 인간과 동물의 경계가 분명하지 않은 이야기들이 많다. 겉으로는 동물인데 그 사고하고 행동하고 말하는 것은 인간의 그것인 경우가 아주 흔하다. 말하자면 인간의 영혼을 지닌 동물들이다. 그런 동물들은 결국 인간으로 변신하는 것으로 귀결된다. 인간과 동물의 차이가 외피 한 장의 차이밖에 없기 때문에 동물에서 인간으로의 변신은 거의 예정되어 있는 것이나 마찬가지다. 동물과 인간의 이러한 무경계성을 바탕으로 한 민담은 흔하디흔한 것인데, 그만큼 인간에게는 동물성이 내재되어 있고, 동물에게는 인간의 성질이 내재되어 있다고 사유했던 고태의 야생적 상상력이 여기 강력하게 작동하고 있다고 하겠다.

「구렁덩덩 신선비」로 불리는 동물 민담은 뱀의 형상을 한 인간에 관한 이야기다. 옛날에 자식도 없이 사는 할머니가 있었는데, 하루는 밭을 매다가 풀숲에서 새알 같은 것을 주워 먹고 임신을 하게 된다. 그리고 뱀의 모습을 한 아기를 낳는다. 그 아이가 커서 이웃집 딸에게 장가를 가겠다고 할머니한테 떼를 쓴다. 이웃 장자 집에는 딸이 셋 있는데, 큰딸과 둘째 딸은 뱀 형상의 남자에게 어떻게 시집을 가냐고 기겁을 한다. 그러나 막내딸은 선선히 구렁덩덩 신선비한테 시집가겠다고 응낙한다. 그런데 결혼 첫날밤에 구렁이 신랑은 허물을 벗고 옥골선풍의 선비가 된다. 그 다음은 신랑이 뱀의 허물을 잘 간직하고 있으라는 부탁과 함께 먼 길을 떠나고, 질투가 난 언니들이 뱀 허물을 태우고 냄새를 피워 결국 신랑을 돌아오지 못하게 만든다. 그리고 나서 신부는 길을 나서 어렵사리 신랑을 찾아내 다시 맺어진다는 이야기다.

뱀의 형상을 하고 태어난 아들은 겉만 동물이지 생각과 말, 그리고 행동은 모두 인간과 같다. 동물과 인간이 한데 융합된 존재다. 이러한 존재는 그 탄생 과정에 항상 인간이 개입되는 경향을 보인다. 인간과 아무런 관련도 없이 동물 혼자서 인간의 몸과 인간적 감성과 정서를 돌발적으로 갖는다는 것은 상상하기 어렵기 때문이다. 여기에서처럼 부모의 한쪽이 인간적 존재이고, 다른 한쪽이 동물인 경우가 가장 흔하다. 이 민담은 새 알로 표상되는 뱀의 알을 먹고 수태한 여자가 뱀 형상의 아들을 낳는다는 점에서 영웅 탄생 신화의 전통을 상당히 많이 이어받고 있다.

동물 속에 내재된 인간적인 요소는 지속된다는 관념

동물 속에 있는 인간의 요소는 지속적인 효력을 갖는다는 점을 이런 종류의 동물 변신담은 보여주고 있다. 외형상으로는 변화가 있더라도 그 내적 성질은 변함없이 지속된다. 다음 민담은 그런 점을 환기하는 이야기 중의 하나이다. 옛날 본처에게 자식이 없어서 첩을 들인 어떤 부자가 있었는데, 첩은 애를 낳지 못하고 있는 가운데 예상치 못하게 본처가 아들을 낳는 일이 벌어진다. 그래서 첩이 심하게 그걸 시기하여 아이를 없애버리려고 한다. 남편이 점점 첩을 찾아주지 않자, 첩은 마침내 아이를 된장 항아리 속에 깊이 파묻어 죽인다. 온 가족이 아이를 찾으려고 백방으로 노력했으나 아이는 영구 미아가 된다. 그런데 어느 날부터인지 된장에서 역한 냄새가 난다. 본처는 이상한 냄새가 나는 된장을 먹을 수는 없고 그렇다고 버릴 수는 없어서 쇠죽을 쒀서 암소에게 주었는데, 암소가 그걸 먹고 금송아지를 낳는다. 본처는 금송아지가 하도 귀여워 젖을 먹이고 자식처럼 기른다. 그 소문을 들은 첩은 그 금송아지가 본처 자식의 환생이라는 사실을 바로 알아챈다. 그래서 어떻게든 그 금송아지를 죽이려고 한다. 첩이 꾀를 내어 죽을병에 걸린 것처럼 하여 점쟁이와 모의하고, 금송아지의 간을 먹으면 병이 나을 것이라고 하니, 부자는 백정을 시켜 금송아지의 간을 꺼내오라고 명령한다. 백정은 눈물을 흘리는 금송아지를 놓아주고, 그 대신 돼지 간을 바친다. 멀리 도성까지 올라간 금송아지는 소리가 나지 않는 북을 쳐서 소리를 내고, 마침내 공주와 결혼하여 혼례 후 연못에 목욕하니 늠름한 귀공자가 된다.

동물은 인간과 혼인하거나 아니면 인간의 요소 중의 핵심요소, 말하자면 어떤 정수(精髓)를 수용하게 되면 그것은 본질적인 내적 요소로 체화되어 계속 상속되는 경향이 있다. 이 민담에서도 암소가 인간의 정수를 먹고 인간으로 체화되는 과정을 거치고 있다. 암소에서 송아지로 숙주가 이동하면서 동물의 형상으로 유전되고 있지만 그 정수는 변하지 않고 인간의 본질을 간직하고 있다. 그리하여 결국은 인간으로 탈바꿈하고 있다. 이 민담은 불교 설화에 그 근간을 두고 있는데, 환생이라는 테마가 그걸 잘 보여준다. 이 환생 테마가 불교적인 포교의 방식으로 활용되어 소설 형식으로 나타난 것이 「금송아지전」 또는 「금우태자전」(金牛太子傳)이라는 고전소설이다. 윤회설과 맞물려 환생설은 인간과 동물의 경계를 없애고, 인간적인 요소가 동물의 육체 속에 있더라도 그것은 지속적으로 잔존한다는 관념을 생성시키는 주요 원천이 되어왔다.

불교적인 테마로 착색된 환생담

불교의 윤회관념은 오랫동안 동물과 인간의 경계 없음을 보여주는 담론적 통로가 되어왔다. 그리고 그 본질에 있어 인간과 동물은 전혀 차이가 없다는 사실을 선언하는 시발점이 되어왔다. 그것은 동물 본생담인 자타카에서 본 바와 같다. 우리 민담에는 그러한 윤회 관념에 전생의 인연이라는 관념이 부가되어 둘이 결합된 형태의 이야기들을 파생시켜놓고 있다.

옛날 한 부자 양반집 마누라가 어느 날 아무런 말도 없이 보따리를 싸서 집을 나가버린다. 여자가 집을 나간 영문을 도무지 알 수 없어 답답하기 그지없던 그 양반은 사방팔방으로 아내를 찾아 나선다. 어느 날 산골짝 숯구이의 마누라가 되어 사는 자기 아내를 발견하고는 기가 막혀 따지지도 못한다. 하지만 아내는 도리어 안온하다. 그래서 그 양반도 더 이상 애걸할 수도 없어서 포기하고 돌아온다. 돌아오다가 스님을 만나니 스님은 그것이 전생의 인연이라고 설명해준다. 스님의 설명에 의하면, 그 양반 또한 전생에 스님이었다. 그는 전생에 길을 가면서 혹시라도 벌레를 밟지 않을까 바닥을 보고 다니는 그런 착한 스님이었다. 하루는 길을 가다가 바위에 앉아 자기 옷에서 나온 이를 죽이지 않고 풀포기 위에 살짝 올려놓았다. 풀 위에 있던 그 이는 나중에 바위 밑에 누워 있던 멧돼지 털 속으로 들어가 살았다. 그 멧돼지는 숯구이로 태어났고, 이는 여인으로 태어났다. 여인은 한때 스님의 몸에 깃들었던 인연으로 스님의 아내가 되어 한때 은공을 갚았다. 그러나 스님이 이를 떼어놓았던 탓에 스님의 아내로 길이 살지 않고 떠난 것이다. 지금은 자신을 평생 용납한 숯구이를 만나 전생의 은공을 갚는 중이라는 것이다.

전생 인연을 실현하는 이러한 유(類)의 이야기는 결연을 한 부부의 내력을 알고 보니 전생의 노루 한 쌍이었다는 식의 민담으로 화하여 수많은 전생담을 파생시켜놓고 있다. 단순히 전생의 인연에 따라 이생의 만남과 헤어짐이 결정된다는 이야기도 있지만, 여기에 불교적인 윤회 조건이 덧붙어 도덕적인 심성과 행동이 개입되는 민담도 많이 있다. 그렇지만 불교적인 테마로 착색되지 않은 환생담도 민담에는 두루 존재한다. 이러한 환생에는 민간 속신적인 성격이 더 강조되어 있는데, 대부분 동물에서 인간으로 환생하는 것에 대해 부정적인 시각을 견지하고 있는 것이 특색이다.

민간 속신적인 환생담

이러한 이야기 중 대표적인 것이 집에서 기르는 개나 닭 같은 것은 오래 되면 사람으로 둔갑하여 해를 끼친다고 하는 이야기들이다. 개가 10년이 넘고, 닭이 3년을 넘으면 둔갑을 한다는 얘기가 있다. 이들은 닭과 개는 오래 키우지 말라는 민간 속신의 배경이 되어왔고, 그러한 믿음은 사람들의 실제 행위에도 어느 정도 영향을 끼치고 있다. 즉, 기르던 개와 닭을 잡아먹는 민간적 관습에 관념적 토대를 제공한 것이다. 이 이야기에서 밤 열두 시가 되니까 닭이 홰에서 내려오고, 개가 마루 밑에서 나와 말을 끌고 밖으로 놀러나간다. 닭은 초립동이가 되고, 개는 중으로 둔갑하여 들로 나가서 말을 타고 논다. 그리고 나서 덤불 속 구렁이에게 가서 자기 주인이 대우를 안 해주니까 자기 주인을 해쳐달라고 요청하기도 한다는 것이다.

우리 민담에서 이러한 부정적인 환생에는 쥐도 그 주인공 가운데 하나이다. 쥐가 사람이 주는 밥찌꺼기를 먹거나, 사람이 부주의해서 아무데나 버린 손톱 발톱을 먹으면 인간으로 둔갑한다는 얘기이다. 억쇠라는 아이가 절간에 들어가 공부를 마치고 3년 뒤에 집에 돌아온다. 집에 오니 자기와 똑같은 아이가 집에 있는 게 아닌가. 그래서 진짜와 가짜 사이에 시비가 벌어진다. 집안사람들도 진짜와 가짜를 알아볼 수 없어서 하나의 방편으로 집의 세간살이를 물어봐 진가를 판별하기로 한다. 그 결과 오히려 가짜가 알아맞춰 진짜는 집에서 쫓겨난다. 집을 나와 방황하던 중 산길에서 노승을 만나니 노승은 그것이 절에서 공부하다가 손톱과 발톱을 함부로 버린 탓이라고 말한다. 그리고 고양이를 한 마리 구해 집에 돌아가라고 권한다. 집에 돌아가 고양이가 풀어놓으니 고양이가 가짜를 물고, 가짜는 커다란 쥐가 되어 쓰러진다.

여우의 둔갑도 이러한 환생에서 빠질 수 없다. 여우는 특히 예쁜 여자로 둔갑하여 사람을 홀리는 영악한 동물로 관념되어왔다. 사람의 시체를 파서 먹기도 하고, 산 사람의 간을 빼먹기도 한다는 구미호 전설이 형성되어 있을 정도로 여우는 간교함의 상징처럼 되어 있는데, 아마도 사람을 속이고 잘 잡히지 않는 여우의 습성에서 그러한 관념이 형성된 것이 아닌가 여겨진다. 아무튼 민간 속신 차원에서의 동물 환생은 대부분 부정적으로 처리되어 있다. 그것이 부정적인 관점으로 되어 있더라도 이러한 속신적 동물 환생담에서도 동물과 인간 사이의 경계가 무너져 있다는 사실은 확인할 수 있다.

인간이 동물로 환생하다

동물이 인간으로 환생하는 경우만 있는 것이 아니다. 인간이 동물로 환생하는 경우도 있다. 어머니가 죽고 나서 그 집 개가 집을 나간다. 그래서 주인이 개를 찾아 나섰는데, 길에서 만난 스님이 죽은 어머니가 개가 됐다고 말해준다. 그 말을 듣고 나서는 더 열심히 돌아다녀 마침내 개를 찾는다. 그 사람은 개를 업고 집에 돌아와 정성스럽게 개를 키우는데, 또 개가 집을 나간다. 그런데 이번에는 근처 산에 개가 죽어 있다. 그래서 정성을 다해 명당에 묻어주었다는 얘기다. 또 이런 얘기도 있다. 어느 집 며느리가 임신을 해서 개고기를 먹고 싶어 한다. 그래서 그 남편이 다음날 집에서 기르는 개를 잡기로 했는데, 그날 밤 멀리서 살고 있는 딸의 꿈에 죽은 어머니가 나타나 자기가 개로 환생했다는 사실을 알려준다. 딸이 꿈을 깨어 새벽같이 먼 길을 달려와 개 잡는 것을 말리고, 그 개를 데리고 세상 구경을 시켜준다는 이야기다.

사람이 죽어 동물로 환생하는 것은 불교의 윤회관념과 관련을 맺고 있지만 그보다 더 근본적인 배경을 따지면 그것은 저 고태의 토테미즘적 사유체계로까지 소급될 것이다. 토테미즘적 사유체계에서는 죽은 사람의 영혼이 육체를 떠나 이동한다고 관념된다. 그런데 영혼의 새로운 숙주로서 그 사람과 관계있는 동물이 설정되고, 영혼은 거처를 그리로 옮긴다는 관념이 유포되어 있다. 그래서 죽은 사람과 밀접한 관계가 있는 동물이면 영혼의 숙주로서는 더욱 적합한 것이 된다. 아마도 그 집 개가 새로운 영혼의 숙소로 설정된 것은 그러한 점 때문이라고 보인다.

인간의 혼령을 상징하는 동물, 쥐

인간이 죽은 다음에 육체에서 분리된 영혼이 새로운 숙주를 구해 동물로 전이한다는 믿음과 더불어, 살아 있는 사람의 혼령도 어떤 동물을 그 숙주로 삼아 이동할 수 있다는 관념 또한 형성되어 있었다. 그것은 고대인들이 어떤 동물에 어떤 사람의 혼이 들어 있다고 관념했던 현상의 연장선상에 있다. 이와 같은 관념이 '혼쥐'라고 불리는 우리 민담에 잘 나타나 있다.

옛날 어느 부부가 있었는데, 아내가 바느질을 하는 동안 남편은 옆에서 낮잠을 자고 있다. 그런데 남편의 콧구멍에서 쥐가 한 마리 들랑날랑한다. 그러다가 쥐가 남편의 코에서 나와 문지방을 넘어가려고 애를 쓴다. 아내가 흥미로워서 자를 살짝 문지방에 걸쳐주자 그걸 타고 넘어간다. 아내가 신기하여 쥐 뒤를 따라간다. 마당에 물이 고인 데를 쥐가 건너지 못하자, 이번에도 여자가 자를 대주어 물을 건너게 한다. 쥐는 집 밖으로 나와 한참을 가서 낮은 산기슭 덤불 속에 조그만 굴로 들어간다. 한참을 굴 속에 있던 쥐가 다시 나와 집으로 돌아오는데, 여러 번 여자의 도움을 받아 집에 도착한 쥐는 도로 남편의 콧구멍 속으로 들어가 버린다. 아내가 참 신기하게 생각하고 있는데, 잠을 자던 남편이 잠에서 깨어 이상한 꿈을 꾸었다고 한다. 그 꿈 얘기를 들어보니 산을 넘고 물을 건너 굴에 들어간 쥐의 행로와 똑같았다. 굴속에서 그는 금이 가득 담긴 단지를 보았다고 한다. 아내는 남편을 앞세우고 그 길을 그대로 따라가자 언덕 위에 조그만 동굴이 있는데, 그곳을 파니 정말로 금이 가득 찬 단지가 나왔다고 한다.

이 민담에서 남편의 코에서 나온 쥐는 그 사람의 영혼이다. 고대인들의 관념으로는 혼은 자유자재로 이동할 수 있는 존재이다. 이 이야기에서 사람의 혼은 신축할 수 있는 능력이 있다고 생각되어 코에서 쥐가 나오는 것으로 표현되고 있다. 그리고 사람의 혼은 눈에 띄지 않는 음습한 곳으로 다니는 것으로 생각되어 그런 성질을 갖고 있는 쥐로 표현되고 있다.

인간과 교감하는 동물들

민담의 세계에서는 동물들이 인간과 교감한다. 인간의 말을 할 수도 있고, 인간의 감정과 정감을 지니고 있기도 하다. 오히려 민담에서는 동물이 사랑과 우애, 의리와 충성 등의 덕목을 인간보다 더 많이 가진 걸로 그려진다. 인간보다 훨씬 따뜻하고 포용력 있고 이해력 있는 존재가 동물이다. 그만큼 민담은 동물과 친근해지고 싶고 대화하고 싶은 인간의 욕구를 반영하는 양식이라고 할 수 있다. 그것은 인간의 기본적인 본능으로서 동물과 친연관계를 유지해왔던 고대인들의 고태적 상상력이 끼친 영향이다. 동물들이 인간과 마찬가지로 정을 갖고 있고 인간과 교감할 수 있기를 바라는 인간의 욕망을 이야기를 통해 심리적 차원에서 해소하려는 것이 민담인 것이다. 인간의 그러한 욕망을 동물이 알아듣고 인간에게 먼저 말을 걸고 있다고 보아도 좋을 것이다.

민담의 세계에서 동물들은 인간에게 의지하고 싶어 하는 연약한 존재이지만 동물들 그 나름의 혜안과 용기를 지니고 있으며, 위험에 빠진 인간을 구원해줄 수 있는 신묘한 능력을 지닌 존재이기도 하다. 인간에게 약간의 도움을 받은 동물들은 그 은혜를 결코 잊지 못한다. 그들은 그 사람이 위험에 처했을 때, 초개와 같이 목숨을 바칠 각오가 되어 있고, 실제로 그렇게 행동한다. 우리 민담에서 가장 광범위하게 분포하고 있는 이야기 유형 중의 하나가 그런 동물 보은담일 것이다.

인간의 보살핌에 결초보은하는 동물들

옛날에 산길을 가던 나그네가 요란한 꿩 울음소리를 듣고 주위를 살펴보니 커다란 뱀이 꿩집의 알을 막 삼키려고 하고 있다. 그 사람은 활을 잘 쏘는 명수인지라 뱀을 단번에 쏘아 죽인다. 그리고 나서 그 사람은 길을 계속 가다가 날이 저물자, 산속의 작은 집에 쉬어가기를 청하니 예쁜 여자가 나와 유숙을 허락하고 밥도 대접한다. 나그네가 잠을 자는데 이상한 기분이 들어 눈을 떠보니 커다란 뱀이 자기 몸을 칭칭 감고 있다. 뱀은 아까 그 사람이 쏘아 죽인 뱀의 아내라고 하면서 자기 남편의 복수를 하려 한다고 말한다. 그때 가까이서 절의 종소리가 크게 세 번 울리는 것이었다. 관세음보살의 행차를 알리는 그 종소리를 듣고 뱀은 혼비백산하여 도망을 쳐서 그 사람은 목숨을 건지게 된다. 날이 밝자마자 종소리가 난 절을 찾아가니 종 아래에 꿩들이 머리가 터져 죽어 있다.

치악산(雉岳山)의 지명 유래와 관련되며, 상원사의 연기설화이기도 한 이 이야기에서 꿩은 자기의 알을 뱀으로부터 보호해준 나그네를 위해 목숨을 바치고 있다. 인간과 동물의 끈끈한 유대에 대한 철저한 믿음이 없이는 도저히 일어날 수 없는 일이 일어나고 있다. 단 한 번의 관계맺음에서도 이렇게 돈독한 인연이 형성되는데, 지속적인 관계맺음에서 형성되는 연대의식이야 말할 나위도 없다. 일명 '지네장터'라고 불리는 다음 설화는 인간과 동물간의 지속적인 관계맺음이 얼마나 깊은 유대를 형성하고 있는지를 잘 보여준다.

옛날에 지네를 위한 당집이 있었다고 한다. 그 마을의 순이는 홀아버지를 모시고 사는 효녀인데, 어느 날부터 수챗구멍에 나타난 두꺼비에게 밥찌꺼기를 주어 기르는 것이 즐거움이었다. 두꺼비는 점점 커서 작은 강아지만하게 된다. 그런데 그 마을에는 큰 지네가 많은 인명을 해쳐서 마을 사람들이 해마다 처녀를 제수로 하여 제사를 드린다. 마침 그 해에 순이가 제물로 바쳐지게 된다. 그래서 순이는 정이 많이 든 두꺼비에게 마지막 인사를 하고 당집에 가둬졌는데, 무슨 소리가 나서 순이가 눈을 들어보니 위에서 붉은빛 하나가 서서히 내려오고 밑에서는 파란 기운의 빛이 또 서서히 올라가 두 빛의 불덩어리가 한참 요란하게 부딪치는 것이었다. 다음날 사람들이 당집을 열어보니 순이는 무사하고, 커다란 지네가 바닥에 떨어져 죽어 있고, 또 그 옆에는 두꺼비가 불타 죽어 있었다는 것이다.

사랑의 메신저 역할을 하는 물고기

인간의 보살핌에 대해 동물들이 그 은혜를 갚는 방법은 상당히 다양하다. 그러나 인간과 동물이 서로 교감하지 않은 상태에서 이루어지는 보은 행위는 존재하지 않는다. 따뜻한 가슴으로 소통한 연후에 그들은 굳건한 연대의식으로 맺어진다. 그것도 기꺼이 자신을 희생하는 혈맹적 관계를 그들은 맺는다. 그런 점에서 인간과 동물 사이에는 뜨거운 가슴과 뜨거운 피가 흐른다고 할 수 있다. 인간과 동물 사이에는 고도의 텔레파시가 또한 작동한다. 다음 이야기는 그러한 텔레파시를 매개로 하고 있다.

신라시대 강원도 명주(지금의 강릉) 지방에 대갓집 처녀가 날마다 자기 집 연못가에 나와 물고기한테 밥을 던져준다. 몇 해를 지내자 고기떼들은 그 처녀의 발걸음만 듣고도 모여들 정도가 된다. 그런데 그 처녀 집에서는 처녀 나이가 과년하므로 혼처를 정하고 성례를 치르고자 한다. 그러나 그 처녀에게는 부모 몰래 장래를 약속한 총각이 있었는데, 당장은 공부를 하러 서울에 가 있는 중이다. 처녀는 그러한 사정을 부모에게는 말하지 못하고 매일 연못가에 앉아 물고기들한테 하소연을 한다. 그러다가 혼례가 다가오는 어느 날 처녀는 편지를 써서 '너희가 내 다급함을 안다면 이 사연을 좀 전해다오' 하면서 물에 던지니 커다란 잉어가 편지를 받아 물고 사라진다. 한편 서울에서 공부하는 서생은 잉어를 한 마리 사서 먹으려고 배를 가르니 거기에서 편지가 나오는데, 보니 명주에 있는 사랑하는 사람의 사연이다. 그래서 말을 타고 명주로 달려가서 그 처녀의 결혼을 가로막고 처녀 부모에게 고하여 사위로 인정을 받는다는 이야기다.

이 이야기는 고려사 악지에 실려 있는 명주가 전설이다. 설화에서 인간과 관계를 맺은 동물은 그냥 동물이 아니다. 특히 인간과 정감을 교환하는 동물은 그 사람에게 있어 보통의 동물이 아니다. 정이 흐르고 말이 통하는 동무요 이웃이요 친척이나 마찬가지다. 둘은 혈연관계에 버금가는 관계가 된다. 이렇게 인간과 동물이 교감하는 이야기들은 거의 모두가 그런 친연의식을 바탕으로 하고 있다. 이러한 의식은 동물과 의식의 동맹을 맺고 살았던 고대인들의 야생적 상상력이 남겨놓은 유전적 상속이기에, 인간의 잠재심리 저층에 항상 자리 잡고 있으면서 필요할 때마다 의식층으로 자유롭게 분출된다. 민담에 인간과 동물 사이의 친연의식이 그토록 강렬하게 표명되고 있는 것은 바로 그러한 이유 때문이다.

야수성도 부드럽게 만드는 야생적 상상력

인간의 은혜에 보답하는 동물들 이야기는 우리 민담에 편만하다. 개는 가장 충직하고 의리 있는 동물로서 위기에 처한 주인을 구해주는 것으로 유명하다. 들판에 불이 붙은 상황 속에서 잠든 주인을 위해 온몸에 물을 적셔 불을 끄다 산화했다는 의견(義犬) 설화는 대표적인 것이다. 그밖에도 거북 · 제비 · 까치 · 노루 · 쥐 · 개구리 · 고양이 · 뱀 · 족제비 · 황새 등 보은하는 동물들의 목록은 계속 이어진다.

그런데 호랑이가 은혜에 보답한다는 이야기 구조가 우리 민담에 많은 것은 좀 특이한 구석이 없지 않다. 호랑이는 알다시피 백수의 왕이고, 옛날에는 호환(虎患)으로 사람들을 공포에 떨게 했던 무시무시한 동물이다. 그런데 그런 호랑이가 사람이 호랑이 목에 걸린 비녀를 꺼내준다든가, 함정에 빠진 호랑이를 구해준다든가 하는 식으로 호의를 베풀면, 거기에 대한 보답으로 재물을 갖다 준다든가, 명당자리 묘소를 점지해준다든가, 처녀를 물어다주어 장가를 가게 해준다든가 하는 식으로 은혜를 갚는 것이다. 호랑이에게서 인정 많고 관대하고 의리 있는 모습을 우리는 볼 수 있다.

사람들은 맹수의 야수성 속에도 인간적인 면모가 들어 있다고 착각하고 싶어 한다. 그래서 호랑이는 포악함과 날카로움보다는 저열하고 우둔한 면모를 가진 바보로 그려지는 경우가 많다. 호랑이를 의인화하는 경향은 민담이나 민화(民畵)와 같은 민속 장르에 강하게 나타난다. 이는 아무리 무서운 동물이라도 속으로는 정감이 가득하고, 그래서 인간과 교감할 수 있다는 야생적 상상력이 작동한 결과라고 할 수 있을 것이다.

[그림 56] 민화에 그려지는 호랑이는 본래의 용맹한 야수성을 상실하고 약간은 저열하고 우둔한 모습이다. 그것은 야수와도 교감하고자 하는 인간들의 지향이 반영된 결과로 보인다.

사물이 말하는 것도 자연스러운 민담의 세계

민담의 세계에서 인간들과 말을 주고받는 동물들을 찾아보기란 어렵지 않다. 지게 · 멍석 · 달걀 · 송곳 · 개똥 · 자물쇠 등이 사람에게 찾아와 재워달라고 말을 하는 판국에, 산 동물들이 말을 못할 리가 없다. 사람들이 길을 찾을 때는 까치에게 길을 묻는 것이 일상화되어 있고, 위험에 빠진 동물들이 구원을 요청할 때는 나무꾼과 선녀 설화의 사슴처럼 숨겨달라는 말을 한다. 은혜를 입으면 은혜를 갚는 것이 도리란 줄을 짐승들은 잘 알고 있다. 사슴은 자신을 숨겨준 나무꾼에게 장가갈 수 있는 방법을 가르쳐주고 있으며, 「목도령」 설화에서 개미 · 멧돼지 · 모기 등도 자신을 구해준 데 대해 은혜를 갚고 있다.

목도령 설화는 인간과 동물, 나아가 사물들 사이에 상상력의 상호작용이 아주 활발하게 일어나는 사례이다. 한 계집아이가 커다란 나무를 좋아하게 되어 틈만 나면 나무 아래서 놀기도 하고 자기도 한다. 어느 날 나무 밑동에 오줌을 누었는데 이상하게 몸이 끓어올라 임신을 하게 되고, 아이를 낳는다. 아이가 자라자 아버지를 찾게 되는데, 아버지가 나무라는 것을 알게 된 아이는 나무 곁을 떠나지 않고 나무와 대화를 나누면서 살아간다. 그런데 어느 날 홍수가 나 아이가 나무 위에 올라타고 떠내려간다. 떠내려가다가 개미떼를 구해주고, 멧돼지도 구해주고, 모기떼도 구해준다. 그리고 아버지의 반대에도 무릅쓰고 자기와 비슷한 또래의 소년도 구해준다. 물이 빠지고 어느 섬에 도착한 일행은 노파와 두 소녀가 사는 집에 기거하게 된다. 노파는 자기 딸과 몸종을 두 청년과 짝지어주고자 하니 두 청년은 모두 예쁜 딸과 짝하기를 원해 서로 경쟁하게 된다. 다른 청년이 목도령을 시기하여 그가 많은 재주를 가지고 있으니 시험해보라고 노파에게 이른다. 그래서 한나절에 산 전체를 밭으로 가는 일은 멧돼지의 도움으로 해결하고, 한 가마니 좁쌀을 모래밭에 흩뿌려놓고 줍는 일은 개미의 도움으로 해결한다. 그리고 짝을 찾는 마지막 시험에서는 모기들이 앵앵거리며 딸이 있는 방의 방향으로 인도해주어 마침내 예쁜 딸과 결혼하게 된다.

동물이 그렇게 생긴 내력

동물이 인간과 관계를 맺고 서로 교감하는 이야기는 인간과 동물이 같이 등장하지만 동물들만 등장하는 민담도 많이 있다. 동물들의 세계가 독립된 프레임으로 되어 있는 것이다. 그런 독립 프레임을 갖고 있는 동물담은 대개 동물들이 각자 왜 그렇게 생겼는지 그 유래와 내력을 이야기로 풀어내는 형식으로 되어 있다.

게와 원숭이가 떡을 같이 먹기로 했는데 원숭이가 떡을 가로채어 나무위로 올라가버린다. 원숭이는 게가 나누어 먹자고 사정을 하는데도 나무위에서 게를 놀려대면서 혼자 먹다가 떡을 땅에 떨어뜨린다. 게가 그 떡을 얼른 주워서 굴속으로 도망가자 원숭이는 나무에서 내려와 게 굴 앞에서 사정을 했으나 게가 듣지 않으니까 궁둥이로 게의 굴을 막고는 방귀를 뀐다. 그때 게가 앞발로 원숭이의 궁둥이를 물어뜯었기 때문에 오늘날까지 원숭이의 궁둥이는 털이 없이 빨갛고, 게 앞발에는 아직도 원숭이의 궁둥이 털이 붙어 있다는 이야기다.

개미와 왁새와 메뚜기가 먹을 것을 각자 구해오기로 한다. 개미가 자기는 밥을 구해올 테니 왁새와 메뚜기에게는 반찬을 구해오라고 한다. 개미는 머리에 밥을 이고 가는 아낙네의 발에 기어 올라가 발가락을 꽉 물어서 밥그릇을 쏟아지게 해서 밥을 얻어온다. 한참 있으니 왁새가 입에 붕어를 물고 돌아온다. 메뚜기는 어디 갔냐고 물으니 왁새가 메뚜기는 물속으로 들어가 나오지 않아 혼자 돌아왔다고 말한다. 그래서 둘이서 먼저 밥을 먹기 위해 붕어의 배를 가르니 그 속에서 메뚜기가 '휴! 덥다'고 하면서 나온다. 그리고 나서 왁새와 메뚜기는 서로 붕어를 자기가 잡았다고 싸운다. 서로 옥신각신하면서 메뚜기는 자꾸 이마를 쓰다듬어서 이마가 뒤로 홀떡 벗겨지고, 왁새는 입술을 쭉 내미는 바람에 입이 삐죽해졌다고 한다. 그리고 개미는 그렇게 둘이 다투는 것을 보고 허리를 잡고 웃어서 허리가 잘록해졌다고 한다.

이러한 이야기들이 표명하고 있는, 동물의 생김새의 유래에 대한 관심은 신화적 상상력에 맥이 닿아 있다. 신화적 상상력은 우주 만물의 기원에 대한 관심을 포함하는데, 이 이야기들은 동물의 생김새에 국한되어 있긴 하지만 동물의 최초의 본질적인 성질, 원초적인 모습에 대해 관심을 내보이고 있기 때문이다. 물론 그것은 나름의 재미있는 시각을 개입시키고 있으며, 나름의 흥미로운 해석을 내장하고 있다. 그러한 점에서 볼 때, 이러한 이야기는 민담적 흥미소로 포장되어 있지만 그 속에는 신화나 제의가 수행했던 맥락이 잠재되어 있다. 신화나 제의가 태초의 시간을 재생함으로써 혼돈을 제거하고 창조의 동력을 얻고자 했듯이 말이다.

동물의 생김새에 대한 야생 관찰의 결과

동물의 생김새의 유래에 대한 이러한 이야기는 야생동물에 대한 면밀한 관찰의 결과이기도 하다. 고대인들은 야생동물과 교감하고 의사소통하면서 그들의 습성과 행동, 그리고 각 부분들의 모양에 대해서도 아주 자세하게 파악해두고 있었다. 야생동물에 대한 그들의 백과사전적인 지식의 양은 아마도 오늘날의 동물학자 또는 조류학자를 뺨칠 정도가 아니었을까 생각된다. 고대인들의 그러한 관찰 습관이 이들 이야기에 반영되어 있음을 우리는 볼 수 있다. 물론 그것은 고대인들의 그것만큼 정밀하지 못하며, 외양적 특징 한두 가지를 부각시키고 있다. 그렇지만 그것은 캐리커처 형식으로 대상의 핵심이 되는 형상을 대범하게 간취한 것으로 그 관찰력은 무시할 만한 수준이 절대 아니다.

꿩과 비둘기와 까치가 같이 살고 있는데, 흉년이 들어 먹을 것이 없자 잘 사는 쥐에게 동냥을 하러 간다. 먼저 꿩이 찾아가는데 꿩은 자기는 하늘을 날고 쥐는 땅을 기어 다닌다고 쥐를 업신여기고 건방지게 말한다. 그때 쥐색시가 불이 단 부지깽이로 꿩의 뺨을 쳐서 지금도 꿩의 뺨에 붉은 점이 있다고 한다. 다음에는 비둘기가 동냥을 가는데 비둘기도 쥐를 업신여겨 쥐색시가 부지깽이로 머리를 내리쳐서 지금도 머리 위가 퍼렇게 멍이 들어 있다고 한다. 마지막으로 까치는 쥐 앞에서 공손하게 굴어 먹을 것을 얻기는 얻었는데, 쥐네 집 문을 나오면서 거들먹거리다가 부지깽이로 꽁지를 한 대 얻어맞아, 지금도 거기가 아파서 시커먼 꽁지를 촐싹거린다고 한다.

여우가 나뭇가지 위에서 졸던 메추리를 잡아먹으려 하자, 메추리가 자기를 살려주면 배불리 먹게 해주겠다고 하니 여우가 메추리 말을 믿어보기로 한다. 마침 한 아낙네가 함지에 밥을 이고 가는데, 메추리가 함지에서 폴짝폴짝 뛰니 아낙네가 함지를 내려놓고 메추리를 잡으려고 저 멀리까지 쫓아간다. 그 사이에 여우는 함지 속의 밥을 맛있게 훔쳐 먹는다. 메추리가 돌아와 여우에게 이번에는 우스운 꼴을 보여주겠다고 한다. 길가에 옹기짐 장수 두 사람이 쉬고 있는데, 메추리가 옹기 위에 올라가 앉으니 한 사람이 메추리를 잡으려고 지팡막대로 탁 때리니 메추리는 날아가고 옹기가 와장창 깨진다. 두 사람이 싸움이 붙어 서로 가진 옹기를 다 깨고 마니 여우는 그 꼴을 보고 배를 잡고 웃는다. 메추리가 이번에는 아프고 서러운 꼴을 보여주겠다고 한다. 메추리는 여우로 하여금 땅속에 들어가 코를 빼꼼 내밀고 있게 하고, 자기는 여우 코 위에 살짝 올라가 앉는다. 그때 지나가던 나무꾼이 메추리를 보고 작대기로 메추리를 후려치니 메추리는 날아가고 여우 코가 정통으로 맞아 피가 좌르르 흐른다. 그때부터 여우 코가 빨개졌다고 한다. 여우가 화가 나 메추리를 잡아먹으려 하자, 마지막으로 '어머니!'라고 한 번만 불러달라고 하니 여우가 소리치는 순간 메추리가 달아난다. 여우가 펄쩍 뛰면서 메추리를 물었지만 꽁지만 무는 바람에 메추리를 놓치고 말았다. 메추리 꼬리에 꽁지깃이 없는 것은 이 때문이라고 한다.

꾀쟁이 동물들의 세계

동물들만 등장하는 동물담 중에는 이와 같이 생김새의 내력을 설명하는 유형의 이야기뿐 아니라 동물들이 서로 지혜를 뽐내는 유형의 이야기들이 또 하나의 군집을 이루고 있다. 동물의 내력을 말하는 이야기들에도 보다시피 어느 정도 함량 이상의 지혜 뽐내기 성분이 들어 있기도 하다. 동물들의 세계는 약육강식의 원칙이 지배하는 세계이기 때문에 힘센 동물이 약한 동물들을 억압한다. 그러나 약한 동물들은 그냥 당하지 않고 지혜를 발휘하여 위기를 모면하고, 나아가 힘센 동물을 한껏 골려먹기도 한다. 꾀쟁이 동물들로 득실거리는 곳이 민담의 세계이다.

여우와 토끼, 그리고 두꺼비가 떡을 먹는데, 경쟁을 해서 이기는 사람이 다 먹자고 한다. 그래서 술을 가장 못 먹는 사람이 떡을 먹기로 한다. 여우가 먼저 자기는 밀밭에만 가도 술이 취한다고 한다. 토끼는 여우 얼굴만 봐도 술이 취한다고 한다. 두꺼비는 그냥 묵묵히 앉아 있으라고 말하라고 하니 기가 차서 말을 못했다고 하면서 자기는 두 사람이 다툴 때부터 그걸 보고 술이 취했다고 한다. 그래서 떡은 두꺼비 차지가 된다. 또 떡을 한 시루 더 해서 먹기로 하는데 이번에는 나이가 많은 사람이 먹자고 한다. 여우가 먼저 자기는 태고천황시에 났다고 하니, 토끼는 자기는 천지개벽시에 났다고 한다. 두꺼비는 울면서 태고천황시에 죽은 큰 아들과 천지개벽시에 죽은 작은 아들이 생각난다고 한다. 그래서 이번에도 두꺼비가 떡을 먹게 된다. 두꺼비 배가 부른 것은 이때 먹은 떡 때문이라고 한다.

민담에서 나이 자랑은 지혜 뽐내기 유형에서 제일 흔한 모티브이다. 그리고 그 나이 다툼에서 항상 이기는 존재가 우리 민담에서는 항상 두꺼비다. 그래서 이는 소설의 테마로도 자주 이용되었다. 지혜 경쟁담에서 또 하나의 승리자는 토끼다. 자기보다 힘센 동물들을 대적해서도 토끼는 전혀 겁먹지 않고 꾀수를 발휘하여 상대를 골려먹는다. 그리고 그런 이야기에서 항상 토끼한테 당하고 사는 동물이 바로 호랑이다. 민담의 세계에서는 이와 같이 현실 세계와는 전도된 역학관계가 성립되고 있다.

호랑이가 토끼를 산속에서 보자 잡아먹으려고 한다. 그러자 토끼가 물고기를 실컷 먹게 해주겠다고 하여 호랑이 꼬리를 연못 물속에 집어넣게 한다. 꼬리를 물속에 늘어뜨리고 있으면 물고기 떼가 거기 달라붙는다는 것이다. 그러다가 산속이 추워져 꼬리가 얼어붙으니 토끼가 여유 있게 도망한다. 토끼가 호랑이를 또다시 산속에서 만난다. 이번에는 속지 않겠다고 호랑이는 다짐한다. 토끼가 이번에는 참새를 많이 잡숫게 해준다고 솔깃한 제안을 한다. 호랑이가 대밭에 앉아서 입을 벌리고 눈을 감고 있으면 토끼가 참새를 몰아서 호랑이의 입에 넣어준다는 것이다. 토끼는 대밭속으로 들어가 훠어이 훠이 하면서 새 모는 소리를 내고 대밭에 불을 지른다. 대나무에 불이 붙어 쏴아 후드득후드득하는 소리가 들리니 호랑이는 참새가 몰려오는 소리로 알고 입을 더 크게 벌리고 가만히 앉아 있다. 그 사이에 불이 호랑이로 옮겨 붙고 만다.

[그림 57] 담배 피우는 호랑이 그림. 수원 팔달사 벽화.

민담에서 토끼의 꾀수와 호랑이의 멍청한 행위는 계속된다. 짐승들만 살던 옛날에 염소가 길을 가다가 호랑이를 만난다. 호랑이가 염소를 잡아먹으려고 하자 염소는 지금은 봄철이라 먹을 게 없어 자기 몸이 비쩍 말라 있으니까 살이 많이 오르는 칠팔월에 가서 잡아먹으면 어떻겠냐고 한다. 호랑이가 허락하고 날짜를 정해놓는다. 약속된 날이 다 되니 염소가 눈물을 흘리고 있으니까 지나가던 토끼가 그 사연을 전해 듣고 염소를 구해주겠다고 한다. 당나귀 껍데기를 구해 와서 그것을 너구리에게 입히고 토끼는 그 위에 고깔을 쓰고 앉아 약속된 장소에서 기다리고 있다. 호랑이가 나타나자 토끼는 자기가 하늘의 옥황상제인데 같은 짐승을 잡아먹는 호랑이를 잡아가려고 말 타고 내려왔다고 하니 호랑이가 그대로 줄행랑을 놓는다.

꾀부리기로는 여우도 토끼에 뒤지지 않는다. 까마귀가 병아리를 잡아먹는 것을 본 여우가 뺏어 먹고 싶어서 꾀를 낸다. 까마귀는 어딜 가나 울면 재수 없다고 천대를 받는 존재인데, 여우가 까마귀 목소리는 이 세상에 최고라며 부추기니 까마귀의 어깨가 으쓱해진다. 나무 밑에서 여우가 까마귀에게 아름다운 목소리를 듣고 싶다고 자꾸 조르니 까마귀가 병아리 먹던 입으로 까옥! 하다가 물고 있던 병아리를 떨어뜨리니 여우가 받아먹는다.

꾀쟁이 동물들 이야기에는 동물들 간의 힘의 역학관계가 자연스럽게 반영되어 있다. 그런 이유로 그것들은 인간 세계에서 벌어지는 온갖 행위들로 전환되어 읽혀질 수 있는 여지가 생긴다. 인간들의 권력 관계가 그러하고, 권모술수가 판치는 인간들의 정치적인 삶의 현장이 그러하기 때문이다. 그리하여 동물들 이야기는 인간 세계의 모의 축소판으로 종종 환원되어 비판과 풍자 등의 시선과 만나게 된다.

동물 이야기가 알레고리로 읽히는 과정

동물은 식물이나 무생물과는 또 다르게 인간과 특별한 관계로 맺어진 존재이다. 팔딱팔딱하는 가슴과, 들고 나는 숨을 같이 갖고 있는 존재로서 어떤 생물체보다 인간이 동류의식을 가장 많이 느끼는 대상이 동물인 것이다. 그러한 측면에서 동물들은 서로 의사소통도 하고, 정을 나누기도 하며, 그들 나름대로 집단을 이루어 위계와 서열을 지닌 사회를 꾸려간다는 사실을 인간들은 쉽게 인정하는 경향이 있다. 동물도 인간과 똑같은 사고를 한다는 사실을 인간들은 별로 의심하지 않는다. 인간과 동물은 다만 외피 한 장의 차이밖에 없다고 생각한다.

인간이 동물에 대해 지니고 있는 이러한 인식은 동물 이야기를 인간의 일로 환원하여 이해하도록 만드는 역할을 한다. 동물들을 외피를 둘러 쓴 인간이라고 보는 관습에 쉽게 동조할 수 있기 때문이다. 그래서 사람들은 언제부터인가 인간의 일을 얘기할 때 동물 이야기에 의탁하는 습관이 생기게 되었다. 그것은 의미하는 바가 애매하여 상대방이 이해하지 못하는 일도 거의 없다. 모든 사람들은 외피 한 장만 걷어내면 그것이 인간의 일이라는 정도는 쉽게 이해하게 마련이다. 거기다가 동물 이야기로 인간의 일을 말할 때는 직접적인 언설이 지닐 수 없는 묘한 뉘앙스를 갖게 되는 이점도 생길 수 있다. 또한 일대일의 의미 영역보다는 좀 더 넓은 의미 영역을 갖게 되는 이점도 누릴 수 있다. 이러한 이유들로 해서 동물 이야기는 알레고리로 쉽게 읽히는 경향이 생기게 되었다. 말하는 사람도 이제는 A를 말하기 위해 B를 말하는 알레고리 방식으로 동물 이야기를 선택하는 경향이 생기게 되었다.

이러한 경향에 대하여는 『삼국사기』에 실려 있는 「구토지설」(龜兎之說)이라는 이야기가 성립된 과정을 보면 쉽게 알 수 있다. 백제의 침공을 받은 신라가 고구려의 도움을 요청하기 위하여 김춘추를 사신으로 고구려에 파견한다. 고구려에서는 김춘추를 극진히 대접하나 이 기회에 고구려의 옛 영토를 돌려받으려고 한다. 그러나 김춘추가 그것은 사신이 결정할 문제가 아니라고 하니 그를 옥에 가둔다. 선도해라는 고구려 사람이 옥에 갇힌 김춘추에게 다음과 같은 이야기를 해준다.

옛날 동해 용왕의 딸이 심장이 아프니 의원이 토끼 간을 약으로 써야 치료할 수 있다고 한다. 거북이 자원하여 육지로 가서 토끼를 보고 바다 속 섬에는 근심 걱정이 하나도 없이 편히 살 수 있다고 말한다. 토끼를 등에 태우고 바다를 건너다가 거북이 사실 얘기를 하자, 토끼는 자기는 오장을 씻어 넣고 다니기에 지금은 잘 씻어서 바위 밑에 말리고 있는 중이라고 하면서 다시 돌아가 가져오자고 한다. 그렇게 되면 거북이는 구하는

[그림 58] 거북이와 토끼의 이야기를 소재로 한 사찰 벽화. 상주 남장사 소재.

것을 얻고, 자기는 간이 없어도 살 수 있으니 양쪽이 다 좋은 것 아니냐고 한다. 거북이 그 말을 믿고 육지로 다시 돌아가니 토끼가 뭍에 내려서는 어떻게 간이 없이 살 수 있느냐며 거북이를 놀리면서 수풀 속으로 도망간다는 이야기다.

김춘추가 이 말을 듣고 바로 깨달은 바가 있어 고구려왕에게 자신이 귀국하면 옛 고구려 땅을 돌려주겠다고 약속하고 풀려나 귀국한다. 국경에 이르렀을 때, 김춘추는 전송하러 따라온 고구려의 인사에게 전에 한 약속은 죽음을 면하기 위해 한 것이라고 말한다. 위기에 처한 약자가 부당하게 폭압을 사용하는 강자의 손아귀에서 벗어나기 위해 사용하는 꾀는 정당하고도 필요한 일이라는 점을 이 이야기는 말하고 있다. 그것을 동물 이야기로 빗대 전하고 있다.

촌철살인의 지혜를 전하는 알레고리 동물담

알레고리 동물담은 구전되기도 하지만 글로 씌어져 고문헌에 실려 있기도 하다. 문헌에 한자로 기록되어 있다는 것은 그것이 선비 문사들의 관심의 대상이 되기도 했다는 것을 의미하는데, 실제로 그런 알레고리 동물담은 현실 세태에 대한 선비 문사들의 날카로운 비판과 풍자를 장착하고 있는 경우가 많다. 그리고 거기에는 동물 이야기의 형식이 아니고서는 도저히 표현할 수 없는, 세상을 보는 촌철살인의 번뜩임이 내장되어 있다. 그들은 「고금소총」이나 「어면순」과 같은 야담집에도 있고, 「망양록」과 같은 우언집에도 실려 있으며, 개인의 문집들에도 여기저기 실려 있다. 그만큼 당시 선비 문사들도 동물 이야기가 주는 묘미에 푹 빠져 있었다는 얘기이다.

다음 이야기는 구전되던 것 중의 하나인데, 우리에겐 '서울 쥐와 시골 쥐'로 더 알려진 것이다. 어느 날 광쥐가 들쥐를 초청하여 자기를 자랑하려 한다. 그래서 부잣집 광으로 들쥐를 초대하는데, 거기에는 술과 고기 등 없는 것이 없다. 들쥐가 좋아라고 실컷 먹으려 하는데, 그 집 주인이 갑자기 광문을 열고 들어와 쥐들은 겁이 나 얼른 숨는다. 주인이 나가고 다시 먹으려고 하는데, 이번에는 그 집 머슴이 들어와 또 숨는다. 다시 먹으려고 하는데, 이번에는 그 집 며느리가 들어와 또 숨는다. 이렇게 마음 놓고 먹지를 못하고 애만 태우기를 계속한다. 들쥐가 생각해보니 우리는 들에서 마음 놓고 먹고 자는데, 이런 데서 어떻게 살까 하는 생각이 든다.

이 이야기는 어떤 사람은 처지가 좋다고 하기도 하고, 어떤 사람은 처지가 나쁘다고 말하기도 하는데, 각자가 처한 처지는 실제로는 보는 시각에 따라 다르다는 것이다. 자신의 처지가 다 나쁜 것은 아니라는 말이다. 이러한 알레고리 이야기를 할 때는 보통 동물 이야기를 한 다음에 그 이야기가 담고 있는 의미를 논평 식으로 덧붙이는 것이 관례가 되어 있다. 구전 이야기에서는 덜하지만 기록된 알레고리 동물담은 논평이 붙어 있는 것이 하나의 정식으로 굳어져 있다.

우언집 『망양록』에 실려 있는 동물 알레고리

조선 후기 대표적인 우언집인 『망양록』에는 동물 우화가 다수 실려 있는데, 몇 편을 소개하면 다음과 같다.

땅속에 사는 두더지는 자기 아들과 딸을 너무나 자랑스러워하여 세상에 자기 아들과 딸에 견줄 만한 이가 없다고 생각한다. 자라가 청혼하자, 자기 딸은 상서로운 붉은 새[朱鳥]나 짝할 만하다고 하면서 비웃는다. 거북이가 시집오겠다고 청하자, 자기 아들은 항아(姮娥)와 짝이 되어야 한다고 하면서 화를 낸다. 자라와 거북이가 붉은 새한테 일러바치니 붉은 새가 내버려두라고 한다. 이렇게 되자 산에 사는 것들, 물에 사는 것들, 그리고 도랑에 사는 작은 짐승들이 그 소식을 듣고 우리들이 어찌 감히 두더지를 바라겠느냐고 하면서 비웃는다. 두더지의 아들딸이 장성했지만 짝을 구할 수 없어 할 수 없이 남매끼리 짝이 된다. 그러자 두더지는 너무 부끄럽고 한스러워 가슴을 내놓고 땅에 드러누워 햇볕 아래 죽고 만다.

이 이야기는 헛된 꿈을 가지고 신분 상승을 꾀해보지만 제 분수에 맞게 사는 것이 가장 행복하다는 교훈을 우리에게 전해준다. 철저한 신분 사회에서 신분 상승을 이루는 방법의 하나는 상위 신분의 사람과 결혼을 하는 것이다. 이런 욕심이 없는 사람은 없겠지만 과도하게 상위 신분을 찾는 세태를 두더지 가족의 경우를 들어 풍자 · 비판하고 있다.

다람쥐는 나무 등걸과 가시나무를 타 넘고 돌 위를 달려가면서 먹이를 구하는데, 아무리 사냥을 잘해도 배불리 먹기는 어려워 고통스럽게 여긴다. 하루는 다람쥐들이 나무를 타고 있는데, 강에서는 자라들이 수십 마리의 고기를 몰아 잡는 것이 보인다. 고기를 잡아먹은 자라들이 물 위로 떠올라 득의만면하게 즐기고 있는 것을 보고, 다람쥐 한 마리가 무겁고 딱딱한 껍질을 가진 자라도 물결 위에서 잘 노는데 자기처럼 가볍고 뛰기도 잘하는 자는 더 잘 헤엄칠 수 있다고 생각하고 물에 뛰어든다. 그러나 한 발도 떼기 전에 거친 물살에 휩쓸려 떠내려간다. 그 다람쥐가 죽은지도 모르고 다른 다람쥐들도 헤엄을 잘 칠 수 있다고 생각하여 모두 뛰어들다가 먼저 다람쥐처럼 다 죽고 만다. 결국 다람쥐들은 자라의 먹이가 된다. 자라들은 손쉽게 먹이를 구하니 좋아라고 물 위를 어슬렁거린다. 그때 어부가 와서 그물도 치지 않고 맨손으로 자라를 다 잡는다.

결국 다람쥐는 고생을 싫어해 죽고, 자라는 너무 탐욕을 부리다가 죽었다. 만약 다람쥐가 산에 편안히 살며 강에서 고기 잡는 즐거움을 바라지 않았다면, 자라의 비웃음을 받지 않았을 것이다. 또 자라는 만족함을 알고 강물 위를 어슬렁거리며 떠다니지 않았다면 어부의 밥이 되지는 않았을 것이다.

지렁이의 눈은 반짝거리고, 매미의 띠는 번쩍거린다. 지렁이가 매미의 찬란한 띠를 부러워하자, 매미는 하느님이 자기를 눈도 없이 날아다니게 하고, 입이 없는데도 맑은 소리를 내게 하고, 황금 띠 두 개도 줬다고 한다. 지렁이는 관직에 있는 몸이라 멋진 관복을 입고 뽐내고 싶어서 매미에게 자기의 눈을 줄 테니까 띠를 달라고 한다. 그러자 매미는 곧 껍질을 벗어야 할 때이고, 한동안 친구로 지냈으니 바꾸기를 허락한다. 매미는 눈을 얻자 날마다 하늘을 높이 날면서 즐겁게 지냈지만, 지렁이는 매미의 아름다운 띠를 볼 수도 없었으며 띠를 차고 임금님께 조회를 갔더니 천하다고 내쫓겨난다.

자신이 갖고 있는 중요한 장점을 깨닫지 못하고 남의 장점만이 눈에 들어오는 세태를 이 이야기는 풍자한다. 그래서 쉽게 자신의 장점을 포기한 후에 망하고 말았다는 우화이다. 우리는 흔히 남의 것이 커 보이는 것을 경험하는데, 그러한 것을 지렁이와 매미의 경우에 빗대어 말하고 있다.

특정인을 겨냥한 목적성 알레고리

동물 알레고리는 특정인과 관련하여 만들어지는 경우가 있다. 어떤 특정인을 비판 · 풍자하기 위해 지어지는 알레고리는 그 의미망이 일대일로 고정된다. 오로지 그 인물의 행동 유형에 맞게 동물들이 선택되고 이야기 내용이 짜여지기 때문이다. 특정인을 겨냥하지는 않았다 하더라도 당시의 특정 세태를 비판 · 풍자하는 것을 목적으로 하는 동물 알레고리도 많이 생겨났다. 다음 이야기는 개인 문집에 실려 있는 것인데, 당시의 세력가인 김안로(金安老, 1461~1537)를 겨냥하고 있는 목적성 알레고리이다.

옛날에 발톱과 어금니가 모두 병들어 후리고 깨무는 능력이 없어진 고양이가 있었다. 이렇게 쥐를 잡아먹을 힘이 없자 털이 없는 귓속을 뒤집어쓰고, 자신은 이제 머리를 깎고 자비를 베푸는 중이 되었다고 외치고 다닌다. 쥐들이 그 고양이를 신임하여 법석 모임을 가졌는데, 빙 둘러 도는 의식 때 작은 쥐들의 행렬이 고양이 중의 입 앞에 닿으면 쥐를 입 속으로 집어넣는다. 쥐의 무리가 날로 줄어드니 의심이 가는데, 중의 똥 속에서 쥐의 털이 발견된 후에야 늙은 고양이의 술수인 줄을 알게 된다.

이 이야기에서 김안로는 늙은 고양이로 비의되어 있다. 노회한 정치인이 남들을 속이고 능청을 떨며 이득을 차지하는 모습을 그리고 있다. 아마도 김안로의 반대파 인사가 그를 그릇된 방법으로 자기 속셈을 차리는 교활하고 음험한 인물로 낙인찍기 위해 이러한 동물담을 만들어낸 것으로 보인다.

현실 세태를 풍자하고 교훈을 전달하는 동물 알레고리

날짐승의 왕인 봉황이 대회를 열었는데 박쥐만 참석하지 않았다. 즉시 솔개에게 잡아오게 하니 잡혀온 박쥐는 자기는 길짐승이라 회의에 불참했다고 한다. 날개가 있어 날아다니는데 어찌 날짐승이 아니냐고 하자 날아다니는 짐승 중에 털이 없는 게 어디 있느냐며 자기는 털이 없으니 길짐승이라고 우긴다. 하루는 길짐승의 왕인 기린이 대회를 열어 출석을 부르니 박쥐만 빠져 있다. 붉은 여우를 시켜 잡아오니 박쥐는 날짐승이라 참석하지 않았다고 한다. 털이 없으니 길짐승이 아니냐고 하자 길짐승 중에 나는 것이 어디 있느냐고 되묻고 자기는 날짐승이라고 한다. 자기 편리한 대로 견강부회하면서 요리조리 책임을 회피하는 기회주의자 내지는 변절자가 판치는 세태를 날카롭게 풍자하고 있다.

한쪽 눈이 없는 애꾸인 늙은 쥐가 쥐들을 마구 부리니 쥐떼들이 분해서 받들기를 그만둔다. 하루는 쥐들이 주인이 잠깐 자리를 비워 솥밥을 훔쳐 먹고 싶으나 솥뚜껑이 덮여 있어 뜻을 이룰 수가 없다. 쥐들이 아쉬워하면서 늙은 애꾸 쥐에게 자문을 구하자, 솥의 한쪽 발 밑을 파면 아주 쉽다고 말해준다. 쥐들이 기뻐하며 달려가 솥의 한쪽 발 밑을 파자, 솥이 기울어지면서 뚜껑이 저절로 열린다. 이에 쥐들이 늙은 쥐의 지혜에 감복해 처음처럼 잘 봉양했다고 한다.

쥐는 하찮은 미물이라도 노숙해지면 지혜가 이와 같으니 사람이 늙으면 지혜가 어떠할지는 불문가지다. 게다가 그 쥐는 눈 하나가 없는 상태에서도 이처럼 혜안이 있다. 원로들이 수수방관하면서 경영을 풋내기한테만 맡겨서는 안 된다는 점도 이 이야기는 말하려고 한다.

고 씨네 집 고양이가 쥐를 잘 잡아서 쥐들이 방자하게 굴지 못한다. 그런데 고양이가 사나운 개에게 물려 죽는다. 그러자 늙은 쥐는 매우 슬퍼하며, 쥐의 무리가 원래 탐욕하여 더욱 방자하게 굴어 결국 화를 초래하리란 점을 우려한다. 쥐들로 하여금 그동안 두려움을 알아 감히 방자하게 굴지 못하도록 하고, 굶주림을 참으며 지혜를 기르게 하며, 즐기면서도 해를 입지 않았던 것은 고양이 덕분이라고 늙은 쥐가 경계하고 자신은 깊은 산속으로 들어가버린다. 집에 남은 쥐의 무리들은 늙은 쥐를 비웃으며 자기들 마음껏 구멍 내고 더럽히고 흠집 내고 도둑질하며 방자하게 굴자, 고 씨가 집 안의 종들을 데리고 쥐구멍을 파고 불을 질러 연기를 뿜어 집어넣고 뜨거운 물을 부어 흘려보내고 날랜 고양이를 쥐구멍 앞에 두어 달아나는 쥐들을 잡아먹게 하니 고 씨네 쥐들은 전멸한다. 오직 산속으로 들어간 늙은 쥐만 살아남는다.

한 집단의 안정을 위해서는 적절한 견제와 균형이 필요함을 이 이야기는 강조하고 있다. 힘의 견제와 균형의 파괴는 행운이 아니라 오히려 더 불리하게 작용한다는 점을 이 동물 우화는 설득력 있게 제시하고 있다.

조선 후기에 우화소설들이 대거 등장하다

조선 후기에 들어 우리 소설계에는 동물 우화소설들이 붐을 이룬다. 두꺼비 · 노루 · 여우 · 까치 · 비둘기 · 꿩 · 토끼 · 자라 · 쥐 · 다람쥐 · 꾀꼬리 · 뻐꾸기 · 따오기 · 개구리 · 올챙이 · 구렁이 등등 동물 우화소설에 등장하는 동물들의 종류는 실로 다양하다. 이들 우화소설은 동물을 소재로

한 민담의 전통을 충실하게 계승하고 있다. 이야기 줄거리나 테마도 비슷하고, 흥미와 교훈을 전달하고 현실에 대한 비판과 풍자를 가하고자 하는 목적도 비슷하며, 거기에 소박하고 진솔한 서민들의 감정을 담아내는 점도 비슷하다. 한마디로 우화소설에는 우리 전래의 민담적 상상력이 가득 들어 있는 것이다. 그러나 우화소설이 민담과 똑같다면 그것은 민담이지 소설이 아닐 것이다. 조선 후기 동물 우화소설은 민담적 전통을 고스란히 이어받되 이를 좀 더 소설적으로 발전시키고 있다.

조선 후기 동물 우화소설은 그 시대의 전반적인 상황과 특수한 사정을 반영하고 있다는 점에서 소설적 면모가 부각된다. 당시에는 전 사회의 제도가 급격하게 흔들리고 계급 신분적 조직이 균열하면서 기존의 사대부 계층의 위상이 격하되고, 그 대신 기존의 사회 저층이었던 서민들의 의식이 깨이고 성장하면서 사회 전반의 상황이 매우 역동적으로 혼류하던 시대였다. 그에 따라 역사적 현실을 안정적으로 보던 시각에도 변화가 일어났으며, 사회 현실을 날카롭게 비판하고 풍자하는 안목도 상승하고 있었다. 한마디로 서민들의 정치의식이 점증되는 시대였다고 할 수 있다. 그러한 사정이 동물 우화소설에는 일정 부분 반영되어 있다. 그래서 이 시대의 우화소설에는 사회와 세상에 대한 예리한 비판의식도 담겨 있고, 세태와 제도의 변화에 대한 견제의식도 담겨 있다. 그런 다양한 의식들이 엉겨 붙어 동물담을 민담의 영역에 묶어두지 않고 소설의 영역에 진입시키게 하는 원동력이 되고 있다.

「두껍전」, 나이 다툼의 민담적 상상력

「두껍전」은 다음과 같은 내용의 이야기다. 노루라는 짐승이 벼슬을 하여 잔치를 벌이는데, 호랑이를 부를까 말까 고민을 한다. 그러나 백호산군은 자기 힘만 믿고 사나워 잔치에 참석하면 다른 손님들이 겁낼 것이므로 부르지 않기로 한다. 잔치에는 사슴 · 토끼 · 승냥이 · 잔나비 · 여우 · 두꺼비 · 고슴도치 · 오소리 · 두더지 · 수달 등등이 초대된다. 잔치에 손님들이 서로 자리를 정하지 못해 우왕좌왕하니 토끼가 의견을 내어 나이에 따라 자리를 정하자고 제안한다. 노루는 나이가 많아 허리가 굽었다고 하고, 여우는 나이가 많아 수염이 희었다고 하며 다툰다. 여우는 자기가 천지개벽하고 황하수 치수하던 시절에 났다고 하니, 노루는 천지개벽하고 하늘에 별을 박을 때 태어났다고 한다. 그때 두꺼비가 옆에서 슬피 눈물을 흘린다. 그 까닭을 물으니 건너편 고양나무를 보니까 비창해서 그런다고 한다. 그 까닭을 또 물으니 자신이 어릴 때 고양나무 세 그루를 심었는데, 하나는 맏아들이 별을 박는 일을 할 때 방망이로 쓰려고 베고, 또 하나는 작은 아들이 황하수 치수할 때 가래로 쓰려고 베어, 그 나무 벤 동티가 나서 두 아들은 다 죽고, 저 나무와 자기 목숨만 살아남은 것이 슬퍼서 운다고 한다. 다른 모든 동물들은 하늘에 별을 박고 황하수를 치수한다는 말도 듣지 못했다고 한다. 그래서 두꺼비가 펄쩍 뛰어 올라 상좌를 차지한다. 여우가 두꺼비에게 상좌를 빼앗기고 분해서 그럼 세상 구경을 어디어디 했냐고 따진다. 먼저 여우가 중국의 오악을 비롯하여 사해팔방, 그리고 조선의 강산 풍경을 두루 다 구경하였다고 절승지를 죽 나열한다. 그러자 두꺼비가 겉으로 보이는 풍경만 구경했다고 나무라고 자신처럼 각각의 산천 풍속의 근본 출처를 알면서 유식하게 구경해야 한다고 주장하면서 각 경처에 얽혀 있는 영웅호걸들과 사건들을 결부시키면서 사해강산과 조선의 경처를 진술한다. 여우가 또 천상세계도 구경했는지 따지면서 남극노인에게 붉은 구슬을 얻은 자랑을 하자, 두꺼비는 자기는 남극노인과 바둑을 두다가 동자가 밖에 여우 형상의 짐승이 왔다고 아뢰길래

긴 장대로 때려 쫓으라고 했다면서 그것이 여우 자네인 줄 알았다면 똥덩어리를 먹여 보낼 걸 그랬다며 놀려주니 다들 박장대소한다. 두꺼비는 천문지리와 육도삼략, 그리고 의약법도 등에 대해서도 능숙하게 진술하여 여우의 기를 꺾는다. 여우가 두꺼비 모양이 이상한 것을 가지고 트집을 잡아도 능수능란하게 빠져나가면서 대답한다. 마지막으로 여우가 왜 턱밑이 벌떡벌떡하냐고 묻자, 두꺼비는 너희 놈들이 어른을 몰라보고 말을 함부로 하기에 분을 참느라 그렇다고 역공한다. 좌객들이 다들 즐기다가 술이 취하고 날이 새니 잔치를 파하고 헤어진다.

「두껍전」은 이본명이 많기로도 유명한 작품이다. 「두껍전」은 「섬동지전」(蟾同知傳), 「옥섬전」(玉蟾傳), 「섬공전」(蟾公傳), 「노섬상좌기」(老蟾上座記), 「섬자호생의설전」(蟾子狐生議說傳), 「섬설록」(蟾說錄), 「녹처사연회」(鹿處士宴會), 「섬처사전」(蟾處士傳), 「장선생전」(獐先生傳) 등등의 별칭을 갖고 있다. 그만큼 다양한 모습으로 「두껍전」이 널리 회자되었다는 것을 알 수 있다. 두꺼비의 나이 자랑 소재는 민담에도 다수 있는 것으로 보아 이 이야기의 애초 형식은 민담의 것을 차용한 것으로 보인다. 동물 형상의 유래나 내력에 대한 화소도 있는 것으로 보아 이 작품은 민담적 상상력의 자장권 내에서 형성된 것이 확실하다. 나이를 자랑하는 쟁년(爭年) 모티브는 민담의 형식으로도 산재해 있고, 소설 속의 삽화로도 자주 삽입되어 있는 등 우리 산문문학에서 활용 가치가 아주 높았던 소재이다. 그렇다면 나이 자랑이 어째서 문학적 주요 테마가 되었는지가 궁금해진다. 나이 자랑이라는 형식을 통해 놀이를 즐긴다는 단순한 목적이라고 보기에는 다소 어색함이 따른다. 그것은 아마도 쟁년이 갖고 있는 다른 사회적 함의가 있을 것 같다. 그것이 이 테마를 소설로 이끈 인자가 된 것이다. 그것은 나이가 많은 것이 대우를 받지 못하는 사회 변화에 대한 경계의식일 수도 있고, 역동적으로 이루어지는 사회적 개혁에 대한 보수적인 향촌사회의 전반적 반발을 담은 것일 수도 있다. 그러한 의식이 소설에서는 연치(年齒)의 중요함으로 나타났을 수 있다. 그리고 이 작품에서는 문자 속이 얼마나 넓은지가 또 다른 경쟁의 대상이 되고 있는데, 그것 또한 지식의 양은 나이와 비례한다는 것을 은유하고 있는 것은 아닌가 생각된다.

사회적 비리에 대한 송사와 「까치전」

「까치전」은 다음과 같은 내용으로 되어 있다. 까치가 아방궁 같은 집을 짓고 낙성연을 베푸는데, 온갖 친척과 친구들을 다 청하여 즐긴다. 학두루미 · 까마귀 · 꾀꼬리 · 제비 · 두견 · 박새 · 할미새 · 참새 · 호반새 · 두꺼비 등 온갖 비금류들이 낙성연에 참예하였으나 총망 중에 남산골에 사는 비둘기는 청하지 못하였다. 비둘기는 본심이 불측하여 분함을 이기지 못하고 낙성연 자리에 참석하여 까치를 비롯한 좌객들을 하나하나 호명하면서 면박을 주고 비난한다. 이렇게 좌중을 능멸하니 까치가 주인으로서 분을 이기지 못하여 심술이 너무 심하고 무례하다고 비난하자, 비둘기가 대로하여 까치를 냅다 걷어차니 까치가 높은 고목 가지에서 떨어져 죽는다. 암까치가 대성통곡하며 비둘기를 쥐어뜯고, 여러 비금들이 달려들어 비둘기를 결박하고 관청에 고발한다. 그러자 군수가 까치집에 나와 좌정하고 형구를 갖추어 증인들을 불러 조사한다. 두견이 · 까마귀 · 할미새 등이 나와 비둘기 때문에 까치가 떨어져 죽은 것이라고 간증한다. 그런데 비둘기 쪽의 뇌물을 받은 섬동지 두꺼비는 간증에 나와 까치가 먼저 분을 이기지 못해 비둘기에게 달려들어 걷어찬다는 것이 헛발질을 하여 떨어져 죽은 것이라고 증언한다. 또한 뇌물을 먹은 책방 구진과 수청기생 앵무새도 비둘기 쪽을 거드니 비둘기가 무죄로 방면된다. 암까치는 이에 분통함을 이기지 못하나 우선 남편의 장례를 치른다. 그 때 서울에서 암행어사가 민정을 살피려고 내려와서 할미새 집에서 까치가 억울하게 죽은 일을 듣고 암까치를 은밀하게 불러 상황을 파악하고 교졸로 하여금 까치 무덤을 파 검시하게 한다. 그리고 나서 두꺼비를 나입하여 뇌물 먹고 거짓 증언한 죄로 감옥에 넣고, 송사를 잘못 처결한 잘못을 물어 원님도 파직시키고, 범인 비둘기를 잡아들여 장형으로 타살한다. 송사가 완전히 끝난 후에 암까치는 비둘기 간을 가지고 지아비 산소에 가 제물을 진설하고 제문을 지어 바친다. 하루는 암까치의 꿈에 남편이 나타나 잠깐 배합하였더니 잉태하여 자식들을 낳는다. 그 자식들이 결혼하여 자손이 번성하게 된다.

법에 의한 논리적 판단이 주는 이점에 대해 새롭게 인식하기 시작한 조선 후기에는 송사가 많이 벌어졌다. 사회 변화에 민감한 소설이 이러한 테마를 놓칠 리 없다. 「까치전」은 송사에 뇌물 비리가 개입하여 사건이 엉뚱하게 흘러가고, 그것을 바로 잡는 세력이 나타나 교정하게 된다는 내용을 담고 있다. 이는 실제로 있었던 사건을 토대로 한 것일 수도 있다. 그러나 소설은 실명 사용에 어려움이 있으므로 「까치전」은 모든 정황을 동물 세계로 바꿔놓음으로써 사실성을 포기하는 대신 보편성이라는 가치를 획득하게 되었다.

패가망신의 새 공식과 재혼 풍습을 보여주는 「장끼전」

「장끼전」은 다음과 같은 내용이다. 보라매와 몰이꾼들, 그리고 포수와 사냥개들에게 쫓기며 고단하게 사는 꿩 가족이 식량을 구하러 들에 나왔다가 붉은 콩 하나를 발견한다. 장끼가 콩을 주워 먹으려 하자 까투리는 수상한 인적이 주변에 있다고 말린다. 까투리가 간밤의 불길한 꿈을 꿨다고 하자 장끼는 자기는 길몽을 꿨다고 한다. 까투리가 이경 꿈, 삼경 꿈, 사경 꿈, 계명시 꿈을 차례로 말하면서 그것들이 왜 흉몽인지를 말하고 남편을 설득하나, 장끼는 그것들이 왜 흉몽이 아니라 길몽인지 재해석하면서 자기주장을 굽히지 않는다. 옛 군자들이 굶주리면서도 옳게 행동한 것을 본을 받으라는 까투리의 말에 장끼는 굶주림이란 것은 부질없다고 냉소한다. 까투리가 고집을 부리다가 패가망신한 고사들을 나열해도 장끼는 콩 태(太)자가 든 이름을 지닌 사람들이 귀하게 된 이력을 갖다 댄다. 장끼는 결국 콩을 먹다가 덫에 걸리고 만다. 까투리는 "남자라고 여자의 말 잘 들어도 패가하지만, 안 들어도 망신한다"고 통곡한다. 까투리는 그 자리에 주저앉아 첫째 낭군은 보라매한테 채어가고, 둘째 낭군은 사냥개에게 물려가고, 셋째 낭군은 포수에게 맞아 죽고, 이번에는 덫에 걸려 죽는, 낭군 복이 지지리도 없는 자기의 기박한 팔자를 한탄한다. 덫을 놓은 사람이 장끼를 꺼내가고, 까투리는 남편이 기를 쓰다가 빠진 털을 갖고 장사를 치른다. 두루미 · 제비 · 앵무새 · 따오기 등이 장례를 돕는다. 이때 갈가마귀가 문상을 마치고 까투리에게 청혼하나 까투리는 삼년상을 마치지 못하고 개가하는 법이 어디 있냐고 거절한다. 또 일곱 번 상처한 물오리가 통혼도 하지 않고 혼인길을 차려가지고 오니 까투리가 어이없어 물리친다. 그러나 문상 왔던 또 다른 홀아비 장끼가 청혼하자, 까투리는 남편 죽은 후 바로 개가하기는 박절하나 유유상종이 의당하다고 홀아비 장끼를 따라간다.

「장끼전」은 일종의 세태소설이다. 당시의 변화된 세태에 나름의 진단을 내리고 있는 소설 형식이기 때문이다. 「장끼전」이 보여주는 변화된 세태의 하나는, 패가망신의 조건으로 생각해온 기존의 사고가 보이는 모순에 대한 것이다. 그것은 가부장의 독단적인 결정과 무소불위의 권력이 지닌 폐해에 관한 것이다. 그 핵심은 여자의 말을 너무 잘 들어도 패가망신하지만 안 들어도 패가망신한다는 까투리의 말 속에 간명하게 축약되어 있다. 「장끼전」은 아내의 의견을 무시하지 말고 경청할 필요가 있다는 새로운 패러다임을 제시한다. 이는 당시로서는 매우 혁신적인 사고임에 분명하다. 이 작품에서 더욱 혁신적인 것은 여성의 재혼에 대한 것이다. 미망인인 상태에서도 합당한 상대와의 재혼은 가능하다는 파격적인 주장을 담고 있기 때문이다. 소설은 가끔 이렇게 시대를 앞서가는 주장을 하기도 한다. 그것은 그러한 주장을 동물담 형식으로 포장했을 때는 아무래도 그 파격성이 감춰지는 측면이 있다는 점을 간파했기 때문인지도 모른다.

「토끼전」, 권력에 굴하지 않는 서민정신

「토끼전」의 내용은 다음과 같다. 남해 용왕이 궁궐을 새로 짓고 낙성연을 즐기다가 병이 들어 별별 의약을 써도 차도가 없는데, 한 도사가 나타나 토끼 간을 먹어야 낫는다고 진단한다. 용왕이 문무백관을 모아놓고 어족회의를 열어 육지에 토끼 간을 구해올 자를 구한다. 거북이 · 도미 · 조개 · 메기 · 방게 등 많은 후보들이 추천되다가 결국에는 주부라는 벼슬을 하는 자라가 적임자로 선택된다. 그리고 별주부가 토끼를 본 적이 없으므로 화공을 시켜 토끼 화상을 그려준다. 토끼 화상을 받아들고 집안사람들과 작별한 후 육지로 나온 자라는 토끼를 찾으러 이곳저곳을 다니다가 모족들이 모여 회의를 하는 광경을 보게 된다. 그들은 상좌를 다투고, 또한 모족을 위협하는 인간 포수들과 사냥개를 규탄한다. 모족들의 모임에서 토끼를 알아둔 자라는 모임이 파한 후 토끼를 불러 유혹한다. 자라는 자기의 문자 속을 자랑하기도 하고, 토끼의 고달픈 육지생활을 동정하기도 하며, 수궁세계의 별난 풍경과 산해진미를 자랑하고, 수궁에 가면 벼슬도 할 수 있다고 꼬드기니 마침내 토끼가 자라 등을 타고 수궁에 들어가게 된다. 용왕의 병을 고치기 위해 자신이 잡혀왔다는 것을 알게 된 토끼는 꾀를 내어 간을 두고 왔다고 한다. 한 달에 반은 정결한 곳에 간을 내어 말린다는 간출입론이라는 궤변을 그럴듯하게 늘어놓는 것이다. 간출입을 한다는 구멍까지 보여주고 나서 용왕의 인정을 받은 토끼는 수궁의 각색 풍류와 음식으로 위로까지 받는다. 수궁 들어갈 때와 마찬가지로 별주부의 등에 타고 육지에 나온 토끼는 도착하자마자 자라와 용왕을 비웃고, 뱃속에 있는 간이 어떻게 몸 밖으로 출입을 할 수 있겠냐며 자신의 지혜를 뽐내면서 숲속으로 유유히 도망친다.

「토끼전」은 설화 「구토지설」의 소설적 정착이다. 소설로 변용하는 과정에서 수사적 표현과 약간의 사건적 덧붙임이 있으나 그 이야기 골격은 설화를 그대로 따르고 있다. 사실 이 작품은 그 연원이 매우 길다. 「구토지설」도 인도의 불교 본생담에서 온 것으로 생각되기 때문이다. 원래는 악어와 원숭이의 이야기였는데 우리나라에서는 거북 또는 자라와 토끼 이야기로 변한 것으로 보인다. 본생담에서는 악어 아내가 원숭이 간을 먹고 싶다고 하니 남편이 원숭이를 꾀어 악어섬으로 데려가나 원숭이가 꾀를 내어 간을 나무에 걸어두고 왔다고 거짓말을 하여 위기에서 벗어나는 것으로 되어 있다. 이로 보아 이야기의 뼈대는 똑같다는 것을 알 수 있다. 악어와 자라가 모두 수륙양용 동물인 점도 똑같다. 아무튼 우리 꾀쟁이 동물의 영원한 고전이요 꾀쟁이의 원조로서의 토끼는 당대의 최고 권력 앞에서도 굴하지 않고 당당하게 꾀로써 상대를 속이는 통쾌함을 보여준다. 서민의 지혜가 위선적인 권력을 농락하고 서민정신을 찬연히 빛내는 모습이다. 이 작품에서 보이는 토끼의 이러한 캐릭터는 민담에서부터 줄

기차게 이어져온 것인데, 자신의 힘만 믿는 비정상의 권력자 호랑이를 우롱하는 토끼 이야기가 대표적인 것이다.

상소하는 세태를 풍자한 「서동지전」

옛날 옹주 땅 깊은 굴속에 서대주라는 쥐가 은신하고 사는데, 밤이면 산에 올라 열매를 거두고 낮에는 자손들과 문장을 강론한다. 서대주는 자손과 친척들을 두루 살피면서 군자처럼 행동하는데, 하루는 황제가 적의 성을 칠 때 서 씨 족속들이 적의 식량을 훔쳐 성이 무너지는 공을 세웠으므로 서대주에게 벼슬을 내린다. 서대주의 가족 친지들이 벼슬을 기려 잔치를 열 것을 주청하나 서대주는 근검한 사람이라 이를 반대한다. 그러나 맏아들을 비롯한 자식들과 아내의 간청을 못 이겨 잔치를 허락하니 모든 쥐족이 거창하게 잔치를 준비하고 또 초청장을 돌리는 등 분주하다. 세상의 모든 쥐들이 연회에 참석하여 서대주를 축하하나, 서대주는 기생들의 풍악과 슬픈 음률을 접하고 사고로 일찍 죽은 자손들을 회상하며 비창해 한다. 이때 성품이 간악하며 게으르고 빈한한 한 다람쥐가 자기는 초청받지 못했지만 서대주의 잔치 소식을 듣고 기갈을 면하기 위해 연회를 찾아간다. 서대주가 다람쥐를 맞아 미주성찬으로 대접한다. 잔치가 끝나도 남아 있던 다람쥐는 서대주에게 약간의 식량을 빌려주면 식구들이 기한을 면하고 열심히 일해서 갚겠다고 하여 적지 않은 양식을 받아 가지고 집으로 돌아간다. 다람쥐 식구들은 그 덕에 겨울을 무사히 날 수 있었지만 봄이 되자 양식이 다 떨어지니 다람쥐는 아내의 반대에도 불구하고 다시 한번 서대주를 찾아가 양식을 구걸한다. 서대주는 이번에는 거절한다. 이에 다람쥐는 앙심을 품고 상소장을 작성하여 백호산군에게 원정을 올린다.

솟장에는 서대주가 노복쥐 수십 명을 데리고 자신이 저축한 양미 수십 석을 탈취해갔다고 되어 있다. 산군은 이에 오소리와 너구리 형졸을 보내 서대주를 관아에 잡아온다. 서대주는 잡혀 와서도 하나도 잘못이 없으므로 당당하게 행동한다. 그리고 이렇게 같은 종족 사이에 쟁송이 일어난 것 자체를 서글퍼한다. 서대주는 산군의 추궁에 당당하게 대답하고 그 곡절을 세세히 소지를 써 고변하니 하나하나 합당한지라 다람쥐는 엄형에 처해지고 서대주는 무죄 방면된다. 서대주가 산군에게 복원하여 가련한 다람쥐를 방송해달라고 비니 모든 사람들은 서대주의 인덕을 칭송하고 다람쥐를 놓아준다. 서대주가 다람쥐에게 남은 돈을 줘서 보낸다.

쥐의 근면함을 소재로 한 이야기들은 민담에서부터 지속되어온 테마이다. 「서동지전」은 이를 당시의 사회 문제와 결부시켜 소설로 재현해 보인다. 이 소설은 남의 부귀영화를 시기하고 자신을 알아주거나 도와주지 않으면 앙심을 품고 상소를 올리는 시정 세태를 풍자하고 있다.

재판 판결의 부정을 폭로하는 「황새결송」

옛날 경상도 땅에 만석지기 부자가 살았는데, 그의 일가친척 되는 한 패악무도한 자가 있다. 이 자는 농사도 짓지 않고 노름과 술을 좋아하고 가물을 팔아 정처 없이 떠돌다가 돈이 떨어지면 종종 이 부자한테 와서 재물을 얻어가는 자이다. 이 자가 하루는 부자 친척을 찾아와 조상 때부터 전래된 재물을 부자 혼자 독차지하는 것이 부당하니 재물 반을 내어주지 않으면 못살게 하겠다고 협박한다. 이 부자는 주위의 말을 듣고 그 패악을 부리는 친척과 함께 서울로 올라가 법에 호소하기로 한다. 부자는 관가에 원정을 넣고 송사 날이 정해지기만을 앉아서 마냥 기다리는데, 시속물정을 아는 패도자는 관원들에게 뇌물로 미리 손을 써둔다. 마침내 재판이 벌어지는데, 판관은 친척을 구제해주지 않고 오히려 송사를 벌인다고 부자를 꾸중하고, 달라고 하는 대로 나누어주고 친척 간의 의를 상하게 하지 말라는 판결을 내린다. 부자는 절통하고 분하여 고향으로 내려가기 전에 판관을 다시 찾아가 송사와는 관련이 없는 이야기를 하나 들어달라고 간청한다. 그 이야기는 하나의 우화이다. 옛적에 꾀꼬리와 뻐꾹새, 그리고 따오기가 있었는데, 서로 누가 노래를 잘하는지를 다툰다. 자기들은 그걸 판결할 수 없으니 황새 앞에서 판정을 받자고 한다. 그런데 따오기는 자기 노래가 제일 못하다는 것을 잘 알므로, 황새가 가장 좋아하는 음식들, 즉 개구리 · 우렁이 · 올챙이 · 거머리 · 구렁이 등을 구해 가지고 황새를 찾아간다. 따오기는 황새에게 자기 사정을 말하고 자기 노래를 상급으로 판정해주도록 뇌물을 쓴다. 황새는 뇌물을 받고 꾀꼬리 소리는 애잔하여 틀렸고, 뻐꾸기 소리는 궁해 빠졌다고 판정한다. 그러나 소리만 크게 지른 따오기는 웅장한 호통소리가 대장부의 기상이라고 최고 판정을 내린다. 그 이야기를 듣고 관원들이 대답지 못하고 부끄러워했다는 이야기다.

「황새결송(決訟)」도 송사에 얽힌 이야기다. 그만큼 송사는 당시 사회적 초점을 한 몸에 받고 있던 문제였다. 여기에는 당시 만연했던 재판 과정의 비리와 부정에 대해 비판과 풍자의 시선으로 바라보고 있다. 이 이야기는 또 동물담이 삽입되는 과정이 소상히 밝혀져 있어 이를 통해 동물담의 알레고리 기능을 알 수 있게 해준다는 특징을 갖고 있기도 하다.

검찰의 조사 기록으로서의 「와사옥안」

개구리가 자신의 아들인 올챙이가 커다란 구렁이(대망[大蟒])에게 물려 죽었다고 관가에 고발한다. 초검관 두꺼비가 검시하러 현장에 나가 개구리를 불러서 원고 심문을 한다. 개구리는 자신은 생질인 메추리가 와서 자기 아들이 죽었다는 소식을 전해주었다고 말한다. 메추리는 올챙이가 구렁이와 싸우고 있다고 하기에 달려가 보니 올챙이가 죽어가고 있었는데, 마침 쉬파리가 옆에 앉아 있길래 물어보니, 자기는 문상 갔다 오다가 보니 올챙이가 누워 있어서 큰 소리로 물어보니 올챙이가 말하기를 자기는 새우와 가재와 함께 목욕하고 있는데 구렁이가 나타나 원수 집안의 후손을 만났다고 달려들어 물어뜯는 바람에 이렇게 되었다고 했다고 한다. 그래서 쉬파리가 올챙이를 업고 가오리에게 가서 진맥하고 약을 썼으나 효험이 없었고, 다시 남생이에게 문복하니 더 살지 못한다고 하더니 그날 밤에 바로 죽었다고 말했다 한다. 이어 관가에서는 목격자들을 하나하나 불러 심문한다. 함께 목욕했던 새우와 가재는 구렁이에게 올챙이가 물린 것을 보았다고 진술한다. 그리고 소식을 전한 메추리와 업고 뛴 쉬파리를 심문하고, 사건이 났던 곳의 이웃들인 달팽이와 메기, 납거미도 불러 물어본다. 진맥한 가오리는 올챙이의 죽음은 대망이에게 물린 독 때문이라고 했고, 남생이도 점을 빼어보니 귀신의 짓이 아니라 독 때문이었다고 한다. 그리고 행정 책임자인 동장 가물치와 면장 자라를 추문한다. 별주부 자라는 토끼의 간을 구하러 육지에 가서 잘 모른다고 대답한다. 관가에서는 원고와 증인들이 진술한 내용을 토대로 피고인 구렁이를 불러 사건을 문초한다. 구렁이는 올챙이와 원한이 없지는 않았지만 올챙이가 욕을 해 서로 껴안고 뒹굴다가 부딪쳐서 상처가 난 것이지 물어서 상처가 난 것은 아니라고 말한다. 올챙이가 본디 배부른 지병이 있어서 죽은 것이라고 말한다. 다음날 행랑에 안치된 올챙이의 시신을 검시하니 물린 흔적이 분명하다. 다시 개구리와 목격자들을 불러 재심한다. 피고 대망이가 재심 과정에서도 자신의 무고를 주장하니 새우 · 가재 · 가오리 등과 대질 심문하고, 가오리가 올챙이의 사인이 물린 독 때문임을 밝히자 대망이가 순순히 죄를 인정한다. 대망이가 범인이라는 조서를 작성하여 상부에 보고한다.

「와사옥안」(蛙蛇獄案)은 범죄가 발생해서 사건을 고발하고 나서 검찰이 원고 심문을 하고, 범죄 관련 증인들과 목격자들을 불러 심문하고, 그리고 나서 피고 심문을 하고, 시체를 검시하고 나서 서로 다른 진술을 토대로 재심문하고, 그래도 주장이 다르니 대질 심문하고, 그러고 나서 마침내 범인을 가려 조서를 작성하고 기소하는 과정에 이르기까지 검사가 현장에서 지휘하는 전 과정을 자세하게 진술하고 있는, 마치 탐정소설과 비슷한 특이한 소설이다. 그래서 이 소설은 검사 경험을 토대로 하여 하나의 사건을 동물을 통한 의인화 수법으로 창작한 소설이 아닌가 여겨지기도 한다.

동물 이야기는 인류의 담론적 고향

민담의 동물담은 인간이 동물을 어떻게 생각하느냐가 가장 자연스럽고 자유롭게 표현된 담론 양식이라고 할 수 있다. 그것은 신화처럼 어떤 제의적 맥락에 얽매이거나, 종교 담론처럼 어떤 비의적 맥락을 간직한 채 전승되는 것이 아니기 때문이다. 인간이 평소 동물에 대해 느꼈던 감정을 진솔하게 이야기로 표출할 수 있는 것이 민담의 동물담들인 것이다. 물론 거기에는 인간의 의식뿐만 아니라 무의식의 잠재 영역에 있는 생각들도 담기게 마련이다. 그래서 민담은 인간의 무의식의 영역이 가장 활발하게 작동되는 담론 양식 중의 하나가 된다.

민담에서 동물은 인간적 속성을 너무 많이 갖고 있어서 둘이 구분이 안 되는 지경에 이르기도 한다. 그러므로 서로 속 깊이 교감하는 것은 말할 나위도 없고, 서로 몸을 바꾸는 변신조차 왕왕 일어난다. 동물들은 말하고 웃고 울고 화내고 상심하고 기뻐하고 속이고 하는 것들이 인간과 하등 다름이 없다. 사람들은 민담과 우화소설에 나오는 동물들과 쉽게 동질감 내지는 동질의식을 느낀다. 그들은 그저 이름만 곰이요 쥐지 속은 인간이라고 생각되기 때문이다. 외피 한 장 뒤집어쓰고 있는 인간인 것이다. 사람들은 민담이나 우화소설의 동물들과 감정선이 연결되어 있어 동물들이 느끼는 모든 것을 함께 느낀다.

동물 이야기가 사람들에게 흥미와 교훈을 주는 것은 사실이지만 그것은 본질적인 것이 아니다. 그것은 동물 이야기가 지닌 효능으로서 후대에 인식되었을 뿐이다. 흥미와 교훈에 앞서 동물 이야기는 고대인들에게 있어 자기 자신의 아이덴티티를 확인하는 과정이었다. 동물과의 친연의식을 점검하고, 현실을 공유하는 존재들끼리 나누는 일종의 은밀한 담소였다. 우리가 구수한 동물 이야기에 고향에 회귀한 것과 같은 포근한 감정을 느끼는 이유는 그것이 인류의 담론적 고향이기 때문이다.

민담의 동물 이야기는 동물과 끈끈한 연대의식으로 맺어졌던 고대인들의 야생적 상상력과 떼려야 뗄 수 없는 관계로 맺어져 있다. 고대인들의 의식 저층에서 끊임없이 활화산처럼 분출하는, 동물과의 관계를 점검하고자 하는 의식이 만든 산물이라고 할 수 있다. 그것은 토템 동물과의 소중한 관계를 인류의 유전자 속에 잠복시킨 토테미즘적 사유체계에 그 기원을 두고 있다.

제6장

현대 문화양식들과 토테미즘적 사유

도시 감각 속에서의 정감적 사유

오늘날의 도시는 각진 빌딩들이 숲을 이루고 있고, 가는 곳마다 벽이 둘러쳐져 있다. 가로에는 사람들로 물결치고 자동차들은 질주한다. 이렇게 현대화된 도시는 자연적인 환경으로부터는 철저하게 격리되어 있다. 도시의 콘크리트와 아스팔트가 내는 회색빛 또는 잿빛부터가 동물들이 좋아하는 풀빛과는 거리가 먼 색조이며, 도시인들의 빠르고 정확함을 추구하는 생활 패턴 또한 동물들의 느리고 정감 있게 살아가는 패턴과는 사뭇 다르다. 그래서 동물들은 도시적 풍경 속에서는 전혀 어울리지 않는 존재가 된다. 동물들은 느린 것과 정이 흐르는 것을 좋아한다. 그런 점에서 정적(靜的)인 면이 부재하고, 정적(情的)인 면도 부족한 도시의 삶에 동물들은 적응할 수 없다. 느린 것과 정감이 있는 것이 서로 통하듯이, 빠른 것과 정이 없는 것도 서로 통한다. 도시의 속도와 정확성은 어떤 정감적인 것이 머물 수 있는 여지를 허용하지 않는 경향이 있다.

도시인들이 빠르고 정확한 도시적 감각 속에서 느리고 정감적인 각종 문화적인 양식들을 향유하는 현상은 어떤 점에서는 도시의 빠르고 정감 없는 양상을 보완하고 대체하려는 행위일 수 있다. 도시적인 문화양식들은 많은 경우 현대인의 테크놀로지 취향과 도시 감각에 따라 현대인의 생활적 내용을 하이테크적인 감각으로 처리하는 차원에서 이루어지지만, 또 다른 한편의 각종 현대적 문화양식들은 느림과 여유, 그리고 정감적인 토대 위에서 성립되는 경향이 있다. 의외로 고태적인 상상력과 동물적 감각을 기반으로 하는 일부 문화양식들이 존재하는 것이다. 특히 토테미즘적 사유를 바탕으로 하는 문화양식들이 현대인에게 묘한 반응을 일으키고 공감을 유발하는 현상은 주목할 만하다.

동물 다큐멘터리가 사람들을 끌어당기는 배경

TV 프로그램 중에 아마도 사람들이 가장 친근하게 다가가는 것은 동물의 세계를 보여주는 다큐멘터리 형식의 프로그램들일 것이다. 무서운 동물은 무서운 대로 흥미롭고 신기하며, 가여운 대상은 우리의 불쌍한 이웃을 보는 것처럼 동정과 연민을 불러일으키면서 사람들을 푹 빠져들게 만든다. 「동물의 왕국」이나 「동물의 세계」와 같은 다큐멘터리, 그리고 내셔널 지오그래픽이 보여주는 동물 영상들, 그밖에도 동물의 삶을 대상으로 하는 퀴즈 프로그램이나 「동물농장」과 같은 리얼 다큐들은 남녀노소를 불문하고 모든 사람들이 어떤 일말의 저항감 없이 자연스럽고도 흥미진진하게 받아들이는 오늘날의 대표적인 동물 관련 문화양식이다.

그런 프로그램들이 친근하게 느껴지는 것은 근본적으로는 벌판을 공유하면서 야생동물들과 삶을 같이 했던 고대인들의 사유적 잔영이 아직도 남아 있기 때문일 것이다. 그러나 그것은 카메라와 피사체와의 거리가 가깝게 설정되어 있다는 점에서도 비롯되는 측면이 있다. 동물들은 대체로 먼 위치에서 점점 가까이 가면서 클로즈업으로 잡히는데, 아무리 작은 동물도 크게 포착되어 눈앞에서 생생한 현장감을 드러내기 때문에 친근감이 더해진다. 동물들의 역동적인 움직임을 잘 포착해내는 카메라 기술이 더해짐으로써 우리 자신이 마치 그 현장 속에 위치해 있다는 착각을 불러일으키는 것이다. 동물이라는 피사체와의 거리가 가깝고, 동물의 역동적인 움직임이 눈에 잘 들어오며, 그래서 대상이 친근하게 느껴진다는 것은 우리와 동물과의 관계가 예사롭지 않았다는 것을 말해준다. 그것은 우리가 고대의 야생적 감각을 지금도 어느 정도 간직하고 있다는 얘기와도 통한다. 동물들을 눈앞에서 바로 생생하게 보면서 동물의 움직임을 관찰했던 고대인들의 시선과 감각이 현대인들에게도 잔존해 있음을 그것은 증언해준다.

동물과 동행한다는 의식

동물 프로그램의 화면에 비치는 동물들은 그 행동이 인간과 똑같다. 그들의 행동은 배고프고 따분하고 신나고 화나고 잠이 오고 할 때에 인간들이 취하는 행동들과 다를 바가 없다. 그래서 동물이 야생의 짐승이 아니라 우리의 친구이자 이웃이라는 정서를 우리에게 전해준다. 그것은 동물의 삶에 스민 정서를 고스란히 전해주는 내레이터의 해설을 통해서도 전해진다. 또한 동물의 목소리를 연기하는 성우들의 목소리를 통해서도 전해진다. 특히 동물의 목소리를 가장한 성우의 그럴듯한 목소리는 동물을 인간으로 착각하게 만든다. 그것은 의식상의 경계 구분에 익숙하지 못한 어린아이들이 매번 빠지게 되는 함정이다. 물론 어른이라고 해서 이 구속에서 완전히 자유롭지는 못하다. 인간의 고태적인 상상력 속에는 동물도 인간처럼 말했던 동물적 상상력이 들어 있다. 그래서 동물 프로그램을 보는 사람들은 간혹 자신이 동물 무리 속에 들어가 앉아 있는 환상 또는 착각을 하게 된다.

동물의 세계는 이처럼 사람들에게 친근하게 다가서는 세계이면서도, 다른 한편으로는 신기함에 가득 찬 모험의 세계이기도 하다. 동물의 삶은 인간에게는 모르는 것이 더 많은 수수께끼와 같은 존재이기도 하다. 알 듯하지만 파고들면 모르는 것투성이가 동물의 세계인 것이다. 그래서 동물 프로그램 중 동물의 습성과 관련된 의문을 푸는 퀴즈 프로그램은 그러한 인간의 욕구를 만족시켜주는 프로그램으로 인기가 있다. 동물들의 신기한 습성 및 행동에 대한 인간들의 강렬한 지식 욕구는 토템 시대의 고대인들이 토템 동물을 관찰하고 거기에서 삶의 깨우침과 가르침을 얻었던 방식을 닮아 있다. 실제로 토템 시대의 고대인들은 토템 동물을 비롯한 모든 동물들과 습성과 행동에서 지혜를 얻어 그것을 인간의 삶에 응용하기도 하고, 그들에게 미래의 일들을 묻기도 했던 것이다.

동물의 세계는 인간에게는 영원한 노스탤지어의 세계이다. 인간의 의식이 가장 쉽게 귀향할 수 있는 안식처가 동물의 의식 세계이다. 그것은 인간과 동물의 친연의식 또는 연대의식이 그처럼 뿌리 깊다는 것을 말해준다. 인간이 한때 동물이었다는 사고는 마치 하나의 아키타이프처럼 뿌리 깊은 것이어서 언제 어디서나 반복해서 인간의 의식 표면에 부상하곤 하는 성질의 것이다. 그래서 인간들은 동물의 의식 세계 속에 쉽게 함몰되는 경향이 있다. 가족 무리에서 홀로 이탈하여 춥고 배고픈 새끼 곰이 산속을 헤매다가 맹수를 만나 정처 없이 도망가는 영상을 볼 때, 우리는 그 새끼 곰에 쉽게 감정이입되어 모든 정황을 그와 함께 한다. 새끼 곰이 숨이 차면 우리도 숨이 차고, 새끼 곰이 물 위의 통나무를 잡고 허둥대면 우리도 어쩔 줄을 몰라 긴장하게 된다. 그러다가 마침내 가족 무리를 발견하고 무리 속으로 돌아갈 때, 우리 자신들도 그 새끼 곰처럼 안도와 환희를 경험한다.

동물영화에서의 휴머니티

오늘날 동물영화들에서는 동물이 인간과 함께 주인공이 된다. 아니 인간이 보조 캐릭터이고, 동물이 주연을 맡고 있다고 해야 맞다. 동물들은 인간의 친구로서, 동료로서, 이웃으로서 인간과 교감을 나누는 존재로서 등장한다. 인간들끼리나 가능하다고 여겨지는 우정을 동물과 인간이 나누고, 동물들끼리 나눈다. 동물은 비록 말하지는 못하지만 인간과 똑같은 감정과 정서를 지닌 존재이기 때문이다. 「늑대 개」에서는 소년과 늑대의 사랑이 이루어지고, 「아름다운 비행」에서는 소녀와 거위들이 우정을 교환하며, 「프리 윌리」에서는 소년과 돌고래가 서로 교감하면서 우애를 나눈다.

인간과 교감하는 동물을 그리는 영화들은 가슴이 뭉클한 사연을 제각기 갖고 있다. 동물을 대상으로 하고 있으면서도 동물영화들은 너무도 인간적이다. 그것은 감동적인 휴먼 드라마이다. 그러한 휴먼 드라마에서 동물이 주인공인 것이 아이러니하다고 할 수 있을는지도 모르지만, 동물이 아예 인간화된 이상 아이러니할 것도 없다. 동물 드라마에서 나오는 휴머니티의 상당 몫은 동물에게서 나온다. 휴머니티가 전적으로 인간의 속성에 기대고 있는 자질이라고 믿는 사람들에게 동물 드라마는 배신을 한다. 동물 드라마에서 휴머니티는 동물의 자질 그 자체에서도 상당 부분 분비되기 때문이다.

하찮은 동물이 더 큰 감동을 준다

동물영화 속의 주인공들은 개가 많은 편이지만 돼지 · 곰 · 쥐 · 고양이 · 말 등 꽤 다양하다. 옛날에는 영리하고 듬직하고 용감하고 혈통이 있는「래시」같은 개가 주인공이 되어 인간을 위험에서 구출하는 등의 활약을 했다면, 요즘의 동물영화들은 보잘 것 없는 개나 돼지, 그리고 쥐 등이 기지를 발휘하거나 인간적인 면모를 보여줌으로써 그것이 더욱더 큰 감동을 주고 있다.

「벤지」는 떠돌이 잡종견이지만 납치당한 아이들을 기지를 발휘해 구해낸다. 동물들이 옛 주인을 찾아 먼 길을 가면서 온갖 역경을 이겨낸다는 스토리도 보편화되어 있다.「머나먼 여정」에서는 말썽꾸러기 개와 늙은 개, 그리고 고양이 한 마리가 서로 다투기도 하지만 합심하여 옛 주인을 찾아 길을 떠난다. 산 하나만 넘으면 될 줄 알았는데, 그들은 산과 강을 건너는 것을 계속해야만 한다. 그러다가 그들은 깊은 산속으로 들어서면서 배고픔과 공포, 야생동물 등을 처음으로 경험한다. 고양이가 강물에 떠내려가는 등의 어려움에 봉착하지만 그들은 협조를 통해 위기를 극복하고 마침내 주인을 찾는 데 성공한다.

「꼬마 돼지 베이브」는 어린 돼지 한 마리가 역경을 딛고 남의 인정을 받는 과정을 그리고 있다. 엄마를 잃은 베이브는 동네 축제의 경품이 되어 한 농장의 식구가 된다. 거기에서 그는 양치기 개도 사귀고, 닭처럼 지붕에 올라가 울어대는 엉뚱한 오리와도 친해지면서 엄마를 잃은 슬픔을 이겨간다. 어느 날 베이브는 도둑 일당이 양들을 훔치는 현장을 목격하고 양치기 개에게 알려 양들이 도난당하는 것을 막는 수훈을 세운다. 이를 알게 된 주인은 베이브에게 집안을 출입할 수 있는 자격을 부여한다. 그리고 베이브를 양치기 돼지로 훈련시킨다. 베이브는 마침내 전국 양몰이 대회에 출전한다.

「스튜어트 리틀」은 조그만 생쥐의 기지와 활약상을 그리고 있다. 리틀 씨네 집안에 식구로 들어온 스튜어트는 그 집 아들 조지와 그 집의 애완 고양이로부터 배척을 당한다. 가족으로부터 외로움을 느끼던 스튜어트는 고양이의 추격을 받아 도망치다가 우연히 조지의 공작실에 들어가게 된다. 스튜어트는 조그만 몸집의 장점을 십분 발휘하여 조지가 만들다가 중단한 배를 완성시켜준다. 그리고 요트경기에 함께 출전하게 된다. 출전한 요트 경기에서 스튜어트의 도움으로 조지는 우승하게 된다. 그리하여 스튜어트는 진정한 리틀 가족이 된다. 이에 고양이가 스튜어트를 몰아내기 위하여 거리의 부랑아 고양이에게 스튜어트를 없애줄 것을 사주하게 되고, 스튜어트는 이 난관을 슬기롭게 헤쳐나간다는 이야기다.

동물들도 사랑과 우정이 가능하다

「베어」는 곰들 간의 사랑과 우정을 그린 영화다. 아기곰 두스는 엄마곰과 함께 나무에서 꿀둥지를 파내어 먹고 산다. 그러나 엄마곰이 갑자기 굴러 떨어진 바위에 깔려 죽고 난 다음, 혼자가 된 두스는 여기저기 떠돌아다닌다. 엄마곰의 보호 없이 혼자서 직면하는 세계는 보이는 것 전부가 놀라움의 연속이다. 어느 날 두스는 사냥꾼의 총에 맞아 상처를 입은 큰 곰 바트를 만난다. 두스는 귀찮아하는 바트를 쫓아가 상처를 핥아준다. 이내 친구가 된 두스와 바트는 함께 사냥하여 먹잇감을 구하게 되는데, 아기곰 두스는 조금씩 바트를 통해 자연의 섭리를 알아가게 된다. 그러나 사냥개를 데리고 다시 나타난 사냥꾼들은 바트를 쫓지만 오히려 두스가 생포된다. 두스를 구하기 위해 나타난 바트는 사냥꾼들을 절벽에 몰아붙여 사냥꾼들은 죽을 위기에 처하지만 바트는 사냥꾼을 해치지 않고 살려준다. 우여곡절 끝에 바트의 곁에 돌아온 두스는 흰 눈이 내리는 겨울이 오자 바트와 함께 겨울잠을 자기 위해 동굴을 찾는다.

「샬롯의 거미줄」은 동물 세계에서도 따돌림을 받아 외로운 동물들끼리 서로 도우며 살아간다는 내용이다. 새끼 돼지 윌버는 너무 조그맣다는 이유로 햄이 될 위험에 처하지만 농장의 철부지 어린 딸의 도움으로 농장에서 다른 동물들과 함께 지내게 된다. 친구를 사귀고 싶어 하는 윌버의 바람과는 달리 동물들은 자기네끼리 무슨 비밀이 있는 듯 수군덕거리면서 윌버를 멀리 대한다. 그때 어디선가 다정한 목소리가 들려오는데, 그 목소리의 주인공은 농장 천장에 사는 거미 샬롯이다. 둘은 이내 친구가 된다. 어느 날 윌버는 여물통 밑에 사는 쥐로부터 그동안 동물들이 쉬쉬 하며 감춰왔던 충격적인 비밀을 듣게 된다. 그것은 겨울이 오기 전 윌버는 햄이 되어 식탁에 올라갈 운명이라는 것이다. 샬롯은 절망에 빠진 윌버를 위로하며 끝까지 지켜주겠다고 약속한다. 그리고 모두가 잠이 든 그날 밤, 샬롯은 '대단한 돼지'라는 글씨를 거미줄에 선명하게 아로새긴다. 그것은 모든 사람들에게 하나의 계시로 받아들여지고, 윌버는 마을에서 유명해진다.

동물이 인간에게 무언가를 가져다준다는 의식

동물영화에서 등장하는 동물들은 그다지 웅대하지도 않고 영웅적인 행동을 하는 것도 아니다. 그들은 그저 그런 평범한 동물이고, 힘의 측면에선 보통 이하의 자질을 지닌 동물들일 뿐이다. 그러나 그들은 남의 인정을 받기 위해 노력하고 실천하는 능력을 지닌 지혜로운 동물들이다. 그들은 인간 이상으로 목표에 도전하고 모험을 벌이는 것도 마다하지 않는다. 작고 연약한 상태로 어려움을 극복하는 모습을 보여준다. 그들에게도 일정한 가치체계가 존재하고 거기에는 선악 관념까지 갖춰져 있다. 선악적 판단에 따라 그들은 철저하게 선한 행동을 취함으로써 오히려 인간에게 모범이 된다. 그리고 동물들은 종(種)이 서로 다른 상황에서도 사랑과 우정이 가능하다는 점을 보여준다. 동족 집단이 아닌, 종의 경계를 넘어선 동물들 간의 상호소통과 교류를 보여주는 것이다.

동물영화에서 동물들이 이러하다는 것은 인간이 동물에 대해 갖고 있던 그동안의 관념의 소산이다. 연약하지만 서로 힘을 합해 어려움을 극복하는 지혜로운 존재, 가치체계와 선악 관념이 있어 그에 따라 행동하는 존재, 사랑과 우정으로 서로 감싸주고 북돋우며 상호관계를 발전시켜나갈 수 있는 존재, 인간은 동물들을 그런 아름답고 고귀한 존재로 생각했던 것이다. 그러한 동물들이기 때문에 인간에게 도움을 주고 이로움을 갖다 줄 것이라고 사유한 것이다. 인간이 고난과 역경 속에 빠졌을 때, 동물은 어떤 신비로운 동물적인 힘으로 인간을 구원해줄 수도 있다고 생각했던 것이다.

그것은 토템 시대 고대인들이 토템 동물로부터 기대했던 것과 동질의 것이다. 토템 동물이 씨족의 토템이 된 것도 그러한 사연과 내력을 간직하고 있는 경우가 많았다. 동물이 초인적인 힘을 발휘하여 인간을 물리적으로 돕는 것은 아니었지만, 「샬롯의 거미줄」에서 거미의 행위가 인간에게는 하나의 계시처럼 받아들여지듯이 동물은 언제나 인간에게 무엇인가를 가르쳐주는 존재로 사유되었다. 그것이 삶의 지혜가 되건, 아니면 미래사에 대한 예견이 되건 간에 인간이 알 수 없는 것을 가르쳐주는 스승과 같은 존재였다. 그러한 토테미즘의 야생적 사고가 동물영화에서 등장하는 것은 인간의 그러한 원형적 심상이 동물적 모티브를 사용하는 영상

기술의 발달에 힘입어 부활하였기 때문이다.

혈연의식을 환기하는 동물영화

동물이 어려움에 빠진 인간을 돕는 이러한 비현실적인 이야기를 판타지라고 할 수는 없다. 판타지라면 도저히 현실에서는 있을 수 없는 비현실이어야 하고, 기적 같은 일이 일어나야 하며, 인간을 허공에 뜬 상태의 환몽적인 세계로 이끌어야 한다. 하지만 이러한 동물영화 이야기에서는 그러한 비현실적인 기적이 일어나지도 않고, 인간을 허공에 태워서 환각의 세계로 인도하지도 않는다. 오히려 가슴 뭉클한 현실의 살 내음을 전해주는 것이다.

동물영화들은 가족이 함께 보는 가족영화로 분류되는 경향이 있다. 그것은 사랑과 우애가 넘치는 휴먼 드라마이기 때문이기도 하지만, 동물영화에는 어딘지 모르게 혈연적 감정선을 건드리는 모티브가 잠재되어 있기 때문이기도 하다. 동물과 인간은 무연고의 절대 남남이 아니라 정서적으로 영적으로 심혼적으로 서로 연결되어 있음을 보여준다. 동물과 인간의 그러한 연결 관계를 혈연적 관계인 가족들이 즐기는 것은 일종의 동병상련의 아픔을 위로받기 위해서인지도 모른다.

동물과 인간 사이에 벌어지는 일들을 그려 감동적인 휴먼 드라마를 지향하는 점은 한국의 동물영화들도 마찬가지다. 그러나 동물에게 적재된 시점이 약화되어 있는 반면 인간에게 적재된 시점이 한층 강화되어 있다. 사랑스런 몽상가, 아름다운 야심가, 신비로운 아웃사이더 등의 성향을 지닌 스무 살 처녀들의 삶에 고양이 한 마리가 끼어들어 각 여자들에게 미묘한 변화를 일으키는 이야기를 그린 「고양이를 부탁해」, 집 나간 엄마를 기다리는 오누이와 같이 살면서 그들과 애증을 나누는 한 마리 강아지 이야기를 담고 있는 「마음이」, 제주도 목장에서 서로 정을 주고받고 자란 소녀와 말이 헤어졌다가 경마장에서 여기수와 경주마로 다시 상봉한다는 이야기를 담고 있는 「각설탕」 등이 그러하다. 감동적인 동물 휴먼 드라마는 다큐멘터리 형식의 영화로도 나오고 있다. 「워낭소리」는 마흔 살이 되어 죽음을 눈앞에 두고 있는 늙은 소와, 그 소를 30년 넘게 키워온 노년의 부부 사이의 정을 그리고 있다. 속에 있는 정을 겉으로 잘 표현하지 못하는 한국인답게 겉으로는 무뚝뚝하지만 속으로는 진한 정을 지닌 노인은 자기를 믿고 따라온 소가 죽음을 앞두고 있다는 사실에 무척 애달파한다. 그 점은 소도 마찬가지다. 원래 감정 표현에 둔감한 소이지만 자신이 얼마 살지 못한다는 사실을 잘 알고 있으면서도 주인이 힘든 일을 하면 아픈 몸을 이끌고 나서지 않을 수 없다. 무뚝뚝한 두 한국적 존재가 속으로 교감하는 데서 혈연관계 이상의 휴머니즘이 표현되고 있다.

뮤지컬에서의 동물적 감각과 호흡

현대의 무대공연 예술인 뮤지컬에서도 동물 세계를 표현하여 동물적 감각을 현대인에게 전해주는 데 관심을 많이 갖고 있다. 대표적인 동물 뮤지컬인 「캐츠」는 젤리클 고양이들의 신나는 축제를 테마로 하여 춤과 노래, 그리고 탭댄스 등의 리듬과 호흡으로 동물적 감각을 표현하고 있다. 공연자들이 입은 고양이 의상은 고양이의 날렵하고 부드러운 감각을 그대로 표출하고 있으며, 화장술도 뛰어나게 고양이 얼굴을 그대로 형상화하고 있어서 인간이 고양이와 그렇게 닮을 수 있는지를 새삼 깨닫게 해준다. 그리고 고양이들의 춤과 탭댄스를 보면 인간의 관절운동이 고양이의 그것과 그토록 비슷한 것인지 감탄하게 된다. 그래서 고양이 축제에 빠져들어 보다 보면 고양이 세계도 인간 세계처럼 그러하겠다는 생각을 자연스럽게 하게 된다.

[그림 59] 고양이들로 분장하고 연기를 하는 「캐츠」 공연단. 분장과 춤이 고양이를 너무 닮아 고양이 세계 속에 와 있다는 착각을 하게 만든다. 공연 중에 카리스마 있는 반항아 고양이 '럼텀터거'와 암코양이들이 연기를 하고 있다.

또 하나의 현대적 동물 뮤지컬인 「라이온 킹」은 먼저 애니메이션으로 나온 작품을 뮤지컬화한 것으로 아프리카의 광대한 사바나에서 사자왕의 승계를 둘러싼 암투와, 그 왕국의 백성으로서의 온갖 동물들의 행렬을 테마로 하고 있다. 무대 위에는 온통 동물의 왕국에 나오는 동물들의 그 수많은 종류를 그대로 재현해놓는다. 기린에서부터 새들에 이르기까지 모든 동물들은 인체공학적으로 설계되어 있는데, 인간의 몸짓으로 동물의 육체와 구조적 메커니즘이 완벽하게 표현되도록 제작되어 있다. 그만큼 육체성의 측면에서 인간과 동물의 차이를 찾기가 힘들 정도로 서로 합일

되어 있다.

이러한 동물 뮤지컬들은 현대인에게 감춰져 있던 동물적 감각을 소환하여 우리로 하여금 저 옛날 동물 세계 속에서 함께 거주했던 감각이며, 그들과 교감했던 내용을 느끼게 한다. 그것은 물론 현대의 발달된 연기술과 테크닉에 힘입고 있지만, 고태의 원형적 기억이 환기되지 않았다면 체험할 수 없는 감각인 것이다. 고양이의 사뿐사뿐 뛰고 부드럽게 착지하는 리듬과 율동은 고대인들이 배우고 흉내 내고자 했던 바로 그것이며, 인간 동물들이 사바나에서 뛰어다니는 모습은 고대인들이 들판을 뛰며 느꼈던 바로 그 호흡이다. 그래서 현대 관객들은 가만히 앉아서 볼 수밖에 없지만, 속으로는 운동신경이 자극되고 흥이 나고 신명이 나는 것이다. 음악적 리듬이 서구적이거나 아프리칸 리듬인 것은 별로 문제되지 않는다. 그 리듬들은 현장에서 동물의 움직임에 체화되어 나타나기 때문에 후대에 형성된 인위적인 음악 전통에서 비롯된 리듬 감각과 상충하지 않는다.

동물적 감각이 살아 있는 어린 시절

오늘날에는 아이들이 좋아하는 동물 관련 문화양식들이 많이 있다. 교육적인 효용성 때문이기도 하지만 근본적으로는 아이들의 취향과 기호에 동물 관련 문화양식들이 딱 맞기 때문이다. 동화와 동물 우화, 동물 연극, 애니메이션, 동물영화, 동물인형과 마스코트, 사이버 펫과 다마고치, 그리고 동물원 관람과 애완동물 기르기 등등 아이들이 선호하는 오늘날의 문화적 현상과 문화 형태는 학교의 교육현장과 우리네 생활 주변 곳곳에 광범위하게 존재한다.

아이들이 동물적 문화양식들을 좋아하는 이유는 아무래도 인류의 과거기억과 관련된다고 하지 않을 수 없다. 인간의 원초적 경험들은 쌓이고 쌓여 유전자화되어 계승된다고 할 수 있는데, 동물과의 야생적 경험도 인간의 원형적 기억으로 전해져왔을 것이다. 그러한 원형적 유전자는 태어날 때 가장 원형에 가까운 모습으로 나타난다. 그러한 야생적 상상력 또는 동물적 감각은 세월이 지나면서 점차 탈색되어가는 것으로 보아진다. 아이들은 상상 속에서만 살 수 없는 현실의 구조상, 논리적으로 사고하고 현실적으로 사유하는 습관에 물들면서 차츰 그러한 동물적 상상력을 잊어버린다고 할 수 있다. 물론 어른이라고 해서 모두가 그런 것은 아니지만 대개는 동물적 상상력은 현실 생활에 전혀 도움이 되지 않으므로 그것들은 어른들의 사유 및 행동 체계의 창고 한구석에 처박히는 신세가 되는 경향이 있다. 어쨌든 아이 때에는 동물적 상상력과 감각이 가장 많이 간직되어 있는 시절이어서 아이들은 동물 관련 문화양식들의 주요 소비자가 된다.

동화책과 동물 연극이 주는 동물적 상상력

아이들이 가장 좋아하는 책은 동화책이다. 그런데 동화책의 상당 부분이 동물 우화로 되어 있다. 이솝 우화나 라퐁텐 우화는 아이들이 좋아하는 우화의 고전이며, 민담이나 야담에서 전환된 우화들도 아이들이 선호하는 읽을거리이다. 그밖에도 국내외에서 창작된 동물 우화는 그 수를 헤아리기가 힘들다. 어른들은 동물 우화를 아이들의 윤리 교육 차원이나 정서적 교육 차원에서 활용하는 경향이 있지만, 정작 아이들은 그보다는 자신들의 감수성에 동물 세계가 맞기 때문에 동물 우화를 좋아한다. 아이들에게 동물 세계를 인간 세계로 치환하는 능력은 중요한 관심사가 아니다.

그것은 어른의 의도일 뿐, 아이들은 동물 세계의 이야기에서 자신이 그 상황 속에 놓여 있는 상상을 하기 때문에 흥미로운 것이다. 동물과 친해지고 싶고 이야기를 나누고 싶고 뒹굴고 싶어서 그 이야기 세계 속에 기꺼이 자신을 집어넣는 것이다.

아이들은 동물 연극에도 환호한다. 아이들을 위한 연극은 거의 동물 연극이고, 어린아이일수록 동물 연극에 매료된다. 그것은 동물들이 벌이는 상황 자체가 재미있기 때문인데, 그 재미는 낯설지 않고 그만큼 아주 익숙한 데서 오는 것으로 판단된다. 오히려 아이들에게는 인간들이 벌이는 상황이 낯설고 이해되지 않는다고 할 수 있다. 아이들에게 동물들이 벌이는 상황은 낯익은 광경이라 아이들은 그 속에 직접 참여하는 것도 좋아한다. 학예회라든지 학교 연극은 동물 세계를 그린 연극이 연출되는 경향이 있는데, 아이들은 각자 그 세계 속의 동물 한 가지를 맡아서 연기한다. 자신이 실제로 동물이 되어 연기하는 것을 좋아한다는 것은 동물 세계 속의 상황이 그만큼 친숙하다는 것을 의미한다. 아이들의 잠재의식 속에 동물 세계는 귀환하고 싶고 정착하고 싶은 하나의 동경하는 세계이다.

야생적 상상력의 고향으로서의 애니메이션

아이들이 선호하는 현대의 문화양식은 단연 애니메이션이다. 애니메이션 중에서도 동물 애니메이션은 어린이의 영원한 친구로 오래도록 기억된다. 비단 아이들만이 아니라 어른들도 신나는 동물 애니메이션에 빠져든다. 그러나 애니메이션의 주요 수요층은 아이들임에는 틀림없다. 애니메이션은 만화와의 긴밀한 연관 속에서 공동 번영하는 경향이 현대에는 두드러지는데, 그 바탕에도 어린이 만화 독자들의 성원과 환호가 깔려 있다. 어린이들의 사랑을 받았던 명작 동물 애니메이션은 「미키 마우스」를 비롯하여 「도날드 덕」, 「곰돌이 푸우」, 「라이온 킹」, 「아기공룡 둘리」, 「톰과 제리」 등등 헤아릴 수 없다. 그리고 영화나 다른 장르에서 먼저 나온 것을 애니메이션으로 제작한 것으로는 「로빈 훗」이나 「타잔」, 「미녀와 야수」, 「닌자 거북이」 등이 있다. 애니메이션의 전통은 오늘날의 「볼트」나 「마다가스카」에 이르기까지 계속되어오고 있다. 아이들의 방학에 맞춰 한두 편의 애니메이션 영화가 나오는 것은 일상사가 된 지 오래다. 그만큼 애니메이션은 오늘날 아이들이 문화를 체험하는 행위의 커다란 부분을 맡고 있다.

동물 애니메이션에서 동물들은 사람처럼 말도 하고, 등장하는 인간들과 의사소통도 하며, 감정적 교류도 한다. 최소한 인간과 동물 사이의 벽은 애니메이션 양식 안에서는 존재하지 않는다. 동물들은 능력 면에서도 전혀 뒤떨어지지 않는다. 재치 있고, 발랄하고, 영리하고, 민첩하고, 재주가 많은 존재들이다. 깨지고 터지고 철저하게 망가져도 오뚝이처럼 다시 일어서서 명랑하게 살아가는 존재들이다. 게다가 동물들은 정이 많고 포근하고 사려 깊고 유머러스한 면모도 갖고 있다. 동물들은 아무리 종류가 다를지언정 서로를 포용할 줄 아는 미덕도 갖고 있다. 거기에 그려지는 동물 세계는 이렇게 딱딱하고 험한 현실 세계와는 차원이 다른 세상이므로 아이들의 정감에는 자신들이 마음 놓고 안주할 수 있는 공간으로 느껴진다.

동물 애니메이션은 아이들의 동물에 대한 상상력이 활짝 피어나는 지점에 위치해 있다. 인간의 동물적 상상력이 저 옛날 무의식의 깊은 기층 바닥으로 가라앉아 버렸음에도 불구하고 그것이 새로운 인간 생명에 조금씩은 그 원형적 인자를 전승시키는 현상을 우리는 아이들의 애니메이션 취향에서 맞닥뜨리게 된다. 동물들이 귀엽게 말하고 행동하는 모습은 아이들의 야생적 무의식의 심금을 잘 건드려준다. 인류의 태곳적 경험과 기억의 잔상이 애니메이션의 영상에 남아 있다. 동물 애니메이션의 동물적 상상력은 갑자기 끌어내어진 것이 아니라 고대의 신화적 상상력과 민담적 상상력을 통해 자주 호출되었던 것이다. 기계적 근대화와 과학적 기술의 첨단화 과정에서 그러한 상상력은 점차 소멸되어가고 있었는데, 영상 테크놀로지의 발전으로 표현의 영역이 넓어지면서 그것은 애니메이션을 통해 재등장한 것이다. 그것은 영원히 사라져버리는 성질이 아니라 끊임없이 귀환하는 성질을 가지고 있다. 그것은 야생적 사고의 본향이기 때문이다.

동물인형에서 야생적 감각을 반추하기

아이들의 동물적 상상력은 보고 즐기는 것으로 만족하지 않는다. 아이들은 실제 현실에서도 동물을 만지며 접촉하는 것을 좋아한다. 그렇지만 실제로 애완동물을 키우는 것이 도시 생활에서는 쉽지 않기 때문에 많은 경우 인형이 그 자리를 대신한다. 인형은 바깥에서 기를 필요도 없이 거처하는 실내에 두고 지속적으로 접촉할 수 있다는 이점이 있다. 인형 중에서도 곰인형이 가장 인기가 좋은데, 그건 동물 중에서 곰이 가장 인간과 친해서라기보다는, 모양이 사람과 가장 비슷하고, 크기가 사람이 가지고 놀기에 알맞고, 봉제 인형으로 만들기 쉽다는 점 때문일 것이다. 그리고 곰의 모발은 부드럽고 포근하다고 인식되어 있기 때문에 스킨십의 욕망을 불러일으킬 수 있다는 점도 곰인형이 널리 유포된 이유가 될 것이다. 아이들이 털이 부드러운 봉제 인형을 끼고 노는 것은 그 옛날 동물들과 접촉하며 살았던 고대인들의 유전자적 기억과 무관하지는 않으리라고 본다. 고대인들은 동물들을 가까이서 관찰했을 뿐만 아니라 스킨십을 통해 감정적인 교류를 했다. 마치 그런 고대인들처럼 아이들은 인형을 껴안고 같이 누워 자고 하면서 자신의 동물적 감각을 반추하는 행위를 무의식적으로 하고 있는 것이다. 아이들은 동물인형들 사이에서 동물 가족에 둘러싸인 편안함을 느낄는지도 모른다.

토템적 상징 문양으로서의 동물 마스코트

온갖 장식용구에서도 동물 마스코트들이 유행한다. 요즘엔 아이들뿐만 아니라 젊은이들까지도 옷이나 가방 · 모자 · 핸드폰 등의 액세서리로 동물 마스코트를 장식하고 다닌다. 그러한 현상에는 동물과의 친근한 감정이 기본적으로 깔려 있다. 한편 그렇게 함으로써 모종의 행운을 그 상징 동물이 가져다줄지도 모른다는 믿음 또한 거기 개입되어 있음을 부정하지 못한다. 그것은 마치 토템 동물을 자신의 수호천사처럼 생각했던 토템적 사유체계와 흡사하다. 그것은 토템 동물의 상징 문양을 그려가지고 다니면서 그것이 부적처럼 자신을 보호해주리란 믿음과 비슷한 것이다. 물론 한낱 장식으로 고착된 오늘날의 동물 마스코트에 태곳적 상징 의식을 지나치게 부여하는 것은 과도할 수 있다. 그럼에도 불구하고 그것이 인간의 오래된 관습으로 지속되어왔다는 점은 토템 의식의 후유증이 아니라고 부정할 것도 못된다.

요즘의 야구나 축구와 같은 스포츠 구단은 구단의 심벌로서 동물 마스코트를 대개는 갖고 있고 내세우고 있다. 운동장에서는 동물 마스코트를 의상으로 만들어 사람이 그것을 뒤집어쓰고 응원을 주도하기도 한다. 그것은 다분히 구단의 어린이 회원을 많이 모집하기 위한 전략이기도 하다.

어린이 팬들이 구단 살림에 큰 보탬이 되는 것은 누구보다도 구단에서 먼저 잘 인식하고 있으며, 그러한 동물 마스코트가 어린이 팬들을 유혹할 수 있다는 점도 잘 알고 있다. 아이들은 추상화된 도안보다 실제 동물이 왔다 갔다 하는 것에 친근감을 느끼고 나아가 흥분한다. 거기에 동물 마스코트가 신기한 동작을 펼치는 순간엔 그것은 애니메이션 중의 애니메이션이 되는 그런 감동을 느끼게 될 것이다. 푸른 잔디에서 그 동물 마스코트가 묘기를 보일 때, 아이들은 푸른 초원 위에서 동물들과 함께 뛰고 놀던 태곳적의 야생적 감각을 체험하게 될 것이다. 물론 아이들이 그런 감각 체험을 더 잘한다는 것이지 어른들은 그런 걸 못 느낀다는 것은 아니다.

사이버 펫에서 동물과의 교감을 추억하기

한때 청소년들 사이에 다마고치 열풍이 휩쓴 적이 있었다. 강아지의 밥 달라는 소리에 전국이 시끄러웠다는 우스갯소리도 있었다. 다마고치는 실제로 애완동물을 키우기 어려운 상황에서 동물 대신 출현한 게임 테크놀로지 발달의 산물이다. 어떤 점에서 보면 다마고치는 애완동물에 병적으로 집착하는 세태를 게임으로 속화시키면서 풍자 · 비판한 것일 수도 있다. 하지만 거기에 담겨 있는 동물에 대한 관심과 애정은 상상을 초월하는 것이었다. 자신이 강아지를 잘 먹이는지, 잘 재우는지, 잘 놀아주는지, 잘 치우는지, 전체적으로 잘 키우는지가 강아지의 발육과 성장, 나아가 강아지의 죽음과도 직결되어 있어서 그것은 자신과의 게임이기도 하면서, 야생적 감각을 체험하는 행위이기도 했다.

사이버 펫도 다마고치의 연장선상에 있는 오락 게임 프로그램이다. 사이버 상에서 다양한 종류의 애완동물을 자신이 선택할 수 있으며, 그것을 어떻게 키울 것인지도 자신이 선택한다. 밥은 어떤 것을 먹이고, 옷은 어떤 것을 입히며, 헤어스타일, 미용, 염색, 그리고 동물과 관련된 놀이기구 등 모든 물품을 자신이 선택해야 한다. 물품을 사는 데는 사이버 머니가 필요한데, 어느 정도는 사이버 세계 내에서 해결할 수 있지만 어느 정도를 넘으면 실제 현금이 들어가기도 한다. 아바타를 장식하는데 돈이 들어가는 것처럼, 전쟁 도구를 구입하는데 돈이 들어가는 것처럼, 도토리를 관리하는데 실제 현금이 들어가는 것처럼 사이버 펫의 물품을 구입하는 데에도 돈이 들어가는, 사이버 게임의 전형을 따르고 있다.

사이버 펫에서 동물을 잘 기르기 위해서는 동물이 보여주는 성격의 패턴을 파악하여 그에 따른 조치를 적절하게 취해야 한다. 그러므로 동물의 행위 하나하나를 기억하고 체계적으로 분석할 줄 알아야 한다. 사이버 상에서 인간과 동물은 관계의 네트워크를 형성하고 있다. 그 관계망을 따라 의사소통이 이루어지고, 그에 따른 피드백이 이루어진다. 동물과의 네트워킹이 전자회로를 따라 실현되는 것이다. 그것은 마치 옛날 토템 시대의 사람들이 동물을 면밀하게 관찰하고 징후를 읽어내고 그에 따라 조치를 취하곤 했던 그 과정과 닮아 있다. 실제로 야생동물과 직접 접촉할 수 없는 상황에서 이루어지는 이러한 전자 네트워킹은 동물과 교감했던 고대인들의 행태에 대한 아련한 추억이 거기 깃들어 있는지도 모른다.

야생 체험으로서의 동물원 관람

유치원이나 초등학교에서는 요즘도 학생들이 동물원에 간다. 소풍이라든지 자연학습이라는 약간은 강제적인 명목을 띠고 있지만, 사실 따지고 보면 그것은 야생 체험이요 생태 연구이다. 고대인들이 초원 속에 들어가 동물과 곤충, 그리고 식물들의 생태를 관찰하고 거기에서 삶의 지혜를 얻고 어떤 혜안을 얻고자 했던 행태를 현대의 우리는 무의식적으로 반복할 뿐이다. 그것이 지금은 어떤 연례행사처럼 되어 있어 거기에 들어 있는 깊은 잠재적 의미까지를 추출할 수 없을 뿐이다. 아이들뿐 아니라 어른들도 머리를 식힌다는 명목으로든 시간을 때운다는 명목으로든 제 발로 걸어서 동물원에 가는 것을 보면 아이나 어른 할 것 없이 우리는 모두 야생체험단에 가입하기를 원하는 존재들이다. 우리는 의식할 수 없을 뿐이지 동물원에 가서 우리가 그 옛날 들판의 일원이었음을 동물들에게 고지하고, 옛날처럼 사이좋게 지낼 수 있기를 바라는지도 모른다. 또는 우리가 그동안 저지른 죄악에 대해서 반성을 전하고 있는지도 모른다. 그렇지만 실제로는 그러한 인간의 의도와 행동은 오늘날의 동물원의 구조에서 잘 구현될 수는 없다. 동물들은 갇혀져 있고 저 멀리 거리가 떨어져 있는 상태에서 그러한 생체험적 욕구는 잘 실현되지 않는다.

애완동물 기르기의 내면 풍경

오늘날과 같이 경제적인 가치가 인간 삶의 가장 중요한 척도가 되는 실용적인 사회에서 애완동물 기르기가 하나의 커다란 사회풍조가 되어 있다는 것은 어찌 보면 의아한 일이다. 실용적인 가치로 보자면 애완동물은 아예 가치가 없거나 오히려 가치를 축내는 일임에 분명하기 때문이다. 애완동물을 키우기 위해서는 재화가 투입되는 것은 물론이고 많은 정신적인 집중이 투여되어야만 한다. 애완동물을 기르려면 신경 쓰고 주의 깊게 관심을 가져야 할 일이 한두 가지가 아니다. 집안의 구조가 애완동물의 활동에 맞게 조정되어야 하고, 먹을 것과 잘 곳, 그리고 배설할 곳 등이 마련되어야 한다. 동물의 건강을 위해 운동 보조기구들까지 필요할 수 있다. 어디가 아프면 전문의에게 데려가야 하고, 날씨가 추워지면 옷가지도 사야 한다. 자주 씻겨줘야 하고 털과 발톱도 항상 관리해줘야 한다. 이렇게 신경 써야 할 일이 많은데도 불구하고 사람들은 애완동물을 키우려고 한다.

애완동물에 대한 사람들의 관심과 희생은 자식 키우기에 버금갈 수도 있다. 그래서 어떤 사람이 애완동물에 지나친 관심과 애정을 쏟아 부으면 사람들은 자식을 키우고 싶기 때문인 것 같다고 짐작해버리기 일쑤다. 우리 사회에는 애완동물 기르기를 왜곡된 시각에서 보는 시선이 분명 존재한다. 사회성에 문제가 있는 사람이라거나, 환상적인 대체물을 통해 현실로부터 도피하려고 하는 사람이라거나, 단순히 지배욕을 만족시키려 하는 사람이라거나 하면서 엉뚱한 방향으로 해석하고, 심지어 병적인 현상으로까지 치부하려는 일부 시선이 존재한다. 그러한 편견은 사실 많이 사라졌지만 애완동물 기르는 사람을 상당히 감상적인 사람으로 여기는 경향은 여전히 존재한다. 그러한 생각이 조금만 더 발전하면 그 사람을 무능한 사람으로, 또는 마음속에 어두운 감정을 지닌 사람으로 보게 되는 것이다. 이러한 시선이 일부 존재함에도 불구하고 애완동물 기르기는 오늘날 대세가 되어 있다.

문명의 위기에 대한 무의식적 대응

왜 그런가? 인간은 동물이 지닌 인간적 특징에 빠져드는 경향이 있다. 동물이 지닌 동물적인 특징은 인간에게 매력이 없다. 애완견의 낑낑거리고 털 빠지고 냄새 풍기는 것이 사람들의 주의와 흥미를 끌어내는 요소는 아니다. 사람들을 사로잡는 것은 주인에게 충성할 줄 알고, 감사할 줄 알고, 참을 줄 아는, 개들의 인간다운 특성이다. 거기에 앞발을 내밀 줄 알고 앞발을 들고 뒷발로 설 줄 아는 재주가 있으면 인간을 더욱 사로잡는다. 개와 같은 동물은 인간보다 더 인간적인 면모가 있다. 어떤 인간도 개만큼 간절한 눈초리로 우리를 쳐다보지 않는다. 어떤 인간도 개처럼 충성스럽지 않다.

동물이 지닌 인간적 매력은 새롭게 발견한 것은 아니다. 그것은 이전부터 인간의 의식 속에 있었던 것이다. 그런데 인간의 의식 속에서 그것이 다시 움튼 것은 위기의식 때문으로 보인다. 인간은 현대 문명의 발달 과정에서 자연 파괴자 혹은 생명 말살자로서 부각되기 시작했다. 자신도 우주 생물 체계에 의지하고 있는 존재라는 사실을 잊고, 인간은 그 생명의 질서를 훼손하고 있다. 생물권 전체의 다양성과 유연성을 침탈함으로써 자신이 속해 있는 생물권을 폐허로 만들고 있다. 자신의 운명을 지탱해주는 생명의 실타래를 싹둑싹둑 잘라버리고 있다. 인간은 이제 우주의 거대한 생물권에서 일개 훼방꾼이 되었다. 우주의 생명 체계는 정교하게 만들어진 하나의 역동적인 물체와 같아서 조그만 요소 하나가 없어져도 그것이 나중에는 보다 큰 결과로 나타나는 것인 줄을 모르고 행동하고 있다. 인간은 홀로 외로워지는 길을 뚜벅뚜벅 걸어가고 있다.

우리 인류는 우주 현상과 우주 아래 모든 동식물들을 고요하게 관조하면서 한통속으로 돌아가는 생명 체계의 원리를 터득하고 나아갈 길을 지시받고 하면서 이어져온 것인데, 그러한 전통을 인류는 너무 쉽게 잊어가고 있다. 특히 동물들은 오로지 인간을 위해 사육당하는 존재로 전락했다. 인류의 위대한 관찰법은 퇴색되었고, 아예 잊혀져가고 있다. 그로 인해 우주는 자연 재해와 파괴로 점점 신음의 강도를 더하고 있다. 애완동물 키우기는 우주의 위기 국면에 비해서는 아주 작은 행동이고 관계없는 듯 보이지만, 인류가 속으로 그런 위기의식을 느끼고 있다는 증거가 아닌가 생각된다.

제7장

에필로그: 생태윤리와 감성윤리를 위하여

테크놀로지에 종속된 인간

현대는 테크놀로지의 시대다. 테크놀로지가 주인이 된 시대다. 테크놀로지란 자연 사물을 인간에게 유용하도록 이용하는 기술인데, 이 기술이 인간을 위해 복무하는 게 아니라 도리어 인간이 테크놀로지를 위해 복무하는 시대가 된 것이다. 이제는 테크놀로지가 가자는 방향으로 인간들은 따라가지 않을 수 없다. 인간이 모든 걸 지배한다고 오해한 시절이 있었지만 이제 그런 오해도 끝났다. 인간은 자신의 행동조차도 지배할 수 없는 불쌍한 처지가 된 것이다.

인간은 자신을 모든 일의 주체라고 생각하지만 사실은 자신들 마음대로 행동할 수 있는 주체가 아니다. 기술 시대에 인간은 하나의 에너지 덩어리일 뿐이다. 인간들은 자신의 권력을 강화시키려는 국가나 기업, 또는 집단에 의해 계산 가능한 에너지로 취급된다. 인간들은 배후에 존재하는 익명의 강제적인 메커니즘에 철저하게 종속되어 있다. 그런 인간 배후의 존재들은 맹목적으로 권력을 숭상한다. 인간은 그들의 광기어린 힘에의 의지에 의해서 조종되는 로봇 같은 존재로 전락했다. 하이데거(M. Heidegger)에 의하면, 각각의 사물에게는 자신에게 할당된 가능성의 영역이 있다고 한다. 그래서 자작나무가 자신의 가능성을 넘어서는 일은 결코 일어나지 않는다. 꿀벌 또한 자신의 가능성 안에서 살고 있다. 그러나 인간만이 광기어린 힘에의 의지에 도취되어 가능성의 영역을 흐트러트리고 있다.

인간은 테크놀로지가 만들어내는 새로운 가능성의 세계에 함몰되어 그 안에서 허우적거릴 따름이다. 하이데거 식으로 말한다면, 테크놀로지는 인간을 강압하고 착취하며 자신의 영향력 아래에 놓이도록 닦달한다. 그동안 우리가 인간으로서 자존심을 느끼게 했던 사고의 틀들조차 의미를 잃어가고 있다. 삶과 죽음, 유토피아, 이데올로기, 생명, 자유와 평화 등등의 인간적 가치에 대한 철학적 성찰은 점점 반향 없는 메아리가 되어가고 있다. 그러한 인간적 가치 덕목들이 차지하는 자리마저 하나하나 테크놀로지가 행사하는 사유의 블랙홀에 빠져들고 있는 형국이다. 테크놀로지는 브레이크 없는 열차와 같다. 광풍처럼 질주하는 열차에서 인간은 내릴 수 없다. 그런데 열차의 목적지는 저 멀리 아득한 허공 속이다. 그래서 요나스(H. Jonas)는 이러한 현상을 최대의 권력이 최대의 허무와 짝을 짓고 있다고 진단한다.

인간중심주의에서 생태중심주의로

테크놀로지가 무한 권력을 소유하게 되고, 그것이 자본주의의 분별력 없는 파괴력과 결합하여 우주 생물체의 체계는 크게 훼손되어 있는 것이 현재의 상황이다. 생물체들 간의 연대는 거의 붕괴 직전에 있고, 특히 인간과 다른 생물체들 간의 상호작용은 절멸 직전에 있다고 해도 과언이 아니다. 인간이 자연과 우주 생명을 다루는 권한을 위임받은 것이 아닌데도 마치 누구에게 권한을 위임받은 것처럼 오로지 인간의 이해관계에 따라 자연과 우주 생명은 마음대로 다뤄지고 있다. 자연과 우주 생명은 인간을 위한 자원으로 격하되어 있는 것이다. 말하자면 인간과 자연은 아주 고약한 불평등 관계를 맺고 있는 것인데, 이러한 철저한 인간중심주의의 폐해가 오늘날 인류 앞에 고스란히 되돌아오고 있다.

그런데 문제는 인간이 지금부터라도 절제를 통해 자연을 잘 관리한다고 하더라도 이 위기를 극복할 수 있을지가 참으로 의문시된다는 데 있다. 만약 인간들이 정말 지난 일을 반성하고 새롭게 시작하고자 한다면 환골탈태된 마음가짐과 전 인류의 동의가 있어야 하는데, 그것 자체가 너무나 어려운 일이기 때문이다.

인간중심주의에서 생태중심주의로 완전하게 의식을 전환하는 것이 인류 앞에 놓아진 가장 큰 당면 과제다. 생태중심주의는 인간과 모든 생물체, 자연 사물 모두가 평등하다는 전제를 필요로 한다. 이것은 그저 관념상의 평등이 아니다. 인간을 위해서 자연을 위하자는 그런 괴상한 평등이 아니다. 이러다간 모두가 공멸하니까 인간들이 반성하고 자숙하여 자연을 좀 더 공평하게 배분하고 관리를 잘하자는 그런 차원이 아니다. 그것조차도 여전히 인간이 중심이고 인간의 의식이 중심이 되는 그런 차원이기 때문이다. 인간이 조금이라도 중심이어서는 곤란하다는 것이 생태중심주의이다. 진정한 생태중심주의가 되기 위해서는 전 사물의 완전한 평등이 이루어져야 한다. 평등은 자연 그 자체를 위한 것이 되어야 하고, 모든 사물들은 각자 주인이 되는 그런 차원이어야 한다. 우리가 통절하게 반성하고 진정으로 의식을 전환한다면 이것이 맞는 말이다. 그러나 과연 이것이 가능할까?

토테미즘과 윤리의식

이러한 완전한 생태중심주의가 불가능하다는 것은 누구라도 안다. 그렇지만 그러한 철저한 의식 전환이 없다면 인류의 미래는 암울하다는 것은 잘 알지 못하고 있다. 아니 잘 인정하지 않으려 하고 있다. 우리는 이러한 상황에서 토테미즘이 우리에게 가르쳐준 지혜를 현대에 되돌아보는 것이 필요하다고 느낀다. 먼 태곳적의 사유체계가 무슨 소용이 있느냐고 할 수도 있겠지만 인류의 유전자에 전승되고 있는 자연의 선순환에 대한 선조들의 지혜와 암시를 반추하는 것이 현재와 미래를 사는 지혜가 될 수 있다는 점을 알아야 한다. 오히려 통절하게 반성한다면 과거의 진솔한 목소리에 귀를 기울여야 할 의무가 있다고 해야 할 것이다.

토테미즘은 인간이 최초로 지녔던 윤리의식 가운데 하나이다. 살아가면서 인간들 사이에 지켜야 할 윤리는 나중에 사회가 발전하면서 생겨났을 것이다. 그러나 사회적인 울타리가 정립되기 이전의 인간들은 자연과의 윤리를 먼저 생각하지 않을 수 없었다. 우주 생물체의 일원으로서 우주의 전 사물들과의 윤리적 관계를 정립했던 내용이 바로 토테미즘이다. 그런데 토테미즘적 사유체계와 관련하여 오늘날 되새겨보아야 할 윤리의식이 있다. 토테미즘이 하나의 믿음의 체계이면서 하나의 실천적 요강 또는 제도적 규칙이듯이, 환경과 관련된 실천적 차원은 생태윤리의 측면이고, 인간의 심성 차원은 감성윤리의 측면이라고 할 수 있다.

생태윤리는 오늘날의 환경 위험에 대응하기 위해 인류에게 주어진 절대적인 도덕률이다. 그래서 그것은 정치적인 선언이고, 정언명령이다. 생태적 환경을 위한 집단적이고 거시적이고 제도적인 실천에서 요구되는 윤리이다. 이에 비해 감성윤리는 생태윤리를 위한 하나의 방법론적인 차원이다. 생태윤리가 어떤 원론적인 추상성을 갖는 것이라면, 감성윤리는 거대담론이 미처 건드리지 못하는, 각 개인들의 생태적 환경을 위한 마음가짐 또는 심성적 지향과 관련된 윤리이다. 그것은 어떤 규칙이나 제도라는 틀로 해결할 수 없다는 생태적 각성에서 비롯되는 것이라고 할 수 있다.

윤리적 실천에 앞서 생태학적 지식이 필요하다

생태윤리에서는 인간과 자연의 교섭에 대해 어떤 도덕적 가치 또는 규범을 부여할 것인가가 항상 문제가 된다. 다시 말해 인간은 자연을 어떻게 대하는 것이 도덕적으로 정당한가 하는 것이다. 인간과 자연의 접촉에 있어 선악 개념이 발생하고 선악간의 구분이 생길 수밖에 없다는 것은 자명하다. 모두가 예상할 수 있듯이, 모든 생명을 아끼고 사랑하며 사리사욕을 버리고 가능한 한 자연에 흔적을 남기지 않는 것이 선이라면, 그렇지 않으면 악이 될 것이다. 이것은 전부터 있어왔던 자연보호라든가 생명의 존엄성을 제창하는 운동을 통해서도 추구되었던 것의 연장선상에 있는 내용이다. 그러나 그러한 것들은 너무나 관념적이고 추상적이어서 실천력이 의문시되는 것들이다. 그것은 선악 개념에 붙어 다니게 마련인 상벌에 대한 내용도 결여하고 있을 뿐만 아니라 그렇게 행동하는 것이 좋을 것이라고 막연히 권장하는 수준에 그치고 있다. 하지만 우리에게 요구되는 생태윤리의 내용은 최소한 인간의 책임과 의무를 강조하는 데 그 중점이 두어져야 한다.

인간의 삶이 지속되기 위해서는 자연과 조화되는 행위를 해야 한다는 인간의 미래적 책임이 모두에게 인식되어야 한다. 자연과 조화되는 행위가 무엇인지에 대해 알기 위해서는 우리는 생태적인 지식을 먼저 갖춰야 한다. 알아야 행동할 수 있기 때문이다. 최재천의 말처럼 동물을 알아야 동물을 사랑할 수 있기 때문이다. 오늘날 과학적 지식이나 동식물에 대한 생물학적 지식이 광범위하게 전방위적으로 유포되어 있다고 볼 수 있을지 모르지만 실제로 행동에 옮길 수 있는 우리의 생태학적 지식은 극히 보잘것없다. 생물체를 꾸준하고 면밀하게 관찰하고 그것을 전체 자연과 유기적으로 생각함으로써 우주의 생리를 거시적으로 파악하고 그것을 실천에 옮겼던 고대인의 생태학적 지식에 비한다면, 우리의 그것은 비교할 수조차 없을 만큼 빈약한 것임에 틀림없다. 비록 알고 있다고 하더라도 극히 단편적이고 비유기적인 지식이어서 행동에 옮기기에는 부적절한 게 대부분이다.

[그림 60] 알타미라 동굴에 그려진 들소 바이슨. 이 뛰어난 생동감은 뜨거운 가슴으로 동물과 교감했던 고대인의 야생적 심성에서 나온다고 할 수 있다.

생태윤리적 책임과 의무

토테미즘적 사유체계에는 매우 풍부한 생태학적 지식이 포함되어 있었다. 만약 대상이 고니라면, 고니의 이동계절, 서식지의 주변 환경, 식습관, 선호하는 물풀 및 어류 및 패류, 외양 및 행동체계의 변화와 조건, 집단 통제 방식, 배설물을 취하는 생물체, 천적관계, 먹이사슬 등등의 고니에 대한 지식이 망라되어 있다. 망라되어 있을 뿐만 아니라 이러한 지식들은 유기적으로 조직되어 다른 동물들에 대한 지식과 상호교섭하면서 총체적인 생태 지식이 작성된다. 유기적으로 합쳐진 생태학적 지식은 거대한 생물체 도감을 이루고, 그러한 체계는 고대인의 행동지침과 연결된다. 물론 이러한 완벽한 생태적 지식을 갖추지는 못하더라도 생물체들이 유기적으로 연결되어 있고, 인간도 그 한쪽 축을 이루고 있음이 인식되어야 한다. 그걸 인식하기 위해서는 우선 최소한의 생태학적 지식이 필요한 것이다. 이러한 지식의 습득은 인간의 생태윤리적 의무에 속한다. 도덕적 책무란 그렇게 해야만 한다는 당위성만으론 한계가 있다. 왜 그렇게 해야 하는지를 인식하기 위해서는 그 배경이 되는 지식을 알아야 하고, 거기에서 자연스럽게 책임의식으로 연결되고, 그리고 거기에서 다시 실천으로 연결되는, 실천을 향한 연쇄적인 이동이 필요하다.

생태윤리는 생태적 지식뿐만 아니라 자연과 조화하고 자연과 공생한다는 의식에서 그 실천 강령의 토대가 마련된다. 조화와 공생을 통해 생명권 구현이라는 인류의 보편 가치를 추구하는 것을 인류의 책무로 생각해야 하며, 그것은 널리 공감대를 형성해야 한다. 먼 장래에도 인간이 삶을 지속하기 위해서는 모든 자연과 사물들이 평등한 가치를 지닌다는 것을 인정하는 윤리적이고 정치적인 사고가 많은 사람들의 공감을 얻어야 한다. 자연과 어떻게 평등한 관계에 놓일 수 있는가 하고 불평하는 것은 너무나 근시안적인 태도이다. 그것은 인류의 후퇴도 아니고, 삶의 단절도 아니다. 원시시대로 되돌아가자는 것도 물론 아니다. 이는 자연의 파괴로부터 인류의 멸망을 막기 위한, 아니면 멸망을 늦추기 위한 최소한도의 조치에 불과할 수도 있지만 인류의 책임과 의무를 소홀히 한 업보에 대한 당연한 행동이라고 생각해야 한다. 자연 훼손의 원인 제공자이며, 자연을 망가뜨린 파괴자로서 인류는 책임을 느껴야 한다.

상호 호혜의 정신으로 자연과 동물에게 베풀기

고대인들은 자연을 사용하고 동물을 잡아먹으면서도 생명 가치를 훼손한 적이 없다. 자연을 고장 나도록 사용한 적이 없다. 생존을 위한 고기의 섭취는 당시에도 얼마든지 있었고, 또한 용인되는 것이었다. 그렇지만 오늘날의 인간들처럼 아무런 느낌도 없이, 동물의 삶에 대해 전혀 되돌아보지 않고 도륙하는 냉혈한들이 아니었다. 고기를 먹더라도 그 육체를 제공해준 영혼을 생각하여 영생을 바라고 다시 귀환해주기를 바라는, 따뜻한 마음과 자연의 섭리를 먼저 생각하는 것이었다. 자연과 동물을 원래 제자리에 되돌려주려는 마음을 항상 가지고 있었던 것이다. 그러한 마음이 있었기에 생명체계를 훼손하는 일은 도저히 벌어질 수 없었던 것이다. 대지를 사용하면서도 그것을 잠시 빌려 사용한다고 생각했을 뿐이다. 그래서 그것을 원상으로 복구하려는 노력이 항상 뒤따랐던 것이다.

그러한 행위들에는 자연과 동물이 인간에게 준 혜택을 감사하게 생각하는 마음이 뒷받침되어 있다. 자연과 동물에게 인간을 위해 봉사만 하라고 요구하는 것은 이기주의적이고 인간중심적인 생각이다. 자연과 동물이 인간에게 주는 것이 있다면 인간도 자연과 동물에 베풀어야 한다. 그러한 상호 호혜의 정신에 입각해서 자연과 동물을 배려해야만 한다. 인간들끼리도 배려하지 않는 세상에 자연과 동물을 배려하는 것이 어려울 수 있다. 그러나 자연과 동물을 배려할 줄 알면 인간을 배려하는 것은 저절로 따라온다고 생각해야 한다. 그러한 점에서 생태윤리는 인간적 윤리보다 한 발 더 나가 있다고 할 수 있다. 그만큼 생태윤리는 인간들의 윤리를 교정하고 강화할 수 있는 힘을 갖고 있다.

이성보다는 감성에 호소하기

생태윤리가 인간과 자연의 조화로운 삶을 위한 정치적인 실천윤리라면, 감성윤리는 정서적인 각성과 감정 운용 차원의 윤리이다. 생태윤리가 생태에 대한 거시적인 맥락을 통해 인간의 지성에 호소하는 것이라면, 감성윤리는 생태에 대한 거시적인 관념이 놓치고 있는 심리적인 미세 회로들을 하나하나 성찰함으로써 인간의 감성에 호소하려는 것이다. 인간과 자연의 관계에 대한 사유를 데카르트식의 이성적 윤리로는 해결할 수 없다는 것은 너무도 분명해졌다. 인간을 사유의 중심에 놓고 인간의 이성적 주체 없이는 세상은 존재할 수 없다는 사고는 과학과 논리를 발전시켜 인류를 경제적으로 풍요롭게 만들었지만, 그것이 불러일으킨 이성만능주의와 인간중심주의의 반생태적 사유는 인류를 이 지경에 빠뜨리고 있다.

인간은 그동안 정신의 우월함에만 경도되어 육체의 중요함에 대해서는 너무도 소홀했다. 육체를 하녀처럼 부려만 왔다. 몸의 소리에는 주의를 기울이지 않았다. 인간의 감정 · 정서 · 감각 · 몸 · 육체 등은 정신을 위해 봉사하는 도구나 수단 정도로 간주되었다. 정신에게서는 논리와 합목적성과 같은 인류의 발전에 기여하는 힘이 나오지만, 육체에게서는 쾌락만을 추구하는 욕망과 같은 불건전하고 퇴락한 힘이 나올 뿐이라고 생각되었다. 물론 인간의 고귀한 정신이 발산하는 이성적인 힘의 측면을 부정하는 것이 아니다. 이성적 판단과 사유의 문제가 아니라 그쪽으로 너무 쏠린 나머지 인간성의 균형이 무너져버렸다는 데 문제가 있는 것이다. 한마디로 인간은 감성의 중요함을 너무도 많이 잃어버렸다.

인간이 잃어버린 뜨거운 가슴

감성윤리는 잃어버린 인간의 이러한 감성적 측면들을 재생시킨다면 인간과 자연의 관계, 인간과 동물의 관계 또한 상당 정도 회복될 수 있다는 믿음을 토대로 하고 있다. 인간이 감성적 측면을 잃음으로써 같이 잃어버린 성질들이 많이 있다. 그 중에서도 뜨거운 눈물과 낯이 붉어지는 부끄러움과 같은 중요한 것들을 인간은 많이 잃어버렸다. 그래서 요즘의 인간 세계에는 참다운 반성도 없고, 통절한 성찰도 없다. 몸 둘 바 모르는 진정한 수치심이 부재하다. 그럴듯하게 말들은 하지만 진정성이 없다. 요즘 현대인들은 사회적인 페르조나를 얼굴에 쓰고 그것이 마치 자아인 양 진정성이 없이 살고들 있다. 우리가 자연과의 관계를 복원하고자 한다면 우리가 상실한 감성적 네트워크를 먼저 부활시킬 필요가 있다. 이성에 앞서 몸도 사유한다는 것을 받아들일 필요가 있다. 몸의 감각적 미세 회로들이 보여주는 반응도 인정해야 하며, 몸적인 상상력이 주는 영역도 중요하다는 점을 인정해야 한다. 뜨거운 가슴으로 세상을 느끼는 것이 필요하다.

고대인들은 동물을 뜨거운 가슴으로 대했다. 동물의 아픔, 동물의 처지는 곧장 인간의 가슴으로 전해져 마음속에 들어와 앉는다. 위치의 전환, 의식의 전도, 감정이입 또는 대리경험이 동물과 인간 사이에 시시때때로 이루어졌다. 고대인들은 동물과 진심으로 감정을 교류했고 정서적으로 반응했으며, 마음속으로 소통했다. 고대인들은 동물을 먼 데서만 관찰한 것이 아니라 가까이 가서 이야기를 하고 만지기도 하고 포옹하기도 하면서 교제했다. 말 건넴과 스킨십은 진정한 교감에 있어 필수적인 사항이다.

동정심과 측은지심, 그리고 자비심

감성윤리적 차원에서 동정심은 핵심적인 위치에 있는 개념의 하나일 것이다. 동정심은 자기중심적 관점에서 벗어나 타자의 고통과 슬픔을 함께 느끼는 감수성으로서 이는 자연과 동물에 대해서도 마찬가지로 적용되어야 한다. 『맹자』에는 제나라 선왕이 제사장에 끌려가면서 눈물을 흘리는 소를 보고 당장 소를 풀어주게 했다는 고사가 나온다. 이것과 관련된 유명한 개념이 맹자의 '측은지심'(惻隱之心)이다. 맹자에 의하면 사람들은 아이가 우물에 빠져죽었다는 말을 들으면 아이가 우물에 빠지는 장면을 떠올리고, 또 우물에 빠져 허우적거리는 장면을 떠올리면서 자신들도 마치 그 지경에 처했을 때를 대리경험하면서 슬픔과 고통을 느끼게 된다는 것이다.

인간에 대한 동정심도 한없이 약화되어가고 있는 요즘 세상에 동물에 대한 동정심은 느끼기 어려운 세태가 되었다. 그러나 우리 옛 이야기에는 동물이 눈물을 흘리고 그것을 본 인간들이 동정심을 느껴 동물을 구해준다는 얘기들이 무수히 많다. 동양에서는 고래로부터 동물에 대해 동정심을 느끼는 관점이 상당히 보편화되어 있다. 맹자는 측은지심을 말하고 있고, 불교에서는 동체대비를 말하고 있으며, 노장사상에서는 인간과 동물의 시각의 전도를 말하고 있다. 불교에서 중생에 대해 자비심을 베풀라는 것의 의미는 사람뿐만 아니라 생물체 전반으로 확대되는 것으로 봐야 한다. 그래서 불살생은 동물들에 이르기까지 지켜져야 하는 불문율이 되었고, 윤회전생은 인간과 동물을 구분하지 않는 관념으로 정립이 되었으며, 불성은 동물들도 지닌 것으로 관념되었던 것이다. 동체대비는 말 그대로 동물도 자기처럼 똑같은 몸으로 생각하고 무한한 자비심을 베풀라는 것인데, 그것은 타자와 감정을 교류할 수 있는 능력, 또는 타자의 고통에 공감할 수 있는 능력을 전제로 하는 것이다. 노장사상에서는 시선의 전복을 통해 동물의 관점에서 볼 때 인간의 사고가 얼마나 편협한지를 보여주길 선호한다. 그래서 동물의 관점에서 본다면 인간중심주의에서 벗어나 세계에 대한 새로운 안목이 생길 수 있음을 제시하고 있는 것이다.

오늘날 티베트의 승려가 되기 위한 과정에서 수련생들은 동물을 보고 그 동물이 자신의 부모나 형제자매로 보일 때까지 명상을 반복한다고 한다. 아마도 그러한 사고의 훈련을 통해 중생에 대한 자비심을 함양하고자 함일 터이다. 그런데 대상이 사람이 아닌 동물이라는 것은 그것이 자비심 훈련에 그치는 것만은 아닌 것으로 보인다. 그것은 태고의 야생적 사고를 소환함으로써 인간 정신의 원형에 가깝게 가고자 하는 의식의 소산이기도 하기 때문이다.

감성적 재무장 또는 동물에 대한 예의

다른 사람에 대해 동정하고 나아가 동물에 대해서도 동정하는데, 그것이 자기 자식이나 부모 친척이라면 더 말할 나위도 없을 것이다. 고대인들이 토템 동물에 대해 일종의 혈연 감정을 느낄 정도였다는 것은 동물에 대한 그들의 동정심 내지는 자비심의 정도가 어떠했을지를 잘 말해준다. 토템 동물은 자신의 친구 · 동료 · 식구 · 친척으로서 감정의 변화를 같이 하는 존재였다. 모든 감정적 요소들을 함께 공유하는 쌍생아 같은 존재였던 것이다. 그것은 마치 하나의 현이 떨리면 그 떨림이 다른 현에도 전달되어 같이 떨리게 되는 감정의 공명 현상과 같았던 것이다.

이와 같은 감성윤리 차원에서 인류는 자연과 동물에 대해 새롭게 감성의 재무장을 할 필요가 있다. 그렇다고 고대인의 심성으로 돌아갈 수는 없다. 환경이 그렇게 만들어진다 하더라도 그러한 야생적 심성 그대로를 재현하는 것은 불가능하다. 그러나 감각이 둔해지긴 했으나 인간이 본래 가지고 있던 몸적인 감각을 복구하고 몸적인 상상력을 활성화하는 것이 전혀 불가능한 것만은 아니다. 인간들은 여전히 고통 받는 자연과 동물에 대해 일말의 동정심과 측은지심을 갖고 있다. 현실적인 여건상 그것을 제대로 표현하지 못할 따름이지 자연과 동물을 그렇게 냉정하고 매몰차게 대하는 것이 인간의 본심은 아니다. 자연과 동물을 대하는 따뜻한 가슴이 아직은 완전히 식은 것은 아니다.

우리는 「워낭소리」의 소가 주인과의 이별에 흘리는 눈물의 의미를 잘 알고 있다. 거기에 공감하여 마음이 찡해지는 게 우리네 심성이다. 우리는 동물과 교감할 수 있는 야생적 심성을 완전히 잃어버린 것은 아니다. 노인은 병들고 늙은 소를 위해 자신이 할 수 있는 최소한의 예의를 차린다. 소는 노인에게 막 부리는 동물이 아닌 것이다. 소 또한 그런 노인의 속마음을 너무나 잘 알고 있다. 원래 무뚝뚝한 소인지라 잘 표현하지는 못하지만 노인에게 최대한으로 예의를 지키고, 자기가 지닌 힘을 열정적으로 쏟아 붓고 죽는다. 이것이 인간과 동물이 원래부터 지녔던 상호 교감과 상호 예의의 내용이다. 우리는 고양이 세계를 그린 뮤지컬 「캐츠」에서 인간들은 고양이에 대해 예의를 지킬 줄 알아야 한다는 선지자 고양이 '올드 듀터러노미'의 말에 귀를 기울일 필요가 있다. 정을 듬뿍 담아 성의 있게 '나비야~' 하고 부를 줄 아는 최소한의 예의는 갖춰야 한다. 인간에게 동물은 그저 그런 존재가 아니라 매우 특별한 존재이기 때문이다.

감성의 회복을 위한 애완동물 기르기

애완동물을 기르는 마음 한구석에 그러한 따뜻한 가슴이 자리 잡고 있다고 필자는 믿고 있다. 그러한 믿음이 이 글을 여태까지 써내려오게 한 원동력이었다. 애완동물을 기르는 마음에는 천양지차가 있을 것이다. 동물을 사육하듯이 대하는 마음도 있을 수 있고, 동물조련사로 대하는 마음도 있을 수 있으며, 동물을 연인처럼 대하는 마음도 있을 수 있다. 동물에 병적으로 집착하는 마음도 있을 수 있다. 그러나 동물을 대하는 수많은 마음속에는 정도의 차이는 있을망정 동정심과 측은지심이 어느 정도 들어 있음을 부정하지 못한다. 그것은 동물을 가슴으로 느끼고 동물과 교감하고자 하는 마음이 일정 함량 이상 들어 있음을 의미한다. 외로워서 키우고, 집 지키는 역할을 그래도 할 수 있을 거라고 믿고 키우고, 정서 교육상 애들한테 필요할 것 같아 키우고, 어쩐지 든든하게 동무를 해주니까 키운다고 말한다. 이렇게 애완동물을 기르는 현실적인 이유들은 가지각색이겠지만 그 표면적인 이유들 밑에는 인류가 태곳적부터 상속하고 있는 동물과의 감성적 교류 욕망이 도사리고 있다. 그러한 점에서 애완동물을 기르는 것은 바로 인류가 잃어버린 뜨거운 가슴을 되찾기 위한 노력일 수 있다. 그것은 그만큼 자연과 생태계가 위기에 처해 있다는 반증이기도 하다. 애완동물 기르기는 단지 인류의 애완 풍조가 불러일으킨 한때의 유행이 아니다. 그것은 인류의 잃어버린 가슴을 회복하려는 하나의 의미 있는 몸짓이다.

참고문헌

제1장

『노자』.

『불교설화대사전』, 불교정신문화원.

『장자』.

A. R. Radcliffe-Brown, 『원시사회의 구조와 기능』, 종로서적, 1980.

C. Levi-Strauss, 『야생의 사고』, 한길사, 1996.

E. Durkheim, *The Elementary forms of the Religious Life*; 『종교생활의 원초적 형태』, 민영사, 1992.

E. Evans-Pritchard, 『원시종교론』, 탐구당, 1964.

L. A. Feuerbach, 『종교의 본질에 대하여』, 한길사, 2006.

M. Fox, 『영성: 자비의 힘』, 다산글방, 2002.

N. Frye, 『문학의 구조와 상상력』, 집문당, 1987.

R. H. Lowie, 『원시사회』, 세창, 2008.

S. Freud, 『종교의 기원』, 열린책들, 1997.

제2장

이정재, 『동북아의 곰문화와 곰신화』, 민속원, 1997.

中澤新一, 『곰에서 왕으로』, 동아시아, 2003.

B. Malinowski, 『원시신화론』, 민속원, 1996.

C. Levi-Strauss, 『슬픈 열대』, 삼성출판, 1990.

C. Levi-Strauss, 『야생의 사고』, 한길사, 1996.

C. Levi-Strauss, *Totemism*, Beacon Press, 1963.

E. Cassirer, 『인간이란 무엇인가』, 서광사, 1988.

E. Durkheim, *The Elementary forms of the Religious Life*; 『종교생활의 원초적 형태』,

민영사, 1992.
J. Campbell, 『네가 바로 그것이다』, 해바라기, 2004.
J. Campbell, 『신의 가면 1: 원시신화』, 까치, 2003.
J. Campbell, 『신화의 이미지』, 살림, 2006.
M. Eliade, 『종교형태론』, 한길사, 1996.
S. Freud, 『종교의 기원』, 열린책들, 1997.
S. Freud, 『토템과 금기』, 경진사, 1993.

제3장

更科源藏, 『아이누 신화』, 역락, 2000.
김선자, 『중국신화 이야기』, 아카넷, 2004.
김열규, 『동북아시아 샤머니즘과 신화론』, 아카넷, 2003.
김열규, 『한국의 신화』, 일조각, 1977.
김재용 · 이종주, 『왜 우리 신화인가』, 동아시아, 1999.
김태곤, 『한국의 무속신화』, 집문당, 1985.
大木雄二, 『일본의 옛날이야기』(I~IV), 명지, 1992.
서유원, 『중국 창세신화』, 아세아문화사, 1998.
안휘준, 『고구려 회화』, 효형출판, 2007.
王大有, 『용봉문화원류: 신화와 전설, 예술과 토템』, 동문선, 1994.
袁珂, 『중국신화전설』, 민음사, 1998.
袁珂, 『중국의 고대신화』, 문예, 1987.
이우학, 『인디언 설화』, 한국학술정보, 2006.
이정재, 『시베리아 부족신화』, 민속원, 1999.
전호태, 『고구려 고분벽화의 세계』, 서울대학교 출판부, 2004.
전호태, 『중국 화상석과 고분벽화 연구』, 솔, 2007.
정재서, 『이야기 동양신화』, 황금부엉이, 2004.
中澤新一, 『신화, 인류 최고의 철학』, 동아시아, 2002.
A. Ortiz, 『인디언 신화』, 아프로디테, 1999.
A. R. Radcliffe-Brown, 『원시사회의 구조와 기능』, 종로서적, 1980.

C. E. Sagan, 『잊혀진 조상의 그림자: 인류의 본질과 기원에 대하여』, 사이언스북스, 2008.
C. G. Jung, *Jung on Synchronicity and the Paranormal*, Routledge, 1997.
E. Evans-Pritchard, 『원시종교론』, 탐구당, 1964.
E. G. Parrinder, 『아프리카 신화』, 범우사, 2006.
G. W. Dasent, 『북유럽 신화 이야기』, 자음과모음, 2005.
J. Campbell, 『네가 바로 그것이다』, 해바라기, 2004.
J. Campbell, 『신화의 이미지』, 살림, 2006.
J. F. Bierlein, *Parallel Myth*; 『세계의 유사신화』, 세종, 1996.
J. S. Bolen, 『도와 인간심리』, 집문당, 1994.
L. Yang, *Handbook of Chinese Mythology*, ABC-CLIO, 2005.
N. Fyre, 『문학의 구조와 상상력』, 집문당, 1987.
N. Hathaway, 『세계신화사전』, 세종서적, 2004.
P. Freund, 『창조신화』, 정신세계사, 2005.
P. Radin, *The Trickster: A Study in American Indian Mythology*, Schocken, 1972.

제4장

『노자』.
『불교설화대사전』, 불교정신문화원.
『장자』.
강신주, 『장자: 타자와의 소통과 주체의 변형』, 태학사, 2003.
고익진, 『한글 아함경』, 동국대학교 출판부, 1991.
김달진, 『법구경』, 현암사, 1997.
김형효, 『노장사상의 해체적 독법』, 청계, 1999.
법정, 『화엄경』, 동쪽나라, 2003.
안동림, 『(신역) 장자』, 현암사, 1973.
안옥선, 『불교와 인권』, 불교시대사, 2008.
안옥선, 『불교윤리의 현대적 이해』, 불교시대사, 2002.
唯眞, 『윤회의 주체와 실상』, 경서원, 2000.

이재숙, 『우파니샤드』, 한길사, 1996.
이종은 엮음, 『한국 도교문화의 초점』, 아세아문화사, 2000.
장기근 · 이석호 옮김, 『노자/장자』, 삼성출판사, 1990.
전재성, 『초기불교의 연기사상』, 한국빠알리성전협회, 1999.
전통문화연구회, 『(역주) 장자』, 2001.
정승석, 『윤회의 자아와 무아』, 장경각, 1999.
中澤新一, 『신의 발명: 인류의 지와 종교의 기원』, 동아시아, 2005.
增谷文雄, 『아함경 이야기』, 현암사, 1976.
陳鼓應, 『노장신론』, 소나무, 1997.
최진석, 『(노자의 목소리로 듣는) 도덕경』, 소나무, 2001.
한국도교문화학회, 『도교와 자연』, 1999.
A. Easthope, 『무의식』, 한나래, 2000.
E. Frauwallner, 『원시불교』, 고려원, 1991.
J. Campbell, 『네가 바로 그것이다』, 해바라기, 2004.
J. G. Frazer, 『황금 가지』, 을유문화사, 2005.
J. S. Bolen, 『도와 인간심리』, 집문당, 1994.
L. A. Feuerbach, 『종교의 본질에 대하여』, 한길사, 2006.
M. Fox, 『영성: 자비의 힘』, 다산글방, 2002.
S. Freud, 『종교의 기원』, 열린책들, 1997.

제5장

『한국구비문학대계』, 한국정신문화연구원, 1980.
干寶, 『고대중국민담의 재발견』, 세계사, 1999.
김영, 『한국의 우언』, 현암사, 2006.
김재환, 『한국 서사문학과 동물』, 보고사, 2005.
박희병, 『한국의 생태사상』, 돌베개, 1999.
신동흔 외, 『세계민담전집』, 황금가지, 2003~2008.
유영대 · 신해진 선주, 『조선후기 우화소설선』, 태학사, 1998.
윤주필, 『틈새의 미학: 한국 우언문학 감상』, 집문당, 2003.

이부영, 『한국민담의 심층분석』, 집문당, 1995.
장효현 외, 『교감본 한국한문소설 우언우화소설』, 고대 민족문화연, 2007.
Aesop, 『이솝우화전집』, 문학세계사, 1998.
Baydaba, 『칼릴라와 딤나』, 강, 1998.
G. Teskey, *Allegory and Violence*, Cornell University Press, 1996.
J. Paxson, *The Poetics of Personification*, Cambridge University Press, 1994.
M. Eliade, 『성과 속』, 한길사, 1998.
M. Eliade, 『종교형태론』, 한길사, 1996.

제6장

최재천, 『생명이 있는 것은 다 아름답다』, 효형출판, 1999.
D. Keown, 『불교와 생명윤리학』, 불교시대사, 2000.
G. Bateson, 『마음의 생태학』, 민음사, 1989.
J. Serpell, 『동물, 인간의 동반자: 동물과 인간, 그 교감의 역사』, 들녘, 2003.
N. Saunders, 『동물의 영혼』, 창해, 2002.
T. Bastian, 『가공된 신화, 인간: 인간과 동물의 경계를 사유하다』, 시아, 2005.

제7장

『맹자』.
고영섭, 『연기와 자비의 생태학』, 연기사, 2001.
구승희, 『에코필로소피』, 새길, 1995.
김욱동, 『생태학적 상상력』, 나무심는사람, 2003.
박이문, 『문명의 미래와 생태학적 세계관』, 당대, 1997.
박이문, 『자비의 윤리학』, 철학과현실사, 1990.
中澤新一, 『곰에서 왕으로』, 동아시아, 2003.
진교훈, 『환경윤리: 동서양의 자연보전과 생명존중』, 민음사, 1998.
최재천, 『(최재천의) 인간과 동물』, 궁리, 2007.
한국하이데거학회 엮음, 『하이데거와 자연, 환경, 생명』, 철학과현실사, 2000.
한국환경철학회, 『생태문화와 철학』, 금정, 2007.

G. Bateson, 『마음의 생태학』, 민음사, 1989.

H. Jonas, 『기술 의학 윤리』, 솔, 2005.

H. Jonas, 『생명의 원리: 철학적 생물학을 위한 접근』, 아카넷, 2001.

H. Jonas, 『책임의 원칙: 기술시대의 생태학적 윤리』, 서광사, 1994.

J. Wilson, 『도덕감성』, 자유기업센터, 1997.

M. Fox, 『영성: 자비의 힘』, 다산글방, 2002.

M. Heidegger, 『존재와 시간』, 경문사, 1995.

M. Heidegger, 『형이상학의 근본개념들』, 까치, 2001.

M. Merleau-Ponty, 『지각의 현상학』, 문학과지성사, 2002.

N. Saunders, 『동물의 영혼』, 창해, 2002.

R. Spaemann, 『도덕과 윤리에 관한 철학적 사유』, 철학과현실사, 1990.

찾아보기

ㄴ

ㄷ

ㄹ

ㅂ

ㅅ

ㅌ